国家公共服务统计年鉴

2024

国家统计局社会科技和文化产业统计司
国家发展和改革委员会社会发展司 编

中国统计出版社
China Statistics Press

图书在版编目（CIP）数据

国家公共服务统计年鉴. 2024 / 国家统计局社会科技和文化产业统计司, 国家发展和改革委员会社会发展司编. -- 北京 : 中国统计出版社, 2024. 12. -- ISBN 978-7-5230-0652-8

Ⅰ. D630.1-66

中国国家版本馆 CIP 数据核字第 2024EZ5661 号

国家公共服务统计年鉴 2024

作　　者/国家统计局社会科技和文化产业统计司、国家发展和改革委员会社会发展司
责任编辑/李　冲
执行编辑/刘　晨
封面设计/王　芳
出版发行/中国统计出版社有限公司
办公地址/北京市丰台区西三环南路甲 6 号　邮政编码/100073
发行电话/邮购（010）63376909　书店（010）68783171
网　　址/http://www.zgtjcbs.com
印　　刷/河北鑫兆源印刷有限公司
经　　销/新华书店
开　　本/880×1230 毫米　1/16
字　　数/423 千字
印　　张/17.75
版　　别/2024 年 12 月第 1 版
版　　次/2024 年 12 月第 1 次印刷
定　　价/320.00 元

《国家公共服务统计年鉴2024》
编委会和编辑人员

编 委 会

编辑工作人员

编 者 说 明

一、按照《“十四五”公共服务规划》《国家基本公共服务标准（2023 年版）》提出的国家公共服务内容，国家统计局与国家发展改革委联合编辑了《国家公共服务统计年鉴 2024》。这是一本反映国家公共服务各领域基本情况的综合性统计资料，收录了近年来国家公共服务各领域主要统计指标年度数据。

二、本书包括幼有所育、学有所教、劳有所得、病有所医、老有所养、住有所居、弱有所扶、优军服务保障以及文体服务保障等九个公共服务领域有关指标数据。数据主要来自于中央宣传部、教育部、民政部、人力资源社会保障部、住房城乡建设部、文化和旅游部、国家卫生健康委员会、退役军人事务部、国家广播电视总局、国家体育总局、国家医疗保障局、国家文物局、国家疾病预防控制局、中国残疾人联合会等部门。

三、除特殊注明外，本书中所涉及的全国性统计指标，均未包含香港、澳门特别行政区和台湾省数据；新疆包含新疆生产建设兵团数据。

四、本书中部分数据合计数或相对数由于单位取舍不同而产生的计算误差，均未作调整。

五、本书有关符号使用说明：表中的“空格”表示该项统计数据不足本表最小单位数、不详或无该项数据；“#”表示其中的主要项。

六、本书编辑过程中，得到有关部门的大力支持和配合，在此表示衷心感谢。

目　　录

一、公共服务主要指标

二、幼有所育

三、学有所教

五、病有所医

六、老有所养

七、住有所居

八、弱有所扶

1 公共服务主要指标

1-1 幼有所育

指　　标	单位	2010	2015	2020	2021	2022	2023
每千人口拥有3岁以下婴幼儿托位数	个			**1.80**	**2.03**	**2.57**	**3.38**
优孕优生							
孕产妇死亡率	1/10万	30.0	20.1	16.9	16.1	15.7	15.1
孕产妇产前检查率	%	94.1	96.5	97.4	97.6	97.9	98.2
孕产妇系统管理率	%	84.1	91.5	92.7	92.9	93.6	94.5
生育保险参保人数	万人	12335.9	17771.0	23567.3	23751.7	24621.5	24903.1
儿童健康							
新生儿死亡率	‰	8.3	5.4	3.4	3.1	3.1	2.8
婴儿死亡率	‰	13.1	8.1	5.4	5.0	4.9	4.5
5岁以下儿童死亡率	‰	16.4	10.7	7.5	7.1	6.8	6.2
7岁以下儿童健康管理率	%	83.4	92.1	94.3	94.6	94.9	95.9
0—6岁儿童眼保健和视力检查覆盖率	%			91.8	93.0	93.6	95.1
儿童关爱							
孤儿数	万人	25.2	50.2	19.3	17.3	15.8	14.4
提供住宿的民政机构收留抚养和救助儿童数	人	99947	96293	72821	68679	63687	59228
被收养儿童数	人	34473	22363	11103	12447	8432	8162

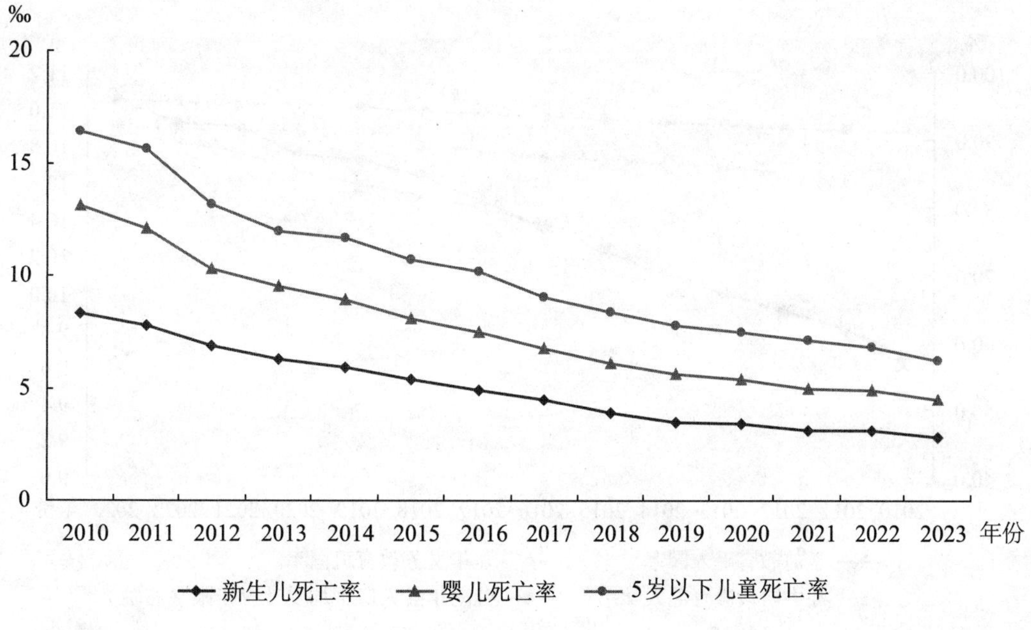

1-2 学有所教

指 标	单位	2010	2015	2020	2021	2022	2023
劳动年龄人口平均受教育年限	**年**	**9.67**	**10.23**	**10.75**	**10.90**	**10.93**	**11.05**
学前教育							
学前教育毛入园率	%	56.6	75.0	85.2	88.1	89.7	91.1
普惠性幼儿园覆盖率	%			84.7	87.8	89.6	90.8
公办幼儿园在园幼儿数	万人	1577.2	1962.4	2439.5	2493.0	2500.7	2301.3
义务教育							
九年义务教育巩固率	%	91.1	93.0	95.2	95.4	95.5	95.7
义务教育在校生数	万人	15220.0	14004.1	15639.4	15798.4	15852.7	16079.7
义务教育专任教师本科以上学历比例	%			74.5	77.7	81.0	83.8
农村义务教育学生营养改善计划实施学生数	万人		2969.1	3797.8	3634.1	3504.4	3457.3
高中阶段教育							
高中阶段教育毛入学率	%	82.5	87.0	91.2	91.4	91.6	91.8
普通高中在校生数	万人	2427.3	2374.4	2494.5	2605.0	2713.9	2803.6
中等职业教育在校生数	万人	2238.5	1656.7	1663.4	1311.8	1339.3	1298.5
技工学校在校生数	万人		321.5	395.5	426.7	445.4	439.5

注：2021年起，中等职业教育在校生数包含普通中等专业学校、职业高中、成人中等专业学校和其他学校附设中职班学生数，不包括人力资源和社会保障部门管理的技工学校学生。

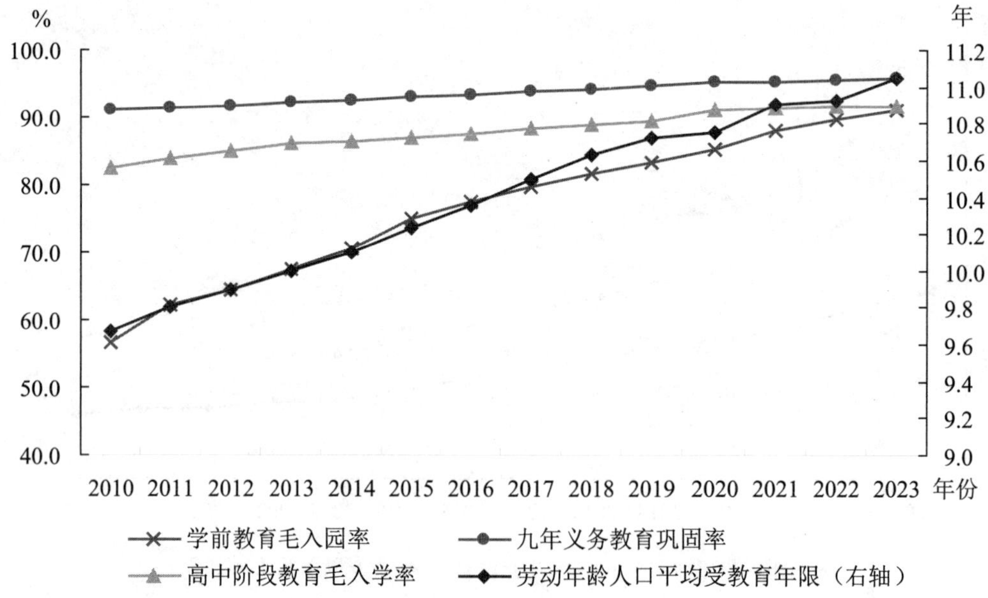

1-3 劳有所得

指　　标	单位	2010	2015	2020	2021	2022	2023
全国居民人均可支配收入	**元**	**12520.0**	**21966.2**	**32188.8**	**35128.1**	**36883.3**	**39218.0**
就业创业服务							
城镇调查失业率	%			5.2	5.1	5.5	5.1
登记求职人次数	万人次	5388.5	4044.6	3187.9	3611.2	3648.4	7384.1
职业指导人次数	万人次	2486.5	1662.2	1949.3	2498.2	2807.4	3357.8
创业服务人次数	万人次	211.2	364.9	503.8	604.8	587.2	1714.0
参加补贴性职业技能培训人次数	万人次	1821.0	1907.6	4910.1	4720.2	2228.0	1821.6
劳动权益保护							
劳动人事争议仲裁结案数	万件	63.6	81.2	110.1	125.6	146.7	164.1
工伤失业保险服务							
失业保险参保人数	万人	13375.6	17326.0	21689.5	22957.9	23806.6	24372.7
工伤保险参保人数	万人	16160.7	21432.5	26763.4	28286.5	29116.6	30173.6

注：参加补贴性职业技能培训人次数2020及2021年数据含以工代训。

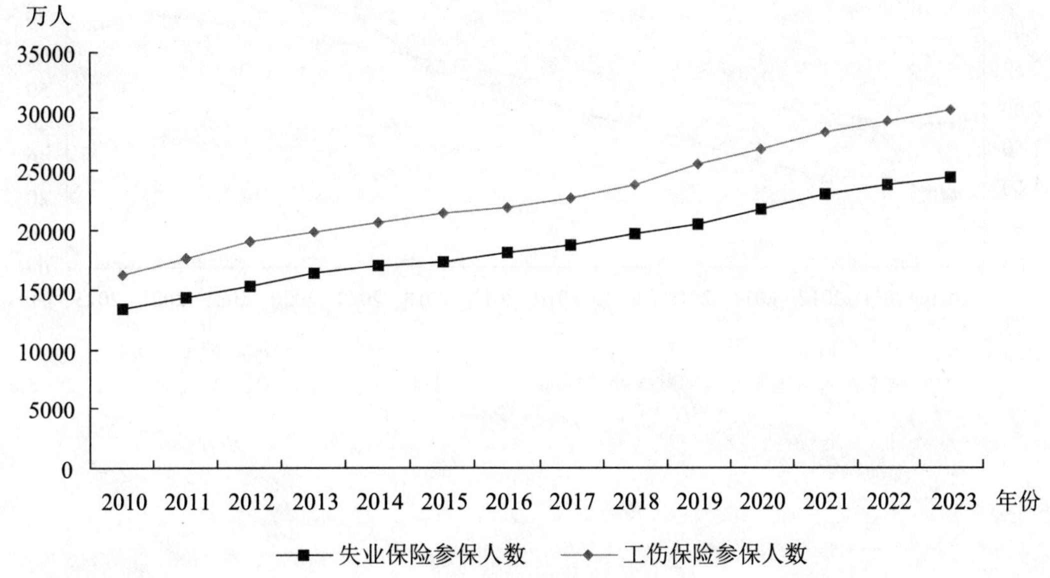

1-4 病有所医

指 标	单位	2010	2015	2020	2021	2022	2023
人均预期寿命	**岁**	**74.8**	**76.3**	**77.9**	**78.2**		**78.6**
公共卫生服务							
专业公共卫生机构人员数	万人	62.5	87.7	92.5	95.8	97.9	100.6
甲乙类法定报告传染病发病率	1/10万	238.7	223.6	190.4	193.5	172.4	198.2
基本公共卫生服务人均财政补助标准	元	20	40	74	79	84	89
医疗服务							
每千人口医疗卫生机构床位数	张	3.58	5.11	6.46	6.70	6.92	7.23
每千人口执业(助理)医师	人	1.80	2.22	2.90	3.04	3.15	3.40
每千人口注册护士	人	1.53	2.37	3.34	3.56	3.71	4.00
医疗保险服务							
基本医疗保险参保人数	亿人	4.3	6.7	13.6	13.6	13.5	13.3
基本医疗保险基金收入	亿元	4308.9	11192.9	24846.1	28732.0	30922.2	33504.9
基本医疗保险基金支出	亿元	3538.1	9312.1	21032.1	24048.2	24597.2	28210.5

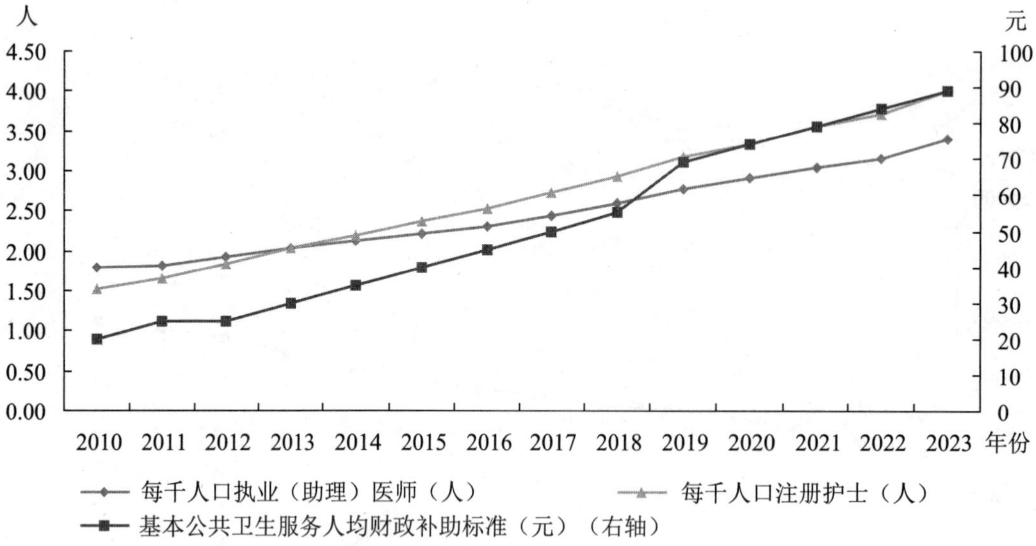

1-5 老有所养

指　标	单位	2010	2015	2020	2021	2022	2023
养老助老服务							
养老机构和设施数	万个		11.6	32.9	35.8	38.7	40.4
养老服务床位数	万张		672.7	821.0	815.9	829.4	823.0
养老机构护理型床位占比	%			38.0	51.4	53.1	61.2
每千老年人口养老床位数	张	17.8	30.3	31.1	30.5	29.6	27.7
养老机构和设施收留抚养人数	万人	229.1	309.2	269.0	261.0	250.3	253.0
老年人福利补贴人数	万人	576.4	2439.5	3853.7	3994.7	4143.0	4334.4
养老保险服务							
城镇职工基本养老保险参保人数	万人	25707.3	35361.2	45621.1	48074.0	50355.0	52120.8
城乡居民基本养老保险参保人数	万人	10276.8	50472.2	54243.8	54797.4	54952.3	54522.5
基本养老保险基金收入	亿元	13872.9	32195.5	49228.6	65793.3	68933.2	76691.2
基本养老保险基金支出	亿元	10755.3	27929.4	54656.5	60196.5	63079.0	68369.4

注：2018年起，养老相关数据统计范围不再包括荣誉军人康复医院、复员军人疗养院、军休所。

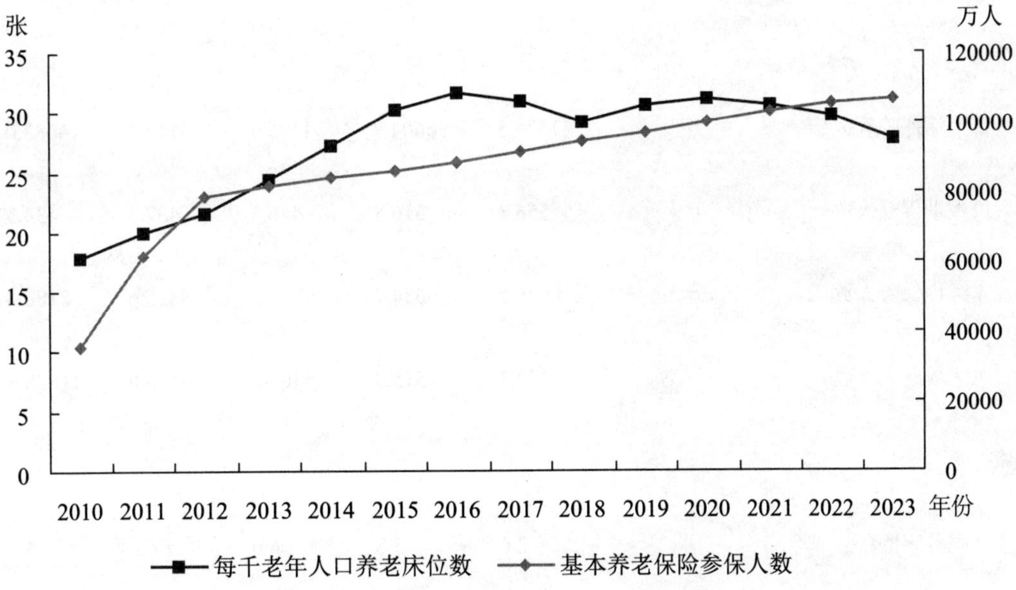

1-6 住有所居

指　　标	单位	2010	2015	2020	2021	2022	2023
城市居住设施							
人均道路面积	平方米	13.2	15.6	18.0	18.8	19.3	19.7
人均公园绿地面积	平方米	11.2	13.4	14.8	14.9	15.3	15.7
农村居住设施							
农村集中供热面积	万平方米		8925.8	32263.4	35324.6	38130.4	37891.1
集中供水的行政村比例	%		62.5	82.5	83.6	84.8	86.1

1-7 弱有所扶

指　　标	单位	2010	2015	2020	2021	2022	2023
社会救助服务							
城乡居民最低生活保障人数	万人	7524.5	6604.7	4425.9	4212.3	4032.0	4063.3
农村特困人员救助供养人数	万人	556.3	516.8	446.3	437.3	434.5	435.4
资助参加基本医疗保险人数	万人	6076.7	6634.7	9984.2	8815.6	8186.4	8020.4
门诊和住院医疗救助人次数	万人次	1479.3	2515.9	8404.2	10126.0	11828.6	15340.2
社会服务保障							
每千人口社会服务床位数	张	2.6	5.3	6.0	6.0	6.1	6.0
扶残助残服务							
困难残疾人生活补贴人数	万人			1214.0	1194.1	1178.5	1180.4
重度残疾人护理补贴人数	万人			1475.1	1503.2	1545.4	1584.0

1-8 优军服务保障

指 标	单位	2010	2015	2020	2021	2022	2023
优抚单位情况							
优抚医院数	个			126	114	106	113
优抚医院床位数	张			34595	30188	30450	32845
光荣院数	个			704	725	743	744
光荣院床位数	张			25926	26445	27247	29121
优军优抚服务							
集中供养优抚对象人数	人			7932	7802	6743	6483
领取国家抚恤补助的优抚对象人数	万人	625.0	897.0	824.0	827.4	833.6	822.1
本年新增评定并完成备案烈士人数	人	173	341	124	142	141	132
烈士纪念设施保护单位数	个			1078	1109	1167	1169
退役军人服务							
退役军人服务中心(站)数	个				617922	609904	611486

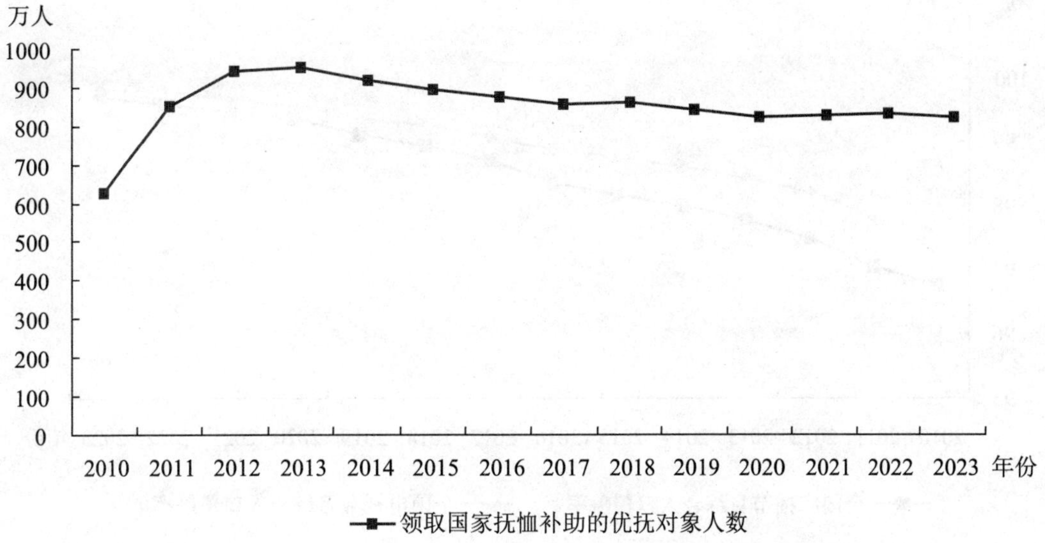

1-9 文体服务保障

指标	单位	2010	2015	2020	2021	2022	2023
公共文化服务							
公共图书馆数	个	2884	3139	3212	3215	3303	3246
文化馆(站)数	个	43382	44291	43687	43531	45623	43752
博物馆数	个	2435	3852	5452	5772	6091	4508
艺术表演场馆数	个	2112	2143	2770	3093	3199	3060
广播影视							
乡村广播节目综合人口覆盖率	%	95.6	97.5	99.2	99.3	99.5	99.6
乡村电视节目综合人口覆盖率	%	96.8	98.3	99.4	99.5	99.6	99.7
乡村有线广播电视实际用户数占家庭总户数的比重	%	29.4	33.5	30.2	33.1	31.9	31.8
新闻出版							
国民综合阅读率	%	77.1	79.6	81.3	81.6	81.8	81.9
全年新出版图书种数	万种	18.9	26.0	21.4	22.5	20.5	21.7
公共体育服务							
体育场地数量	万个			371.3	397.1	422.7	459.3
人均体育场地面积	平方米			2.20	2.41	2.62	2.89

注：2023年起，博物馆相关数据为国有博物馆数。

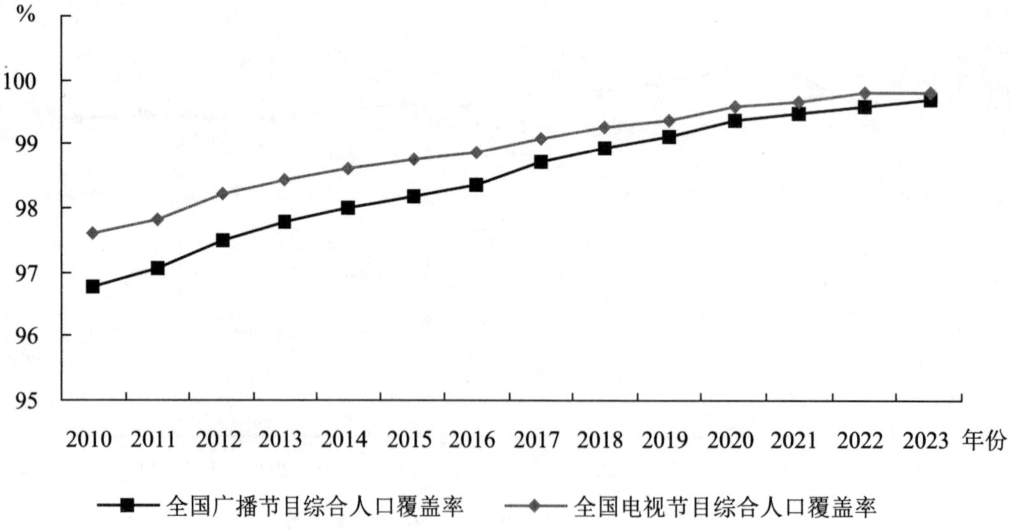

2 幼有所育

2-1-1　全国监测地区儿童和孕产妇死亡率

年　份	新生儿死亡率（‰）	婴　儿死亡率（‰）	5岁以下儿童死亡率（‰）	孕产妇死亡率（1/10万）
2000	22.8	32.2	39.7	53.0
2001	21.4	30.0	35.9	50.2
2002	20.7	29.2	34.9	43.2
2003	18.0	25.5	29.9	51.3
2004	15.4	21.5	25.0	48.3
2005	13.2	19.0	22.5	47.7
2006	12.0	17.2	20.6	41.1
2007	10.7	15.3	18.1	36.6
2008	10.2	14.9	18.5	34.2
2009	9.0	13.8	17.2	31.9
2010	8.3	13.1	16.4	30.0
2011	7.8	12.1	15.6	26.1
2012	6.9	10.3	13.2	24.5
2013	6.3	9.5	12.0	23.2
2014	5.9	8.9	11.7	21.7
2015	5.4	8.1	10.7	20.1
2016	4.9	7.5	10.2	19.9
2017	4.5	6.8	9.1	19.6
2018	3.9	6.1	8.4	18.3
2019	3.5	5.6	7.8	17.8
2020	3.4	5.4	7.5	16.9
2021	3.1	5.0	7.1	16.1
2022	3.1	4.9	6.8	15.7
2023	2.8	4.5	6.2	15.1

2-1-2 各地区孕产妇产前检查率

单位：%

地 区	2010	2015	2018	2019	2020	2021	2022	2023
全 国	**94.1**	**96.5**	**96.6**	**96.8**	**97.4**	**97.6**	**97.9**	**98.2**
北 京	98.9	98.6	98.5	98.5	98.5	98.4	98.4	98.4
天 津	98.4	99.0	99.0	98.2	98.9	98.9	98.8	98.9
河 北	94.6	96.0	96.4	96.8	97.0	97.4	97.4	97.9
山 西	92.9	95.8	95.9	96.8	98.0	98.2	98.2	98.3
内蒙古	95.5	97.1	97.5	97.7	97.8	98.1	98.3	98.4
辽 宁	97.9	97.7	97.9	98.0	97.9	98.3	98.4	98.5
吉 林	90.7	96.5	97.2	98.0	98.3	98.4	98.3	98.4
黑龙江	96.4	97.7	97.4	98.1	98.7	98.7	98.6	98.6
上 海	87.0	98.4	97.9	98.1	98.4	98.3	98.3	98.4
江 苏	100.0	100.0	98.5	98.3	98.4	98.7	98.7	98.8
浙 江	98.4	98.6	98.5	98.6	98.5	98.4	98.3	98.4
安 徽	74.4	93.0	93.7	95.7	96.3	96.8	97.4	97.4
福 建	97.4	97.0	97.5	97.9	97.9	98.2	98.3	98.3
江 西	94.1	95.7	96.5	97.1	97.4	97.6	97.8	98.4
山 东	97.7	95.4	95.3	95.7	96.5	97.0	98.2	98.4
河 南	91.2	94.9	94.2	93.7	94.6	95.2	96.1	97.0
湖 北	97.0	96.8	96.6	97.3	97.2	97.3	97.5	98.1
湖 南	94.0	96.1	97.6	97.4	97.7	97.7	98.2	98.4
广 东	96.8	97.2	97.1	97.3	98.1	98.1	98.1	98.3
广 西	97.8	99.3	99.2	99.1	99.1	98.1	98.1	98.1
海 南	91.9	96.0	96.8	97.3	97.8	98.5	98.6	99.0
重 庆	94.1	96.9	97.4	98.0	98.3	98.4	98.6	98.5
四 川	91.5	96.0	96.6	96.9	97.8	97.9	97.8	98.1
贵 州	92.7	94.9	94.6	96.1	96.6	97.0	97.3	97.8
云 南	96.1	98.3	97.8	98.1	98.7	98.7	98.6	98.8
西 藏	64.2	87.3	77.0	77.3	89.0	86.6	88.3	92.1
陕 西	97.6	98.3	97.4	97.3	98.4	98.6	98.6	98.8
甘 肃	93.8	97.4	96.5	97.1	97.0	97.5	98.2	98.4
青 海	86.1	95.2	96.1	96.1	95.4	97.2	97.2	97.0
宁 夏	99.2	99.3	99.2	88.5	97.4	99.2	99.0	99.0
新 疆	93.8	94.2	97.5	97.2	98.5	99.1	98.9	99.0

2-1-3 各地区孕产妇产后访视率

单位：%

地 区	2010	2015	2018	2019	2020	2021	2022	2023
全 国	**90.8**	**94.5**	**93.8**	**94.1**	**95.5**	**96.0**	**96.5**	**97.0**
北 京	97.1	96.2	96.4	90.8	98.0	98.2	98.2	98.2
天 津	95.3	94.0	97.9	97.6	97.6	97.5	97.2	98.0
河 北	91.2	93.4	91.9	92.6	93.3	94.0	94.6	95.5
山 西	86.8	92.4	90.6	92.3	95.2	95.4	95.5	96.0
内蒙古	93.3	95.5	95.3	95.0	96.1	96.6	96.8	97.4
辽 宁	96.7	94.7	93.7	95.3	95.8	96.3	96.3	96.2
吉 林	88.5	95.3	96.4	97.3	98.4	98.5	98.6	98.6
黑龙江	93.2	96.3	93.5	94.6	96.5	97.1	97.0	97.2
上 海	86.9	98.1	97.8	97.1	97.9	97.7	97.8	98.5
江 苏	100.0	100.0	95.5	95.3	97.0	97.6	97.4	98.1
浙 江	97.7	98.1	97.9	98.1	98.2	98.2	98.2	98.4
安 徽	60.3	90.1	92.0	94.0	94.7	95.5	96.2	96.2
福 建	94.3	94.1	94.1	94.8	95.2	95.8	96.2	96.5
江 西	93.2	94.4	94.7	95.1	95.8	96.3	96.5	97.7
山 东	97.0	93.2	93.1	93.6	94.5	95.5	97.4	97.6
河 南	83.7	90.1	89.7	88.6	89.7	91.3	93.6	95.2
湖 北	94.3	95.4	94.2	95.1	95.4	95.5	96.0	97.1
湖 南	91.6	94.4	96.0	96.0	96.6	96.6	97.2	97.7
广 东	95.8	95.7	94.3	95.2	97.0	96.9	96.9	97.1
广 西	95.4	98.8	96.1	95.7	97.5	97.7	98.2	98.3
海 南	76.5	89.3	90.5	91.8	96.3	97.9	97.9	97.8
重 庆	89.3	93.4	92.0	93.8	95.3	95.7	96.1	95.7
四 川	89.4	95.2	95.6	95.9	97.1	96.6	96.7	96.9
贵 州	91.9	93.7	91.9	93.7	94.2	95.3	95.6	96.2
云 南	94.4	97.7	95.2	94.4	97.1	97.2	97.3	97.7
西 藏	52.8	84.1	68.9	71.4	84.7	86.5	88.7	94.5
陕 西	96.5	97.4	95.2	94.9	97.0	97.2	97.4	97.6
甘 肃	91.6	96.7	94.5	95.0	95.5	96.3	96.7	96.8
青 海	86.3	93.4	93.7	93.4	93.8	94.8	95.1	95.5
宁 夏	98.3	98.7	98.5	88.2	96.9	98.8	98.3	98.8
新 疆	87.7	92.3	93.8	94.6	96.7	98.0	98.0	98.2

2-1-4 各地区孕产妇系统管理率

单位：%

地 区	2010	2015	2018	2019	2020	2021	2022	2023
全 国	**84.1**	**91.5**	**89.9**	**90.3**	**92.7**	**92.9**	**93.6**	**94.5**
北 京	96.6	95.9	96.1	90.4	97.6	97.9	97.9	97.9
天 津	80.6	92.4	93.1	94.4	93.7	95.2	94.3	95.3
河 北	87.3	90.0	88.4	89.1	90.6	91.4	92.4	93.7
山 西	79.3	87.0	83.5	85.3	90.8	91.4	91.9	92.4
内蒙古	91.0	94.1	93.7	93.7	94.7	95.4	95.5	96.1
辽 宁	94.6	92.1	90.2	91.8	92.3	92.9	93.0	93.0
吉 林	82.9	92.3	86.8	92.7	95.4	96.2	95.7	96.4
黑龙江	87.4	94.1	89.9	92.3	95.0	94.2	94.9	95.4
上 海	82.5	95.2	96.2	94.6	95.7	96.2	95.0	97.0
江 苏	98.0	100.0	89.9	86.9	92.2	94.3	91.8	96.1
浙 江	95.3	96.8	95.9	96.3	96.3	96.5	97.0	97.1
安 徽	39.0	85.3	86.6	88.9	89.9	91.4	92.4	92.7
福 建	80.2	91.4	91.5	91.6	92.0	92.7	93.3	93.6
江 西	82.3	89.4	91.0	92.5	93.7	94.5	95.0	96.8
山 东	94.7	91.5	91.9	92.5	93.4	94.5	96.1	96.7
河 南	76.4	86.0	85.3	83.8	84.9	86.9	88.5	90.4
湖 北	89.1	92.6	92.1	92.8	93.1	93.1	94.0	95.8
湖 南	85.4	91.3	94.0	94.5	95.1	95.1	96.0	96.6
广 东	88.6	91.8	91.9	92.9	95.4	94.4	94.6	94.8
广 西	89.9	97.1	93.5	93.8	95.9	90.3	94.5	94.9
海 南	48.7	86.7	86.8	87.8	90.7	92.3	92.3	92.0
重 庆	82.8	90.1	90.3	91.6	92.3	93.4	94.0	94.0
四 川	86.0	93.9	93.6	94.3	95.5	95.1	95.1	95.5
贵 州	82.9	90.3	89.0	91.2	91.4	92.1	92.8	93.6
云 南	87.3	92.8	75.6	76.4	93.7	91.1	91.3	92.1
西 藏	32.2	71.0	54.4	56.4	75.0	75.1	77.9	81.9
陕 西	94.7	95.5	93.6	93.2	96.0	96.5	96.5	96.7
甘 肃	86.7	94.2	91.3	90.8	91.6	92.0	92.9	93.4
青 海	82.8	91.6	91.6	91.9	91.6	92.5	91.6	92.8
宁 夏	94.2	96.8	96.1	86.5	95.8	97.9	97.4	97.9
新 疆	77.7	85.2	87.0	88.4	90.1	94.3	94.4	95.4

2-1-5 各地区新生儿访视率

单位：%

地区	2010	2015	2018	2019	2020	2021	2022	2023
全国	**89.6**	**94.3**	**93.7**	**94.1**	**95.5**	**96.2**	**96.7**	**97.4**
北京	95.2	96.5	96.4	91.1	97.8	98.0	98.0	98.0
天津	97.0	98.1	98.9	99.0	96.3	98.9	99.0	98.1
河北	89.9	93.1	92.1	93.0	93.7	94.3	94.9	96.0
山西	85.3	91.5	90.6	92.5	95.5	96.1	96.2	96.5
内蒙古	91.5	95.7	95.6	95.5	96.6	97.2	97.5	98.0
辽宁	96.2	94.5	93.5	95.6	95.6	96.5	96.9	96.7
吉林	88.1	95.6	96.4	97.7	98.5	97.2	98.9	99.8
黑龙江	91.3	96.5	93.2	94.8	96.8	97.7	97.6	98.0
上海	86.9	98.1	97.8	97.1	97.9	97.7	97.8	98.5
江苏	100.0	100.0	95.5	95.9	97.7	98.1	96.9	98.6
浙江	97.7	99.0	98.0	98.7	98.8	99.0	99.2	99.4
安徽	59.8	89.4	92.0	94.3	95.2	96.1	96.8	96.4
福建	94.3	94.3	94.2	95.2	95.5	96.4	96.9	97.0
江西	92.3	93.6	94.2	94.5	96.0	96.4	96.9	98.1
山东	96.4	93.4	93.2	93.9	95.0	96.2	98.0	98.4
河南	79.5	88.4	88.7	88.5	90.3	91.5	93.2	95.0
湖北	93.1	95.6	94.5	95.3	95.2	95.5	96.4	97.4
湖南	90.3	94.8	96.9	96.7	97.3	97.7	98.0	98.6
广东	95.7	95.6	93.4	94.3	95.4	95.9	96.6	97.1
广西	94.4	99.3	96.1	93.6	96.3	97.2	97.9	97.8
海南	74.7	89.3	91.0	92.2	96.4	98.3	98.6	98.0
重庆	86.3	93.3	92.2	94.4	95.9	96.6	96.8	96.4
四川	87.5	95.0	95.6	95.9	97.2	96.8	97.3	97.5
贵州	90.7	93.7	92.0	93.6	94.4	95.5	96.0	96.6
云南	93.9	97.6	95.5	95.3	97.3	97.6	97.8	98.1
西藏	50.6	81.8	69.1	71.1	90.8	89.8	88.7	94.6
陕西	94.9	97.6	94.8	95.5	97.3	97.7	97.9	98.2
甘肃	91.6	96.7	95.2	95.1	95.9	96.7	97.0	97.2
青海	86.3	89.8	92.3	91.6	92.7	94.1	92.6	95.8
宁夏	98.3	98.9	99.2	88.0	97.4	99.1	98.9	99.4
新疆	86.4	91.5	94.3	94.8	95.2	96.9	98.0	99.1

2-1-6 各地区3岁以下儿童系统管理率

单位：%

地 区	2010	2015	2018	2019	2020	2021	2022	2023
全 国	**81.5**	**90.7**	**91.2**	**91.9**	**92.9**	**92.8**	**93.3**	**94.3**
北 京	97.8	92.9	95.6	95.8	96.0	96.1	96.7	97.0
天 津	69.9	86.8	91.5	92.3	94.6	96.1	96.6	96.9
河 北	88.7	90.6	90.7	91.0	91.6	92.2	93.0	93.6
山 西	78.2	89.0	87.7	88.3	92.4	92.7	92.7	92.8
内蒙古	90.5	93.9	94.1	94.1	94.7	95.1	95.4	96.1
辽 宁	95.1	93.4	92.9	93.7	93.3	93.6	93.4	94.1
吉 林	83.1	91.7	91.5	91.7	93.1	94.2	95.8	97.1
黑龙江	85.4	93.5	92.1	93.6	95.5	94.5	94.8	95.8
上 海	96.4	98.0	98.0	98.0	95.4	97.3	95.8	97.8
江 苏	94.6	97.4	94.7	95.2	95.8	96.3	96.0	98.4
浙 江	94.3	96.9	96.3	96.6	96.5	97.1	97.2	97.3
安 徽	55.9	85.9	87.5	89.0	89.3	90.7	91.1	92.5
福 建	89.7	92.4	93.0	93.3	93.8	94.2	94.3	94.7
江 西	75.2	86.5	90.0	91.0	92.6	92.9	93.8	95.2
山 东	93.9	92.2	92.6	93.2	93.9	94.8	95.7	97.1
河 南	74.9	85.8	87.2	88.6	90.0	89.9	90.8	91.7
湖 北	83.2	91.6	91.7	92.3	91.1	91.6	92.9	94.4
湖 南	67.6	88.9	92.0	92.6	93.0	93.9	94.3	95.4
广 东	91.9	92.1	90.2	91.2	92.3	92.3	92.1	92.6
广 西	74.0	89.5	91.3	91.8	93.4	82.5	87.2	89.0
海 南	54.5	86.8	86.4	87.9	88.0	88.0	89.1	92.2
重 庆	80.1	89.4	90.0	91.4	92.1	91.7	93.1	93.9
四 川	81.5	93.9	94.2	95.0	95.8	95.5	95.2	95.3
贵 州	68.2	87.8	90.3	91.8	91.9	93.1	93.8	94.0
云 南	80.7	91.9	88.6	88.6	94.4	93.1	92.7	94.0
西 藏	47.7	73.1	71.3	71.9	85.3	84.8	87.9	91.1
陕 西	93.0	95.0	94.1	94.1	94.6	95.2	95.3	96.3
甘 肃	79.6	93.3	91.6	92.9	93.4	93.8	94.3	93.5
青 海	81.5	90.9	91.4	91.6	91.4	92.8	93.2	94.7
宁 夏	89.8	94.1	93.8	95.3	96.1	96.2	95.8	96.9
新 疆	74.8	86.9	92.3	92.9	92.0	96.2	96.3	97.5

2-1-7 各地区7岁以下儿童健康管理率

单位：%

地 区	2010	2015	2018	2019	2020	2021	2022	2023
全 国	**83.4**	**92.1**	**92.7**	**93.6**	**94.3**	**94.6**	**94.9**	**95.9**
北 京	98.2	98.5	98.9	99.0	98.4	99.1	99.3	99.4
天 津	91.4	93.3	93.7	95.4	92.7	93.7	91.5	95.0
河 北	90.3	93.4	92.5	92.9	93.6	94.0	94.4	95.3
山 西	78.3	91.0	89.4	90.7	92.9	93.7	93.5	94.4
内蒙古	85.8	94.7	94.0	94.0	94.3	94.8	95.0	95.7
辽 宁	95.9	94.4	94.1	94.2	94.3	94.2	94.4	94.6
吉 林	83.6	92.0	92.6	93.3	94.5	95.6	97.2	98.3
黑龙江	89.7	94.8	92.8	93.7	95.6	95.3	95.3	96.2
上 海	97.4	99.5	99.5	99.5	99.4	99.6	99.3	99.6
江 苏	97.8	98.4	97.7	97.9	98.1	95.6	97.4	99.2
浙 江	95.8	97.3	97.3	97.5	97.6	98.0	98.4	98.6
安 徽	61.4	90.9	91.5	92.8	92.7	93.3	93.5	94.1
福 建	95.0	94.8	95.2	95.5	95.7	95.8	95.8	95.8
江 西	82.8	87.9	89.3	90.6	92.9	93.7	94.1	95.7
山 东	93.5	92.2	92.3	93.1	93.9	94.9	96.5	97.7
河 南	76.7	86.6	88.2	89.7	90.9	91.4	92.0	93.7
湖 北	86.2	92.3	91.0	93.5	93.6	94.1	94.5	96.0
湖 南	66.7	89.4	94.8	94.4	94.2	94.8	95.2	96.1
广 东	95.1	95.9	94.5	95.2	97.4	96.1	95.9	96.0
广 西	75.0	90.5	92.2	93.0	92.5	94.4	93.8	95.8
海 南	81.4	92.8	91.4	93.3	92.4	93.6	94.0	95.8
重 庆	80.5	92.0	91.2	93.2	93.4	93.9	94.6	95.5
四 川	82.8	93.1	94.1	95.2	95.7	95.7	95.5	95.8
贵 州	66.6	88.7	91.3	92.4	92.9	93.8	94.3	95.1
云 南	82.2	92.8	90.9	91.4	94.7	94.2	94.1	95.2
西 藏	52.0	64.7	71.0	73.4	86.4	84.2	87.3	93.1
陕 西	92.2	96.0	95.1	94.9	95.4	96.2	96.5	97.0
甘 肃	78.5	92.7	91.3	93.7	93.6	94.3	94.5	95.2
青 海	74.5	87.3	89.4	90.4	91.5	91.4	92.4	92.7
宁 夏	89.7	96.2	95.3	95.4	96.3	96.4	95.9	97.0
新 疆	77.3	87.4	94.1	95.6	93.3	95.9	95.5	95.9

2-2-1 各地区生育保险参保人数

单位：万人

地区	2010	2015	2018	2019	2020	2021	2022	2023
全国	**12335.9**	**17771.0**	**20434.1**	**21417.3**	**23567.3**	**23751.7**	**24621.5**	**24903.1**
北京	372.2	941.6	1104.0	1164.4	1341.1	1082.7	1082.7	1070.8
天津	212.0	269.7	330.4	341.3	353.5	366.1	365.2	425.7
河北	561.5	713.0	774.2	811.0	875.2	900.6	882.3	909.8
山西	211.6	456.5	481.9	489.6	476.7	379.1	480.2	490.6
内蒙古	233.9	302.6	319.5	320.6	334.8	345.4	343.3	371.4
辽宁	593.0	789.3	777.8	789.4	792.2	704.8	693.1	704.4
吉林	310.5	367.5	370.3	326.3	326.8	331.7	335.6	314.2
黑龙江	290.1	357.1	350.2	343.5	397.7	396.0	390.1	388.3
上海	657.3	735.4	984.9	989.6	1008.8	1084.7	1087.8	1082.1
江苏	1086.4	1471.7	1694.5	1868.8	1987.1	2094.9	2156.4	2175.8
浙江	863.7	1285.2	1477.3	1561.1	2066.8	1810.9	2186.5	2235.9
安徽	346.9	499.3	586.3	622.3	652.9	700.9	757.1	782.2
福建	374.4	598.3	651.9	621.7	676.6	711.1	741.7	732.2
江西	170.0	251.3	290.1	303.3	372.2	380.4	405.9	412.3
山东	774.1	1111.3	1235.4	1298.8	1534.3	1607.5	1646.9	1696.4
河南	412.9	609.5	755.4	765.3	872.1	889.4	922.6	943.3
湖北	381.8	500.2	540.0	577.7	645.9	710.1	748.0	799.1
湖南	527.1	544.0	571.8	600.4	633.8	652.8	723.6	703.5
广东	2038.5	3081.8	3495.3	3669.4	3799.8	3973.9	4062.0	3902.8
广西	218.5	307.9	366.2	405.9	477.2	523.5	508.3	513.8
海南	92.6	127.1	152.6	168.8	183.2	179.6	182.3	196.6
重庆	175.7	354.3	439.5	466.9	505.8	536.5	547.9	539.0
四川	484.2	670.3	878.2	954.9	1129.1	1201.7	1216.8	1218.9
贵州	164.3	263.6	325.9	349.6	383.7	341.7	348.6	372.8
云南	210.2	289.8	339.5	356.0	375.0	393.3	406.3	397.3
西藏	14.8	23.8	32.4	34.3	37.3	41.6	42.4	45.1
陕西	180.1	265.3	401.9	454.5	519.0	560.2	496.1	589.8
甘肃	82.0	154.1	202.9	221.8	234.0	250.7	256.9	265.4
青海	6.4	48.0	58.1	61.8	64.2	68.4	71.3	72.7
宁夏	39.8	73.7	88.1	94.7	105.4	111.5	114.1	119.0
新疆	249.4	307.9	357.5	383.6	405.6	420.0	419.4	431.9

2-3-1 各地区孤儿数

单位：人

地 区	2010	2015	2018	2019	2020	2021	2022	2023
全 国	**252110**	**502105**	**305110**	**233117**	**193281**	**172716**	**157969**	**144447**
北 京	154	2152	2138	1747	1689	1331	1170	1096
天 津	1057	862	687	635	582	570	525	491
河 北	3074	16060	16241	14049	5673	5386	4903	4591
山 西	3793	13545	10228	7778	5683	4907	4220	3951
内蒙古		5526	4182	2725	2153	2022	1886	1805
辽 宁	4422	7727	6429	5798	4578	3990	3333	2407
吉 林	1915	5196	4252	3958	3634	3506	3206	2997
黑龙江	385	7465	4860	4075	3145	2899	2734	2567
上 海		1964	1582	1409	1289	1209	1082	951
江 苏	3333	17691	9605	7983	6717	5604	5102	4771
浙 江	359	4827	3315	2945	2714	2529	2387	2186
安 徽	7834	26993	25949	9724	6223	5689	5142	4595
福 建	1081	6012	3727	3326	3119	2452	2279	2137
江 西	35753	23133	9274	7040	5016	4413	3932	3490
山 东	18350	17534	10818	9479	8184	7940	7704	7354
河 南	21161	43261	18639	18284	18068	17141	15772	14815
湖 北	4718	23704	8029	6278	5536	5073	4594	4290
湖 南	53532	43616	21767	18916	14863	12342	10709	9284
广 东	12848	38845	24097	17199	14525	13083	11599	10500
广 西	3951	23614	15354	11807	10335	9692	8896	8050
海 南	1245	1636	927	821	782	725	661	577
重 庆	2342	11085	3603	3398	3346	2707	3162	3061
四 川	11990	29684	23322	22213	20861	18060	17762	16396
贵 州	7870	21047	12311	10957	10139	9387	8760	8179
云 南	18462	23802	21969	10518	9262	8573	7701	7158
西 藏	456	5798	5366	5591	4867	4650	4293	4031
陕 西	444	12515	7274	5919	5220	4715	3993	3718
甘 肃	8601	20608	9201	8317	7179	6078	5350	4553
青 海	13146	16268	6703	4035	2205	1258	883	883
宁 夏	3036	6890	5708	753	735	722	691	620
新 疆	6798	23045	7553	5440	4959	4063	3538	2943

注：2010年数据为领证孤儿数。

2-3-2 各地区孤儿生活保障情况

地 区	孤儿基本生活标准(元/月)			孤儿基本生活保障金总额(万元)		
	2021	2022	2023	2021	2022	2023
全 国	**1477.3**	**1583.5**	**1678.0**	**324040.6**	**313641.9**	**307727.4**
北 京	2200.0	2450.0	2650.0	3579.3	5008.8	4274.5
天 津	2590.0	2590.0	2590.0	2351.7	3804.3	1906.1
河 北	1272.4	1563.4	1563.0	8610.0	9080.8	8732.7
山 西	1248.7	1434.0	1464.0	8209.1	6893.3	8044.1
内蒙古	1750.9	1814.6	2014.5	5039.1	3669.2	4634.3
辽 宁	1802.1	1958.6	2106.7	11711.8	6235.3	6375.0
吉 林	1300.0	1300.0	1435.0	5805.1	4734.6	5858.1
黑龙江	1643.9	1712.3	1859.9	5531.3	6080.3	5909.7
上 海	2000.0	2000.0	2500.0	3573.8	3103.6	2932.0
江 苏	2281.6	2375.3	2465.4	17223.5	14686.8	15265.7
浙 江	1940.9	2239.4	2363.8	8116.8	8315.4	6808.3
安 徽	1402.0	1476.1	1567.7	9766.3	9376.1	9094.4
福 建	1634.2	1661.2	1874.2	6730.0	5411.7	4637.4
江 西	1390.0	1418.4	1586.2	7331.3	6603.8	6326.6
山 东	1790.5	1974.6	2128.6	16927.1	18214.1	18399.4
河 南	1172.5	1248.9	1257.3	23597.7	23879.1	21447.2
湖 北	1779.6	1879.1	2004.6	11033.5	11621.2	10352.3
湖 南	1222.6	1226.8	1349.1	19540.9	16549.2	14559.8
广 东	1850.6	1924.2	1979.9	33149.9	30038.2	28122.5
广 西	1155.0	1230.6	1237.6	11288.6	12892.3	12199.6
海 南	1467.1	1537.2	1536.6	1703.5	2470.0	1098.5
重 庆	1377.0	1480.7	1505.0	5229.4	4691.1	4866.8
四 川	1198.1	1399.5	1432.2	23984.2	28224.0	27373.5
贵 州	1321.8	1450.0	1550.0	14619.1	14657.8	14411.2
云 南	1641.5	1650.3	1676.6	18979.8	18335.4	22242.7
西 藏	1068.6	1012.5	1119.5	6777.8	4955.4	9332.7
陕 西	1199.7	1257.2	1605.8	8213.9	7129.3	8499.5
甘 肃	1207.5	1292.1	1318.0	8949.7	8848.0	7381.4
青 海	1196.1	1250.0	1250.0	2245.6	2328.9	1588.4
宁 夏	1076.4	1250.0	1250.0	2283.6	2381.1	1393.4
新 疆	1201.7	1356.8	1372.7	11937.2	13422.8	13659.6

2-3-3　各地区事实无人抚养儿童情况

地区	事实无人抚养儿童数（人）			为事实无人抚养儿童发放基本生活保障金总额（万元）		
	2021	2022	2023	2021	2022	2023
全　国	**314423**	**364918**	**399142**	**338093.2**	**457626.4**	**561169.3**
北　京	1104	1177	1316	2441.7	2457.4	2935.4
天　津	1036	1404	1492	1644.2	2271.7	2958.6
河　北	9334	10185	11005	9969.4	13016.5	16425.7
山　西	5913	6424	7017	6173.5	8022.8	9323.7
内蒙古	3054	4019	5240	4301.2	6506.5	9146.9
辽　宁	3219	4278	5659	4378.0	5864.0	8611.2
吉　林	2148	2522	2754	1811.4	2223.6	3039.5
黑龙江	2410	3155	3982	2736.1	3889.9	7146.7
上　海	1097	1077	1573	1505.6	1694.9	2781.3
江　苏	13203	16815	18318	21372.7	32684.4	39465.3
浙　江	7123	8647	9118	13433.6	16912.0	21045.3
安　徽	21079	22640	23882	26995.9	31306.2	35370.1
福　建	13127	15128	15558	14798.1	18162.9	23079.5
江　西	11138	14304	17382	11920.5	18379.8	25555.7
山　东	18484	25720	27666	31583.5	43629.8	55472.4
河　南	23340	27604	31682	20791.3	29082.8	32608.7
湖　北	10001	13000	14875	12825.8	18634.6	23833.1
湖　南	26559	28100	29282	19640.3	20778.4	26650.4
广　东	29656	29352	31724	38192.1	42974.5	48642.7
广　西	21476	24014	25671	12583.6	22270.6	26542.5
海　南	1535	2104	2466	1690.1	1651.5	2801.7
重　庆	4019	8216	8697	3119.3	7041.2	9681.3
四　川	20828	24916	28612	12588.3	31081.2	36906.7
贵　州	19729	21413	23298	18664.4	25336.4	31656.8
云　南	16989	17789	18087	18687.5	21072.1	23679.3
西　藏	835	927	974	534.9	1364.4	1374.5
陕　西	6474	6858	7146	5464.4	6470.8	7623.9
甘　肃	12425	15789	17033	11534.6	16804.2	18480.9
青　海	1419	1859	2145	1050.5	1320.1	1849.8
宁　夏	5219	5087	5116	3871.1	4067.0	5970.6
新　疆	450	395	372	1789.6	654.2	509.1

2-3-4 各地区提供住宿的民政机构收留抚养和救助儿童数

单位：人

地 区	2010	2015	2018	2019	2020	2021	2022	2023
全 国	**99947**	**96293**	**92673**	**80765**	**72821**	**68679**	**63687**	**59228**
北 京	1059	1427	1616	1454	1477	1194	1203	1124
天 津	749	310	163	786	767	735	599	334
河 北	3466	1830	2100	1657	1622	1684	1393	1480
山 西	3109	3345	3864	2111	2219	2037	1759	1622
内蒙古	1992	1473	1457	1685	1765	1820	1569	1512
辽 宁	2689	3001	1462	1614	1467	1212	1262	978
吉 林	2399	2193	2345	1828	1602	1631	1702	1686
黑龙江	1823	1544	1654	1487	1452	1417	1420	964
上 海	2563	2173	2017	1609	1033	1250	1100	943
江 苏	4396	4352	4501	3412	3227	3216	3361	2763
浙 江	2819	2513	2987	1950	2178	1648	1357	1447
安 徽	4430	3379	3759	3421	3186	3077	2980	2849
福 建	2102	1912	2023	1302	1256	1259	1287	1306
江 西	6125	4718	4605	4228	1416	1450	1320	1144
山 东	3039	3309	2515	2059	2052	1736	1424	1328
河 南	6836	6038	5829	5125	4751	4424	4286	4145
湖 北	5189	4901	3179	2447	2219	1854	1746	1562
湖 南	5354	6404	6219	4125	3489	3521	3044	2352
广 东	9798	9336	8961	7773	7402	6723	6168	5837
广 西	3000	2852	3081	2780	2767	2331	2167	1804
海 南	350	349	271	276	256	192	216	196
重 庆	2451	1334	1076	1033	908	841	895	855
四 川	7227	4491	5240	4678	4411	3947	3372	3373
贵 州	2220	3128	2930	2661	2709	2729	2386	2507
云 南	2304	2363	2287	1900	1870	1928	1988	1694
西 藏	1098	5281	3755	5712	4380	3126	3008	3309
陕 西	3243	2669	2770	2276	2261	2333	2221	2158
甘 肃	2667	3460	1703	1800	1801	1883	1822	1853
青 海	624	1357	1241	1338	1181	1221	1113	1116
宁 夏	463	547	529	492	457	358	341	279
新 疆	4363	4240	6470	5682	5212	5877	5177	4694

注：全国合计包含部本级单位数据。

2-3-5　各地区被收养儿童数

单位：人

地　区	2010	2015	2018	2019	2020	2021	2022	2023
全　国	**34473**	**22363**	**16267**	**13044**	**11103**	**12447**	**8432**	**8162**
北　京	1009	174	144	23	27	43	24	16
天　津	254	87	55	26	11	16	34	41
河　北	713	380	302	360	403	328	293	250
山　西	306	258	238	105	141	150	144	221
内蒙古	192	183	185	120	52	68	104	87
辽　宁	309	221	158	94	68	80	47	44
吉　林	78	32	51	21	27	25	14	22
黑龙江	270	44	101	86	53	75	59	77
上　海	887	199	93	94	42	30	12	18
江　苏	2734	2329	1550	1365	885	706	488	426
浙　江	5667	3397	2118	1363	1151	1057	591	258
安　徽	1431	878	349	278	220	233	224	320
福　建	971	1264	566	337	368	345	283	283
江　西	1543	416	139	124	168	300	268	276
山　东	3051	2414	1318	1143	1067	1411	673	276
河　南	914	729	598	397	463	604	693	892
湖　北	994	748	636	615	443	600	394	417
湖　南	1510	1087	574	502	560	657	441	516
广　东	3284	1460	1115	901	634	611	523	645
广　西	2367	1587	2610	2085	1659	2066	1212	1101
海　南	254	112	117	104	98	138	53	54
重　庆	766	214	165	173	106	94	144	137
四　川	1307	1009	890	828	715	624	504	512
贵　州	760	285	241	186	153	175	149	172
云　南	1473	1565	1226	1031	859	1071	479	254
西　藏	59	475	21	14	19	23	9	17
陕　西	352	377	342	310	219	287	187	305
甘　肃	176	96	110	127	154	233	185	223
青　海	42	42	21	42	89	67	68	128
宁　夏	97	47	20	20	5	16	6	12
新　疆	703	254	214	170	244	314	127	162

3 学有所教

3-1-1 全国学前教育情况

单位：%

年 份	学前教育毛入园率	普惠性幼儿园覆盖率
2002	36.8	
2003	37.4	
2004	40.8	
2005	41.4	
2006	42.5	
2007	44.6	
2008	47.3	
2009	50.9	
2010	56.6	
2011	62.3	
2012	64.5	
2013	67.5	
2014	70.5	
2015	75.0	
2016	77.4	67.3
2017	79.6	70.6
2018	81.7	73.1
2019	83.4	76.0
2020	85.2	84.7
2021	88.1	87.8
2022	89.7	89.6
2023	91.1	90.8

3-1-2 各地区幼儿园数

单位：所

地 区	2010	2015	2018	2019	2020	2021	2022	2023
全 国	**150420**	**209881**	**266677**	**281174**	**291715**	**294832**	**289222**	**274414**
北 京	1245	1426	1657	1733	1899	2000	1989	1991
天 津	1607	1821	2223	2374	2575	2346	2257	2127
河 北	7368	11437	15418	16559	18057	18818	18692	17818
山 西	4352	6183	6973	7089	7165	7252	7037	6841
内蒙古	2039	3140	4161	4374	4428	4436	4299	3958
辽 宁	8613	9439	10090	9903	9470	9273	8819	8397
吉 林	2729	4039	3617	3605	3848	3981	3889	3511
黑龙江	3942	5853	5852	5881	5763	5639	5441	5019
上 海	1252	1462	1627	1670	1678	1699	1708	1692
江 苏	3944	5072	7222	7608	7903	8116	8143	8073
浙 江	9863	8871	8453	8261	8009	7890	7709	7067
安 徽	4018	6564	8782	9631	10876	11478	11577	11108
福 建	6179	7591	8161	8664	8756	8836	8597	8165
江 西	8518	11448	15368	15958	16330	15832	14173	11544
山 东	17751	18512	20231	23588	24701	25203	24886	22464
河 南	7698	15821	22128	23181	24274	24365	23922	22633
湖 北	4395	6491	8273	8925	9265	9527	9597	9615
湖 南	7829	12935	15166	15717	16285	16312	15998	15327
广 东	11161	15416	18953	19885	20747	21101	21566	21662
广 西	5349	9734	12544	13112	13662	14054	13699	12857
海 南	1005	1806	2429	2538	2699	2718	2726	2527
重 庆	4105	4669	5607	5660	5704	5684	5667	5514
四 川	9483	12111	13396	13568	13752	13407	12869	12387
贵 州	2196	4767	10306	10685	11017	11305	11167	10871
云 南	3790	6129	10156	12085	13385	13883	13919	13804
西 藏	119	722	1477	2014	2199	2337	2412	2474
陕 西	3928	6970	7963	8048	8204	8226	8028	7576
甘 肃	2407	3471	7734	7988	8089	8159	8021	7713
青 海	599	1316	1804	1816	1824	1881	1765	1637
宁 夏	373	710	1221	1329	1464	1490	1473	1458
新 疆	2563	3955	7685	7725	7687	7584	7177	6584

3-1-3 各地区学前教育在园幼儿数

单位：万人

地 区	2010	2015	2018	2019	2020	2021	2022	2023
全 国	**2976.7**	**4264.8**	**4656.4**	**4713.9**	**4818.3**	**4805.2**	**4627.5**	**4093.0**
北 京	27.7	39.4	45.1	46.8	52.6	56.7	57.4	51.5
天 津	21.8	25.3	26.3	27.6	29.9	31.6	32.0	29.0
河 北	168.0	231.7	240.2	239.0	245.3	247.0	233.0	199.4
山 西	71.0	98.3	98.8	99.7	99.8	101.0	99.7	91.8
内蒙古	38.1	59.3	61.7	60.7	61.1	60.4	60.7	55.4
辽 宁	83.4	91.1	91.3	91.5	86.0	87.2	81.8	72.9
吉 林	34.3	46.4	41.9	41.2	40.6	42.0	40.0	35.4
黑龙江	49.2	53.2	52.2	51.0	48.0	48.9	46.3	38.6
上 海	40.0	53.6	57.1	57.1	57.1	56.0	53.4	48.4
江 苏	205.7	250.7	255.6	253.9	254.1	252.5	237.1	209.9
浙 江	183.1	190.2	193.4	193.7	198.6	200.8	197.3	177.6
安 徽	100.8	185.7	207.2	211.4	216.8	214.1	204.3	180.3
福 建	116.6	151.3	168.4	169.6	169.9	167.3	156.7	135.4
江 西	123.5	166.3	161.3	165.8	170.0	161.8	150.9	132.4
山 东	219.4	271.8	307.6	338.1	380.8	389.3	388.7	307.2
河 南	196.7	393.4	438.0	430.9	425.6	399.5	371.5	323.6
湖 北	111.8	162.6	174.1	177.8	178.4	178.5	173.1	155.3
湖 南	141.9	216.6	225.2	227.6	231.4	229.4	216.0	183.7
广 东	277.2	402.3	449.1	464.5	480.2	500.4	498.1	458.6
广 西	118.5	206.9	219.8	216.8	226.6	227.5	217.0	193.1
海 南	18.2	32.0	37.4	37.5	39.8	39.2	38.1	36.3
重 庆	70.9	91.6	96.3	98.3	100.8	99.5	96.1	87.6
四 川	188.8	248.2	260.9	264.4	265.2	261.8	254.0	231.6
贵 州	76.9	130.5	154.9	154.5	158.8	165.5	165.8	153.0
云 南	98.7	129.4	143.1	149.9	167.3	177.0	180.8	168.0
西 藏	2.3	8.8	12.3	14.2	15.1	15.6	15.6	15.2
陕 西	70.5	139.7	141.3	139.0	141.3	137.3	132.6	119.7
甘 肃	38.7	70.1	94.4	93.3	95.8	97.0	94.7	85.6
青 海	11.2	18.4	21.5	21.5	22.7	22.8	22.0	20.4
宁 夏	13.8	19.3	24.2	24.8	25.6	26.1	25.6	24.0
新 疆	57.9	81.0	155.8	151.9	132.9	111.5	87.4	71.8

3-1-4 各地区普惠性幼儿园情况

地区	幼儿园数(个)			在园幼儿数(万人)			普惠性幼儿园覆盖率(%)		
	2021	2022	2023	2021	2022	2023	2021	2022	2023
全国	**244698**	**245733**	**236430**	**4218.2**	**4144.1**	**3717.0**	**87.8**	**89.6**	**90.8**
北京	1655	1650	1650	51.8	52.6	47.6	91.3	91.5	92.4
天津	1459	1574	1584	24.7	27.3	25.0	78.3	85.4	86.2
河北	14439	14697	14178	216.0	206.3	178.7	87.4	88.6	89.6
山西	6174	6006	5866	87.4	86.4	79.9	86.6	86.7	87.0
内蒙古	3231	3249	3119	52.9	53.5	50.0	87.6	88.1	90.3
辽宁	7347	7075	6782	75.8	72.7	65.5	87.0	88.8	89.9
吉林	2380	2387	2109	30.8	29.9	27.0	73.3	74.7	76.2
黑龙江	4406	4511	4201	42.6	42.8	36.0	87.1	92.6	93.4
上海	1344	1386	1389	49.7	48.4	44.7	88.7	90.7	92.2
江苏	6921	6999	7004	223.1	211.3	189.5	88.4	89.1	90.3
浙江	6977	7000	6510	182.8	186.0	169.8	91.0	94.3	95.6
安徽	9779	9938	9865	188.4	185.7	168.1	88.0	90.9	93.2
福建	7803	7726	7301	155.8	147.8	128.1	93.1	94.3	94.6
江西	13675	12495	10285	146.4	138.3	124.3	90.4	91.6	93.8
山东	21221	21546	19766	332.8	349.1	277.8	85.5	89.8	90.4
河南	18849	19868	19317	329.9	323.5	288.6	82.6	87.1	89.2
湖北	7627	7931	8053	148.6	149.7	138.4	83.2	86.5	89.1
湖南	13062	13033	12664	203.3	193.0	167.5	88.6	89.4	91.2
广东	17889	18391	18644	428.7	430.6	402.9	85.7	86.5	87.9
广西	10391	10618	10157	204.9	199.0	176.9	90.0	91.7	91.6
海南	1703	1738	1736	34.0	32.9	31.9	86.7	86.2	87.8
重庆	5170	5252	5141	92.7	90.4	82.9	93.2	94.0	94.6
四川	10606	10220	9927	224.4	218.2	201.0	85.7	85.9	86.8
贵州	9999	10250	10085	156.8	156.7	145.5	94.7	94.5	95.1
云南	12615	12784	12766	154.5	160.1	151.4	87.3	88.5	90.1
西藏	2337	2412	2474	15.4	15.6	15.2	98.5	100.0	100.0
陕西	7585	7493	7150	127.3	123.8	112.8	92.7	93.4	94.3
甘肃	7738	7619	7408	90.2	87.8	81.0	92.9	92.7	94.6
青海	1856	1741	1614	22.3	21.6	19.9	97.9	98.4	97.8
宁夏	1366	1367	1366	23.5	23.1	21.9	90.0	90.4	91.1
新疆	7094	6777	6319	100.8	79.9	67.2	90.4	91.4	93.7

3-1-5 各地区公办幼儿园数

单位：个

地 区	2020	2021	2022	2023
全 国	**89049**	**128124**	**128729**	**124934**
北 京	239	977	951	945
天 津	419	966	979	971
河 北	6577	8406	8486	8164
山 西	2649	4152	3932	3795
内蒙古	911	1800	1833	1789
辽 宁	1267	2846	2840	2894
吉 林	381	803	825	715
黑龙江	803	1675	1662	1637
上 海	40	1035	1052	1054
江 苏	1032	4759	4729	4730
浙 江	1427	3155	3406	3499
安 徽	3800	5359	5323	5154
福 建	1851	2974	3064	3081
江 西	6336	7714	6973	5431
山 东	8689	12318	12564	11523
河 南	7687	6309	6760	6788
湖 北	1872	2700	2934	3113
湖 南	3637	6273	6370	6300
广 东	3250	7926	8464	8835
广 西	3769	3815	3728	3530
海 南	481	655	677	716
重 庆	1022	2332	2337	2315
四 川	3112	3845	3882	3953
贵 州	4208	6196	6149	5970
云 南	8128	7780	7852	7901
西 藏	1905	2290	2362	2426
陕 西	2180	4375	4379	4272
甘 肃	4432	5512	5471	5297
青 海	1191	1488	1428	1334
宁 夏	584	958	973	996
新 疆	5170	6731	6344	5806

3-1-6 各地区公办幼儿园在园幼儿数

单位：万人

地 区	2010	2015	2018	2019	2020	2021	2022	2023
全 国	**1577.2**	**1962.4**	**2016.4**	**2064.2**	**2439.5**	**2493.0**	**2500.7**	**2301.3**
北 京	19.3	25.4	28.4	29.4	31.4	32.6	32.9	30.2
天 津	17.2	16.2	14.2	13.8	14.9	15.8	16.8	15.4
河 北	129.8	142.1	117.5	111.0	137.1	136.6	130.1	111.9
山 西	46.3	59.8	54.1	53.3	56.9	56.0	54.9	50.3
内蒙古	23.6	30.2	30.6	30.0	33.7	33.6	34.5	33.0
辽 宁	34.2	35.9	32.6	32.5	38.5	42.1	41.5	38.7
吉 林	19.0	19.3	16.0	15.0	15.6	15.2	14.9	13.9
黑龙江	26.1	23.6	19.7	20.0	24.2	23.8	23.2	20.1
上 海	30.1	36.8	40.3	40.8	41.8	41.4	40.7	38.7
江 苏	152.0	173.6	166.9	163.5	162.4	161.1	151.7	138.1
浙 江	63.3	71.3	82.9	90.1	105.2	113.9	123.8	125.2
安 徽	55.7	77.1	79.4	91.3	115.0	115.1	115.8	109.6
福 建	61.6	69.3	76.3	82.7	92.6	95.1	94.1	83.5
江 西	36.5	44.4	48.2	70.9	89.7	86.4	85.2	79.5
山 东	135.2	166.1	169.8	171.1	190.2	191.7	226.8	181.4
河 南	94.8	140.2	137.5	133.0	142.6	140.2	143.0	137.1
湖 北	56.1	68.4	62.9	61.3	65.0	71.6	75.7	77.3
湖 南	49.1	61.4	53.5	65.7	110.4	123.4	119.0	106.0
广 东	108.5	141.2	136.1	137.4	197.2	220.1	229.5	220.7
广 西	66.0	83.1	70.0	68.0	118.6	119.1	114.6	101.3
海 南	5.5	7.1	8.9	9.2	21.2	21.1	19.2	18.2
重 庆	35.8	33.5	34.9	40.1	49.7	54.2	51.7	49.5
四 川	90.3	108.4	109.0	111.4	138.5	146.0	143.5	134.8
贵 州	51.6	71.6	80.3	80.3	89.4	97.4	96.9	90.5
云 南	57.1	61.1	64.1	66.8	77.1	79.7	81.8	81.3
西 藏	1.7	7.1	10.6	12.3	13.3	13.9	14.0	13.7
陕 西	27.3	59.1	58.9	56.1	71.3	70.0	70.7	65.8
甘 肃	23.4	43.2	54.7	52.8	53.9	53.5	53.2	48.9
青 海	6.3	9.6	12.3	12.8	13.9	15.9	15.9	14.9
宁 夏	8.0	8.8	10.3	10.9	14.6	15.0	15.3	14.9
新 疆	45.6	67.2	135.6	130.6	113.6	91.5	69.9	56.9

3-1-7 各地区普惠性民办幼儿园情况

地区	幼儿园数(个)			在园幼儿数(万人)		
	2021	2022	2023	2021	2022	2023
全国	**116574**	**117004**	**111496**	**1725.2**	**1643.4**	**1415.7**
北京	678	699	705	19.2	19.7	17.4
天津	493	595	613	9.0	10.5	9.6
河北	6033	6211	6014	79.4	76.2	66.8
山西	2022	2074	2071	31.5	31.5	29.5
内蒙古	1431	1416	1330	19.4	19.0	17.0
辽宁	4501	4235	3888	33.7	31.2	26.8
吉林	1577	1562	1394	15.5	15.0	13.1
黑龙江	2731	2849	2564	18.8	19.6	15.9
上海	309	334	335	8.3	7.7	6.0
江苏	2162	2270	2274	62.0	59.6	51.5
浙江	3822	3594	3011	68.9	62.1	44.6
安徽	4420	4615	4711	73.3	70.0	58.4
福建	4829	4662	4220	60.6	53.7	44.6
江西	5961	5522	4854	60.0	53.0	44.7
山东	8903	8982	8243	141.1	122.3	96.4
河南	12540	13108	12529	189.7	180.5	151.5
湖北	4927	4997	4940	77.0	74.0	61.1
湖南	6789	6663	6364	79.9	74.1	61.4
广东	9963	9927	9809	208.6	201.1	182.2
广西	6576	6890	6627	85.7	84.4	75.6
海南	1048	1061	1020	12.9	13.7	13.7
重庆	2838	2915	2826	38.5	38.7	33.3
四川	6761	6338	5974	78.4	74.7	66.2
贵州	3803	4101	4115	59.5	59.8	55.1
云南	4835	4932	4865	74.8	78.3	70.1
西藏	47	50	48	1.6	1.6	1.5
陕西	3210	3114	2878	57.3	53.2	47.1
甘肃	2226	2148	2111	36.6	34.7	32.2
青海	368	313	280	6.5	5.7	5.1
宁夏	408	394	370	8.5	7.8	7.0
新疆	363	433	513	9.3	10.0	10.4

3-2-1　全国义务教育巩固率和生师比

年　份	九年义务教育巩固率 (%)	小学阶段生师比 (教师=1)	初中阶段生师比 (教师=1)
2000		22.21	19.03
2001		21.64	19.24
2002		21.04	19.25
2003		20.50	19.13
2004		19.98	18.65
2005		19.43	17.80
2006		19.17	17.15
2007		18.82	16.52
2008		18.38	16.07
2009		17.88	15.47
2010	91.1	17.70	14.98
2011	91.5	17.71	14.38
2012	91.8	17.36	13.59
2013	92.3	16.76	12.76
2014	92.6	16.78	12.57
2015	93.0	17.00	12.41
2016	93.4	17.12	12.41
2017	93.8	16.98	12.52
2018	94.2	16.97	12.79
2019	94.8	16.85	12.88
2020	95.2	16.67	12.73
2021	95.4	16.33	12.64
2022	95.5	16.19	12.72
2023	95.7	16.28	12.84

3-2-2 各地区小学阶段生师比

(教师=1)

地 区	小学阶段生师比							
	2010	2015	2018	2019	2020	2021	2022	2023
全 国	**17.70**	**17.05**	**16.97**	**16.85**	**16.67**	**16.33**	**16.19**	**16.28**
北 京	13.20	14.35	13.65	13.58	14.01	13.92	14.13	14.73
天 津	13.56	14.98	15.03	15.10	15.38	15.26	15.59	15.90
河 北	16.04	17.59	17.32	17.18	17.07	16.59	16.25	16.10
山 西	15.28	13.12	13.60	13.67	13.98	13.56	13.70	13.96
内蒙古	12.60	12.91	13.33	13.25	13.13	13.09	12.59	12.57
辽 宁	14.85	14.28	14.27	14.20	14.28	14.03	14.00	14.29
吉 林	11.60	11.63	11.27	11.29	11.28	11.03	10.95	11.15
黑龙江	12.42	11.74	11.93	11.94	12.00	11.60	11.10	11.16
上 海	15.51	15.27	14.09	13.90	14.01	14.10	14.02	13.99
江 苏	15.98	17.98	17.73	17.25	16.79	16.31	16.16	16.16
浙 江	19.39	18.33	17.14	16.99	16.79	16.80	16.93	17.25
安 徽	18.74	17.73	18.32	18.09	17.98	17.42	17.44	17.60
福 建	15.25	17.74	18.68	18.79	18.82	17.79	17.58	17.69
江 西	21.00	19.56	17.95	17.25	16.77	16.14	15.83	15.70
山 东	16.24	17.02	16.86	16.68	16.36	16.14	16.27	17.01
河 南	21.83	18.71	18.18	17.91	17.42	16.70	16.26	16.02
湖 北	18.64	16.78	18.01	18.07	18.15	17.47	17.32	17.36
湖 南	19.16	19.62	19.01	18.42	17.81	17.04	16.70	16.71
广 东	19.70	18.54	18.64	18.68	18.43	18.22	18.01	18.10
广 西	19.53	19.83	18.50	18.53	18.00	17.60	17.32	17.13
海 南	14.99	15.54	16.40	16.26	15.87	15.35	15.07	14.97
重 庆	17.23	17.44	16.56	16.02	15.50	15.24	15.16	15.31
四 川	19.37	17.59	16.84	16.45	16.03	15.71	15.59	15.60
贵 州	21.90	17.90	17.89	18.27	18.48	18.63	18.19	18.13
云 南	18.32	16.80	16.62	16.69	16.40	16.30	16.33	16.65
西 藏	15.84	13.99	14.54	14.72	14.41	14.40	14.78	14.40
陕 西	14.90	14.93	16.18	16.26	16.33	16.02	15.90	15.90
甘 肃	16.89	12.84	13.24	13.08	13.32	13.31	13.30	13.41
青 海	19.52	17.15	17.68	17.60	17.63	17.26	17.40	17.37
宁 夏	19.68	17.28	16.86	17.04	17.52	17.25	16.97	17.32
新 疆	14.45	14.15	15.30	15.57	16.34	17.24	17.66	17.70

3-2-2 续表1 (教师=1)

地 区	其中：城区							
	2010	2015	2018	2019	2020	2021	2022	2023
全 国	**19.22**	**18.96**	**18.59**	**18.42**	**18.28**	**17.92**	**17.85**	**18.05**
北 京	14.09	14.88	14.33	14.23	14.63	14.48	14.64	15.16
天 津	12.35	14.35	15.29	15.47	15.92	15.89	16.49	16.81
河 北	18.97	19.19	19.06	19.07	19.15	18.77	18.57	18.63
山 西	18.82	17.63	17.73	17.51	17.96	16.96	17.01	17.42
内蒙古	18.07	17.04	16.74	16.65	16.56	16.44	15.96	16.10
辽 宁	17.14	16.97	17.24	17.37	17.78	17.45	17.56	17.88
吉 林	15.24	14.70	14.99	14.93	15.16	14.81	14.36	14.66
黑龙江	14.98	15.12	14.46	14.61	15.13	14.72	14.49	14.45
上 海	13.23	15.37	14.31	14.06	14.17	14.23	14.09	14.06
江 苏	16.75	17.85	17.63	17.13	16.77	16.46	16.43	16.51
浙 江	20.06	18.67	17.61	17.44	17.31	17.44	17.60	17.80
安 徽	19.73	20.17	20.20	19.62	19.42	18.94	19.16	19.78
福 建	20.54	21.07	20.89	20.54	20.42	19.02	18.88	18.92
江 西	21.96	21.70	19.98	19.61	19.05	18.60	18.32	18.21
山 东	18.94	18.43	17.86	17.60	17.50	17.40	17.53	18.25
河 南	21.96	21.04	20.66	20.55	20.12	19.27	18.94	19.05
湖 北	18.84	19.17	20.06	20.19	20.00	19.11	18.90	18.94
湖 南	22.04	21.41	19.98	19.61	19.32	18.85	18.70	18.78
广 东	21.08	20.48	19.64	19.51	19.08	18.79	18.57	18.72
广 西	22.22	22.38	20.01	19.93	19.66	19.28	19.14	19.14
海 南	22.61	21.38	20.79	19.89	19.23	18.22	17.56	17.43
重 庆	17.96	18.68	19.20	18.95	18.53	17.85	17.83	17.79
四 川	20.76	19.30	19.20	18.70	18.23	17.80	17.80	17.88
贵 州	24.62	20.72	19.92	20.05	20.11	19.82	19.85	20.02
云 南	23.43	20.39	19.39	19.26	18.75	18.65	18.76	19.13
西 藏	15.73	15.30	15.16	15.23	15.22	15.89	15.93	15.91
陕 西	21.12	19.87	19.45	19.32	19.13	18.69	18.45	18.41
甘 肃	20.69	17.91	18.38	17.79	17.78	17.71	17.77	18.10
青 海	22.05	19.23	19.34	18.26	18.74	18.07	18.02	18.05
宁 夏	21.11	20.23	20.11	20.25	20.64	20.22	19.61	20.22
新 疆	18.45	17.63	17.93	17.83	18.40	18.92	19.10	19.63

3-2-2 续表2 (教师=1)

地 区	其中：镇区							
	2010	2015	2018	2019	2020	2021	2022	2023
全 国	**18.73**	**18.01**	**17.75**	**17.63**	**17.35**	**16.87**	**16.54**	**16.47**
北 京	12.28	13.40	11.48	11.63	12.19	11.68	11.90	12.55
天 津	15.24	17.12	15.37	15.24	14.95	14.81	14.28	14.53
河 北	17.96	18.77	18.20	18.07	17.91	17.17	16.76	16.45
山 西	18.32	14.74	14.82	14.57	14.75	13.98	13.64	13.60
内蒙古	13.87	12.61	12.90	12.78	12.65	12.58	11.98	11.77
辽 宁	16.78	13.19	12.20	11.79	11.37	10.98	10.44	10.37
吉 林	15.26	13.11	11.98	11.94	11.82	11.56	11.28	11.36
黑龙江	16.42	12.83	12.40	11.97	11.38	10.69	9.81	9.57
上 海	17.11	14.71	12.81	12.89	12.81	13.14	13.54	13.52
江 苏	16.76	18.19	18.01	17.65	17.12	16.49	16.14	16.03
浙 江	19.48	18.69	17.36	17.19	16.71	16.49	16.52	16.89
安 徽	20.81	19.74	19.97	19.81	19.67	18.90	18.72	18.68
福 建	15.65	18.15	19.11	19.41	19.33	18.50	18.10	18.21
江 西	23.51	22.16	19.85	18.97	18.31	17.43	17.01	16.55
山 东	16.54	17.11	17.10	17.03	16.62	16.49	16.44	17.07
河 南	23.39	20.39	19.66	19.58	18.95	18.13	17.61	17.16
湖 北	20.51	17.73	18.69	18.60	18.69	18.01	17.61	17.57
湖 南	19.72	21.40	20.12	19.47	18.82	17.96	17.49	17.35
广 东	19.82	18.11	19.19	19.52	19.35	19.11	18.79	18.75
广 西	19.22	20.79	19.46	19.55	18.80	18.50	18.23	18.06
海 南	17.75	16.11	17.15	17.10	16.69	16.28	16.01	15.51
重 庆	19.15	19.10	16.76	15.92	15.36	14.96	14.53	14.44
四 川	19.21	18.73	17.39	17.01	16.42	15.61	15.30	15.07
贵 州	21.77	19.67	19.28	19.82	19.93	20.08	19.31	19.08
云 南	17.91	16.76	17.27	17.54	17.44	17.33	17.30	17.58
西 藏	14.30	13.59	14.36	14.37	14.21	14.19	14.39	14.18
陕 西	18.66	15.14	16.15	16.08	16.04	15.68	15.30	15.12
甘 肃	17.65	15.03	14.90	14.90	15.25	14.99	14.75	14.71
青 海	20.38	17.94	18.57	18.62	18.43	18.22	18.37	18.44
宁 夏	20.50	18.05	17.70	18.05	18.21	17.92	17.39	17.52
新 疆	15.90	14.17	14.93	14.97	15.41	15.99	16.80	16.73

3-2-2 续表3 (教师=1)

地区	其中：乡村							
	2010	2015	2018	2019	2020	2021	2022	2023
全 国	**16.77**	**14.57**	**14.30**	**14.01**	**13.71**	**13.24**	**12.87**	**12.62**
北 京	10.28	11.03	9.68	9.53	9.80	10.05	10.52	11.71
天 津	12.99	15.11	13.62	13.22	12.90	12.12	11.46	11.08
河 北	14.87	15.92	15.43	15.03	14.72	14.21	13.61	13.18
山 西	13.12	8.26	8.21	8.11	7.90	7.59	7.42	7.17
内蒙古	8.38	7.89	8.49	8.18	7.80	7.58	7.14	6.85
辽 宁	13.26	10.63	9.98	9.45	8.81	8.27	7.81	7.66
吉 林	8.61	7.81	6.66	6.41	5.90	5.31	5.01	4.70
黑龙江	10.00	6.82	6.59	6.36	6.09	5.59	4.93	4.79
上 海	22.82	15.49	12.87	13.16	13.57	13.72	13.78	12.82
江 苏	14.80	17.69	17.11	16.17	15.48	14.51	13.84	13.48
浙 江	18.44	16.67	15.00	14.91	14.88	14.57	14.38	14.81
安 徽	17.84	15.01	15.44	14.96	14.68	13.90	13.44	12.80
福 建	11.53	13.46	14.67	14.85	15.06	14.06	13.64	13.49
江 西	20.13	15.97	14.23	13.16	12.52	11.45	10.72	10.32
山 东	15.36	15.60	15.14	14.84	14.11	13.24	13.25	13.73
河 南	21.43	16.51	15.63	14.92	14.30	13.42	12.68	12.05
湖 北	17.77	13.42	14.28	14.18	14.30	13.31	12.77	12.43
湖 南	18.26	16.73	16.29	15.36	14.24	12.94	11.95	11.45
广 东	18.76	14.77	15.33	15.28	15.31	15.14	14.90	14.83
广 西	19.32	18.34	16.95	16.84	16.22	15.59	15.03	14.45
海 南	11.97	10.01	11.48	11.60	11.34	10.87	10.69	10.74
重 庆	15.27	13.36	11.36	10.36	9.79	9.49	8.85	8.78
四 川	19.13	15.23	13.94	13.29	12.78	12.63	12.02	11.78
贵 州	21.64	15.77	15.26	15.37	15.48	15.62	15.09	14.68
云 南	18.04	16.00	15.48	15.41	15.02	14.80	14.66	14.74
西 藏	16.50	13.99	14.47	14.70	14.22	14.00	14.57	13.96
陕 西	12.89	9.89	10.71	10.90	10.66	10.10	9.86	9.42
甘 肃	16.06	10.28	9.90	9.45	9.42	9.00	8.68	8.27
青 海	18.42	15.23	15.78	16.08	15.99	15.54	15.76	15.46
宁 夏	18.75	14.50	13.23	13.12	13.42	12.86	12.72	12.47
新 疆	13.11	12.83	14.54	15.06	16.10	17.20	17.46	17.28

3-2-3　各地区初中阶段生师比

(教师=1)

地区	初中阶段生师比							
	2010	2015	2018	2019	2020	2021	2022	2023
全　国	**14.98**	**12.41**	**12.79**	**12.88**	**12.73**	**12.64**	**12.72**	**12.84**
北　京	10.24	8.62	7.83	8.33	8.68	8.87	8.88	9.19
天　津	10.56	9.92	10.20	10.71	11.02	11.21	11.78	12.02
河　北	12.45	13.58	14.17	14.11	13.72	13.39	13.57	13.62
山　西	14.37	9.96	10.50	10.45	10.27	10.28	10.56	10.83
内蒙古	12.73	10.82	10.93	11.14	10.87	10.57	10.44	10.20
辽　宁	12.64	10.25	9.96	10.18	10.14	9.94	9.66	9.47
吉　林	12.19	9.20	10.04	9.88	9.27	8.99	8.99	9.06
黑龙江	12.73	9.59	10.48	10.38	9.96	9.77	9.46	9.58
上　海	12.51	10.98	10.55	10.47	10.47	10.80	11.09	11.66
江　苏	12.50	10.77	11.83	12.06	11.96	11.85	11.83	11.93
浙　江	13.87	12.30	12.66	12.54	12.29	12.24	12.38	12.56
安　徽	17.10	12.60	13.16	13.48	13.53	13.50	13.37	13.63
福　建	12.84	11.57	12.64	13.04	13.46	13.54	13.48	13.35
江　西	16.61	14.61	16.07	16.11	15.15	14.33	13.67	13.36
山　东	13.37	11.74	12.26	12.32	12.24	12.28	12.55	12.68
河　南	16.97	14.16	14.38	14.32	13.87	13.66	13.66	13.88
湖　北	13.91	10.40	12.24	12.42	12.65	12.58	12.72	12.86
湖　南	12.45	13.22	13.71	13.65	13.33	13.16	13.25	13.40
广　东	18.77	12.88	13.00	13.34	13.47	13.62	13.83	13.97
广　西	16.88	16.50	15.48	15.48	14.83	14.61	14.57	14.80
海　南	16.82	12.79	13.44	13.67	13.63	13.35	13.39	13.04
重　庆	16.63	12.71	13.43	13.74	13.77	13.20	12.71	12.37
四　川	16.82	12.39	12.78	12.93	12.81	12.49	12.40	12.30
贵　州	19.51	16.01	14.10	13.98	13.80	13.87	14.44	14.65
云　南	17.32	15.29	14.07	13.79	13.09	13.20	13.45	13.59
西　藏	15.66	12.10	12.01	11.72	11.55	11.55	11.94	11.99
陕　西	14.10	10.23	11.02	11.24	11.55	11.55	11.98	12.34
甘　肃	16.64	10.84	10.88	10.88	10.76	10.75	10.94	11.34
青　海	15.32	13.21	13.62	13.49	13.34	13.09	13.61	13.81
宁　夏	16.50	14.16	14.19	14.46	14.15	13.60	13.25	13.50
新　疆	11.98	10.58	10.75	10.96	11.61	12.45	13.19	13.53

3-2-3 续表1 (教师=1)

地 区	其中：城区							
	2010	2015	2018	2019	2020	2021	2022	2023
全 国	**15.00**	**12.96**	**13.05**	**13.12**	**13.04**	**12.95**	**13.02**	**13.18**
北 京	11.04	8.96	8.12	8.71	9.04	9.30	9.32	9.59
天 津	10.51	9.70	10.16	10.64	10.95	11.36	12.14	12.41
河 北	13.99	13.51	14.16	14.02	13.76	13.43	13.72	13.92
山 西	16.19	11.33	11.73	11.75	11.56	11.42	11.69	12.08
内蒙古	15.18	12.53	11.73	12.16	11.95	11.71	11.53	11.43
辽 宁	12.49	10.44	10.42	10.84	10.99	10.87	10.56	10.54
吉 林	14.44	10.88	11.47	11.32	10.75	10.61	10.55	10.87
黑龙江	12.48	10.63	10.78	10.93	11.05	11.10	11.02	11.30
上 海	12.42	11.22	10.83	10.76	10.74	11.09	11.36	11.87
江 苏	12.70	11.42	11.91	11.90	11.69	11.64	11.68	11.84
浙 江	14.47	12.62	12.64	12.53	12.32	12.34	12.55	12.77
安 徽	17.01	14.11	13.62	13.93	13.84	13.99	13.82	14.11
福 建	14.37	14.21	14.94	15.14	15.37	15.05	14.63	14.38
江 西	15.96	15.54	16.55	16.53	15.57	14.83	14.35	14.09
山 东	15.02	12.82	12.75	12.68	12.47	12.41	12.64	12.94
河 南	16.69	14.58	14.89	14.84	14.63	14.27	14.26	14.63
湖 北	13.61	11.68	12.89	12.91	13.06	13.02	13.12	13.20
湖 南	16.31	15.58	14.57	14.40	14.21	14.02	14.08	14.20
广 东	16.97	13.86	13.72	13.84	13.80	13.73	13.76	13.81
广 西	16.14	16.10	15.12	15.19	14.97	14.88	14.81	14.92
海 南	17.84	15.32	15.27	14.89	14.71	14.19	14.01	13.53
重 庆	14.26	13.03	13.98	14.38	14.29	13.79	13.56	13.33
四 川	17.17	13.67	13.62	13.61	13.54	13.28	13.23	13.18
贵 州	18.41	15.79	13.93	13.89	13.86	13.86	14.77	14.96
云 南	17.93	15.67	14.06	13.92	13.57	13.64	13.76	13.76
西 藏	13.48	11.34	10.59	11.29	11.22	11.28	11.74	12.18
陕 西	17.86	13.54	13.20	13.42	13.70	13.50	13.74	13.96
甘 肃	16.98	12.98	12.72	12.56	12.40	12.26	12.37	12.74
青 海	15.28	14.40	13.71	13.73	13.70	13.18	13.76	13.74
宁 夏	18.77	15.72	15.54	15.97	15.60	14.76	14.18	14.28
新 疆	14.21	12.54	12.53	12.55	12.72	13.20	13.69	14.06

3-2-3 续表2 (教师=1)

地区	其中：镇区							
	2010	2015	2018	2019	2020	2021	2022	2023
全国	**15.74**	**12.62**	**13.00**	**13.08**	**12.86**	**12.73**	**12.79**	**12.87**
北京	8.77	7.80	6.87	7.04	7.27	7.08	6.84	7.08
天津	11.70	10.60	10.53	11.02	11.28	10.97	10.92	11.04
河北	13.36	14.26	14.51	14.45	13.98	13.58	13.65	13.58
山西	15.49	10.22	10.59	10.28	9.98	9.78	9.95	10.09
内蒙古	12.51	10.20	10.54	10.64	10.34	10.03	9.95	9.57
辽宁	13.77	10.35	9.61	9.60	9.30	8.94	8.66	8.20
吉林	12.71	8.77	9.67	9.52	8.96	8.74	8.67	8.60
黑龙江	14.05	9.80	10.86	10.49	9.58	9.20	8.83	8.78
上海	12.60	10.12	9.06	8.75	8.67	8.88	9.22	9.99
江苏	12.77	10.37	11.91	12.31	12.34	12.16	12.13	12.15
浙江	13.81	12.28	12.95	12.76	12.42	12.28	12.31	12.39
安徽	18.37	13.20	13.59	13.91	13.97	13.89	13.69	13.85
福建	12.81	11.01	11.90	12.34	12.79	13.08	13.16	13.09
江西	18.60	15.26	16.59	16.51	15.48	14.61	13.85	13.42
山东	13.24	11.29	12.01	12.07	12.07	12.21	12.54	12.58
河南	17.69	15.01	14.83	14.71	14.13	13.89	13.79	13.98
湖北	14.39	9.89	12.03	12.31	12.59	12.42	12.58	12.75
湖南	12.95	13.72	13.97	13.92	13.56	13.38	13.43	13.58
广东	19.02	12.04	12.34	12.90	13.23	13.66	14.13	14.40
广西	17.47	16.92	15.62	15.63	14.87	14.65	14.65	14.98
海南	17.72	11.58	12.56	13.11	13.11	12.94	13.08	12.93
重庆	17.34	12.63	13.11	13.33	13.41	12.73	11.93	11.38
四川	17.09	12.53	12.93	13.10	12.96	12.45	12.35	12.13
贵州	20.01	16.20	14.30	14.17	13.98	14.08	14.47	14.69
云南	17.29	15.71	14.39	14.06	13.25	13.33	13.56	13.73
西藏	15.93	11.87	11.91	11.42	11.32	11.34	11.70	11.69
陕西	16.86	9.47	10.29	10.44	10.57	10.58	10.93	11.31
甘肃	17.06	11.36	11.03	10.97	10.79	10.79	11.02	11.48
青海	17.07	13.45	14.02	13.72	13.47	13.27	13.73	14.09
宁夏	17.20	14.22	14.10	14.25	13.87	13.40	13.07	13.27
新疆	12.66	10.32	10.70	10.79	11.26	12.06	12.86	13.04

3-2-3 续表3 (教师=1)

地区	其中：乡村							
	2010	2015	2018	2019	2020	2021	2022	2023
全 国	**14.04**	**10.89**	**11.51**	**11.65**	**11.47**	**11.40**	**11.52**	**11.59**
北 京	8.19	6.59	5.91	5.98	6.27	6.23	6.49	6.91
天 津	9.29	9.44	9.82	10.59	10.94	10.55	10.44	10.42
河 北	10.55	11.92	13.16	13.23	12.81	12.70	13.01	13.10
山 西	12.42	7.20	7.91	8.05	8.00	8.59	8.91	9.11
内蒙古	9.09	6.97	9.33	9.02	8.61	7.89	8.02	7.78
辽 宁	12.49	9.05	8.91	8.88	8.61	8.23	7.95	7.48
吉 林	9.97	6.91	7.98	7.67	6.83	6.12	6.11	5.84
黑龙江	11.97	6.85	8.47	8.21	7.45	6.89	6.11	5.74
上 海	9.56	8.94	8.83	8.70	9.18	9.34	9.85	9.35
江 苏	11.90	8.79	10.28	11.15	10.93	10.92	10.62	10.48
浙 江	12.53	10.80	11.59	11.67	11.58	11.31	11.27	11.52
安 徽	16.06	10.17	11.61	11.78	11.93	11.72	11.65	11.98
福 建	11.33	8.80	9.96	10.41	10.92	10.92	10.95	10.83
江 西	15.51	12.40	14.18	14.46	13.60	12.63	11.74	11.49
山 东	12.51	10.54	11.52	12.07	12.09	12.02	12.12	11.83
河 南	16.50	11.97	12.66	12.65	12.16	12.11	12.36	12.35
湖 北	13.62	9.06	11.04	11.33	11.54	11.55	11.47	11.66
湖 南	10.90	10.62	11.93	11.88	11.37	11.11	11.03	11.01
广 东	20.40	11.48	11.52	11.99	12.34	12.76	13.26	13.52
广 西	15.13	15.39	15.44	15.35	14.37	13.77	13.46	13.44
海 南	13.81	9.33	11.32	12.16	12.36	12.19	12.51	11.84
重 庆	15.99	12.06	12.56	12.81	13.06	12.42	11.81	11.50
四 川	16.11	10.57	10.81	11.06	10.79	10.57	10.03	10.05
贵 州	19.17	15.71	13.54	13.36	12.94	12.89	13.60	13.71
云 南	17.23	14.44	13.50	13.23	12.45	12.58	12.96	13.15
西 藏	24.24	13.97	14.17	12.93	12.53	12.36	12.70	12.60
陕 西	12.40	6.98	7.61	7.96	8.38	8.57	9.37	9.87
甘 肃	16.25	9.21	8.90	8.85	8.75	8.49	8.34	8.42
青 海	13.29	11.30	12.52	12.57	12.48	12.47	13.02	13.17
宁 夏	13.72	10.64	11.33	11.69	11.06	10.64	10.74	11.52
新 疆	10.90	9.52	9.53	9.85	11.12	12.26	13.16	13.71

3-2-4 各地区义务教育在校生数

单位：万人

地 区	义务教育在校生数							
	2010	2015	2018	2019	2020	2021	2022	2023
全 国	**15220.0**	**14004.1**	**14991.8**	**15388.4**	**15639.4**	**15798.4**	**15852.7**	**16079.7**
北 京	96.3	113.4	119.2	125.0	132.6	138.6	144.0	153.3
天 津	77.9	86.4	95.3	100.5	105.2	109.3	113.3	120.0
河 北	732.8	832.4	942.0	976.4	997.5	993.3	983.7	986.4
山 西	462.6	339.6	342.3	343.5	346.8	342.1	339.5	344.0
内蒙古	224.5	195.3	197.8	202.6	204.3	207.4	205.1	207.2
辽 宁	345.5	301.3	294.0	296.5	297.0	296.7	292.5	292.6
吉 林	227.0	187.5	186.3	184.0	181.0	175.2	170.4	168.6
黑龙江	317.2	237.8	225.2	219.3	211.0	200.8	190.2	185.3
上 海	112.7	121.1	123.3	127.7	132.9	139.0	144.1	150.4
江 苏	631.7	686.4	786.2	815.1	835.1	849.6	855.9	865.8
浙 江	500.5	504.9	522.0	530.8	536.4	549.8	562.4	584.8
安 徽	739.5	612.6	666.0	680.9	692.2	698.6	699.0	703.5
福 建	366.5	401.7	450.1	470.9	488.9	505.5	515.7	527.5
江 西	626.1	598.7	628.2	631.5	626.7	612.2	592.3	583.1
山 东	977.8	985.4	1071.7	1099.5	1116.0	1143.9	1158.0	1212.4
河 南	1539.9	1341.9	1446.5	1481.0	1493.7	1491.1	1480.4	1471.0
湖 北	583.6	472.3	525.4	541.8	551.7	560.4	567.7	577.7
湖 南	694.1	711.3	762.4	777.0	786.2	787.5	786.8	789.3
广 东	1348.7	1224.2	1360.8	1422.5	1462.6	1508.2	1537.7	1587.2
广 西	630.5	636.4	689.4	715.5	732.7	745.8	752.1	761.9
海 南	120.2	110.2	118.5	122.2	124.4	126.2	127.4	128.6
重 庆	328.1	303.4	314.1	317.9	317.4	316.3	311.9	310.5
四 川	936.4	788.1	817.3	829.5	832.7	828.8	822.5	824.6
贵 州	648.2	544.3	552.6	567.6	575.3	576.3	581.4	592.0
云 南	643.2	567.2	565.7	569.6	571.6	568.7	566.1	575.1
西 藏	43.8	41.0	45.6	48.1	49.6	51.1	52.6	54.1
陕 西	425.4	340.2	374.2	389.9	406.0	416.9	425.9	438.4
甘 肃	375.4	271.2	276.6	282.3	288.3	291.0	292.4	299.2
青 海	73.8	66.7	70.9	72.4	73.2	74.0	74.6	75.8
宁 夏	96.1	85.8	87.2	88.3	88.5	89.1	89.4	91.1
新 疆	293.9	295.6	335.1	358.4	382.1	405.1	417.6	418.2

3-2-4 续表1 单位：万人

地区	其中：城区							
	2010	2015	2018	2019	2020	2021	2022	2023
全国	**2879.5**	**4511.9**	**5414.0**	**5771.0**	**6106.0**	**6477.5**	**6817.7**	**7195.9**
北京	72.5	93.5	102.9	108.3	115.6	121.8	126.4	135.1
天津	28.4	52.5	68.9	73.8	79.2	84.2	89.7	97.3
河北	95.5	190.9	256.2	273.6	287.4	301.6	314.0	330.9
山西	116.5	118.7	131.1	145.4	152.8	157.9	163.7	171.9
内蒙古	76.2	79.2	82.5	86.5	88.9	92.3	91.7	95.5
辽宁	135.3	161.1	173.3	180.5	187.8	193.7	197.4	202.8
吉林	50.0	78.1	84.2	85.4	86.8	86.9	86.8	87.9
黑龙江	76.6	102.9	104.4	105.0	108.1	107.2	104.0	105.5
上海	47.0	97.2	106.7	111.3	116.5	121.9	126.1	136.1
江苏	162.2	303.7	368.3	387.7	406.9	429.6	472.0	484.7
浙江	160.4	233.6	274.7	287.2	307.3	322.4	338.6	361.3
安徽	114.9	128.5	155.6	168.9	182.5	197.3	217.8	234.8
福建	119.3	157.4	185.9	198.1	207.5	219.7	238.1	250.1
江西	56.5	123.3	169.2	182.5	195.8	206.3	208.4	216.9
山东	203.9	340.2	411.8	443.0	470.0	507.7	535.1	583.9
河南	196.4	288.1	346.6	366.2	396.6	414.6	433.4	454.6
湖北	112.7	175.0	214.8	229.1	239.1	259.6	280.6	295.7
湖南	93.2	166.9	212.6	227.7	247.7	261.8	278.3	294.3
广东	354.7	677.4	783.6	830.8	857.7	899.4	928.5	972.3
广西	60.9	122.6	164.2	182.5	199.2	217.9	233.7	247.8
海南	21.6	43.2	48.4	50.1	51.6	53.6	55.4	57.9
重庆	40.6	100.0	140.5	150.0	157.7	166.6	173.3	180.4
四川	134.3	186.3	237.3	255.9	274.7	313.2	330.7	351.0
贵州	59.7	94.2	118.9	132.5	140.4	148.6	168.4	180.9
云南	47.9	93.3	109.2	119.1	124.6	131.4	139.5	150.2
西藏	4.3	4.9	7.6	10.3	11.1	11.5	11.8	12.7
陕西	82.6	113.8	153.2	166.3	186.4	197.9	213.2	227.5
甘肃	49.2	60.8	67.7	72.9	76.3	81.8	85.9	91.3
青海	12.9	16.5	18.6	19.1	19.9	22.0	23.4	24.2
宁夏	24.2	31.4	33.2	34.4	37.1	38.5	40.0	42.3
新疆	68.9	76.9	81.7	86.7	92.9	108.5	111.9	118.1

3-2-4 续表2

单位：万人

地 区	其中：镇区							
	2010	2015	2018	2019	2020	2021	2022	2023
全 国	**5203.7**	**5823.8**	**6263.0**	**6409.5**	**6445.1**	**6463.6**	**6414.6**	**6470.1**
北 京	10.5	11.7	8.2	8.7	8.7	9.4	10.3	9.9
天 津	31.0	20.2	13.9	14.3	14.1	13.9	13.3	13.3
河 北	260.5	361.3	411.4	433.9	446.7	446.0	440.7	445.8
山 西	133.0	152.7	152.6	143.9	144.0	140.6	140.0	139.4
内蒙古	99.7	95.8	95.4	97.4	97.4	97.9	96.8	96.2
辽 宁	36.5	93.2	82.1	80.8	77.9	74.5	69.4	66.6
吉 林	96.4	67.7	68.2	67.7	66.9	64.8	63.7	63.1
黑龙江	100.4	96.7	94.2	91.3	83.1	76.9	72.1	68.1
上 海	63.8	19.1	13.3	12.4	12.7	13.5	14.2	11.9
江 苏	256.7	309.2	345.8	360.4	367.2	367.6	342.5	345.3
浙 江	241.2	203.5	186.7	182.7	170.7	174.1	179.2	182.7
安 徽	221.9	287.0	325.6	340.6	345.2	352.2	349.4	353.3
福 建	146.6	162.5	185.5	193.8	202.3	209.8	207.2	210.8
江 西	177.6	297.9	306.2	308.8	302.8	295.7	289.6	284.3
山 东	313.0	410.3	460.3	455.7	459.6	465.7	464.0	481.8
河 南	376.0	584.4	656.2	689.2	689.5	705.0	704.8	706.0
湖 北	182.3	190.8	212.9	217.0	220.2	219.0	218.3	219.1
湖 南	265.6	335.6	382.0	390.1	389.9	391.4	393.3	393.7
广 东	541.0	352.5	377.2	393.5	405.6	415.0	421.3	428.7
广 西	257.9	278.0	308.1	321.4	328.3	329.0	330.9	339.7
海 南	54.7	49.1	46.7	48.1	48.7	49.3	49.3	48.8
重 庆	181.5	152.3	134.9	132.2	121.6	115.2	109.3	103.9
四 川	423.7	389.8	408.7	413.5	411.2	389.3	387.6	379.4
贵 州	211.4	248.9	286.8	292.0	300.4	302.9	292.0	300.8
云 南	200.0	203.8	206.3	206.3	207.9	211.8	214.6	223.0
西 藏	19.4	17.7	17.2	15.4	16.0	16.4	16.8	18.7
陕 西	87.9	177.3	178.5	180.4	179.3	181.0	177.9	179.6
甘 肃	104.4	100.7	127.7	133.4	138.4	145.3	149.6	156.5
青 海	26.3	30.4	31.5	32.3	32.7	31.8	31.4	32.7
宁 夏	30.0	31.3	34.0	34.2	33.5	34.3	34.1	34.5
新 疆	52.9	92.5	105.0	117.9	122.6	124.2	130.7	132.7

3-2-4　续表3　　　　单位：万人

地　区	其中：乡村							
	2010	2015	2018	2019	2020	2021	2022	2023
全　国	**7136.7**	**3668.4**	**3314.8**	**3207.9**	**3088.3**	**2857.3**	**2620.4**	**2413.7**
北　京	13.3	8.2	8.1	8.1	8.2	7.4	7.3	8.3
天　津	18.5	13.6	12.6	12.4	12.0	11.2	10.2	9.4
河　北	376.8	280.2	274.4	268.9	263.3	245.7	229.0	209.7
山　西	213.0	68.3	58.6	54.3	50.1	43.5	35.9	32.7
内蒙古	48.6	20.4	19.9	18.7	17.9	17.2	16.6	15.4
辽　宁	173.7	47.0	38.7	35.2	31.3	28.5	25.7	23.2
吉　林	80.6	41.7	33.8	30.8	27.3	23.5	19.9	17.6
黑龙江	140.2	38.2	26.6	22.9	19.7	16.7	14.1	11.6
上　海	1.9	4.8	3.2	4.0	3.7	3.6	3.8	2.4
江　苏	212.8	73.4	72.0	67.0	61.0	52.3	41.4	35.8
浙　江	98.9	67.9	60.7	60.9	58.4	53.2	44.6	40.9
安　徽	402.6	197.1	184.8	171.4	164.5	149.1	131.8	115.5
福　建	100.6	81.7	78.8	78.9	79.0	76.0	70.3	66.6
江　西	391.9	177.5	152.8	140.2	128.1	110.2	94.3	81.9
山　东	461.0	235.0	199.7	200.8	186.4	170.6	158.8	146.8
河　南	967.6	469.4	443.6	425.5	407.6	371.5	342.2	310.3
湖　北	288.6	106.6	97.7	95.7	92.3	81.8	68.7	62.9
湖　南	335.3	208.8	167.8	159.2	148.6	134.2	115.2	101.3
广　东	452.9	194.3	200.0	198.1	199.3	193.9	187.9	186.2
广　西	311.7	235.9	217.2	211.6	205.2	198.9	187.5	174.4
海　南	43.9	17.9	23.3	24.0	24.1	23.3	22.7	21.9
重　庆	106.0	51.1	38.7	35.7	38.2	34.5	29.4	26.2
四　川	378.4	212.0	171.2	160.1	146.8	126.3	104.2	94.2
贵　州	377.1	201.2	146.9	143.0	134.5	124.8	121.0	110.3
云　南	395.4	270.1	250.2	244.2	239.0	225.6	212.1	201.9
西　藏	20.1	18.4	20.8	22.4	22.5	23.2	24.0	22.7
陕　西	254.8	49.1	42.4	43.3	40.3	37.9	34.9	31.3
甘　肃	221.8	109.7	81.3	76.0	73.6	63.9	56.9	51.5
青　海	34.6	19.9	20.8	21.0	20.7	20.1	19.7	18.9
宁　夏	42.0	23.1	20.0	19.6	17.9	16.3	15.3	14.2
新　疆	172.1	126.1	148.4	153.8	166.5	172.4	175.0	167.5

3-2-5 各地区小学阶段在校生数

单位：万人

地 区	2010	2015	2018	2019	2020	2021	2022	2023
全 国	**9940.7**	**9692.2**	**10339.3**	**10561.2**	**10725.4**	**10779.9**	**10732.1**	**10836.0**
北 京	65.3	85.0	91.3	94.2	99.5	103.7	108.4	116.2
天 津	50.6	60.2	67.3	70.2	73.0	75.2	77.1	81.8
河 北	511.6	596.2	658.8	679.1	695.9	684.4	663.6	653.2
山 西	291.1	227.0	228.5	229.3	235.3	232.8	230.2	231.8
内蒙古	143.1	131.4	134.2	136.3	138.2	140.8	138.3	140.8
辽 宁	218.3	200.0	195.5	195.1	196.7	197.3	196.4	199.4
吉 林	144.5	128.0	120.2	118.6	118.8	115.1	111.2	109.5
黑龙江	188.0	147.8	131.9	127.9	124.4	117.3	110.3	106.0
上 海	70.2	79.9	80.0	82.6	86.1	89.3	91.7	93.7
江 苏	398.8	499.6	560.4	572.6	580.8	585.7	585.6	588.5
浙 江	333.3	357.0	360.6	367.1	372.7	383.4	393.1	411.4
安 徽	460.4	422.5	456.8	462.1	468.2	468.7	470.3	472.2
福 建	238.9	288.3	321.4	334.4	343.6	352.9	359.1	369.8
江 西	426.0	422.3	421.2	411.4	406.3	395.8	383.9	375.1
山 东	629.2	674.6	726.0	738.6	743.3	755.8	760.6	812.1
河 南	1070.5	937.1	994.6	1012.5	1021.6	1011.9	987.4	962.9
湖 北	365.6	335.8	366.6	376.5	380.9	383.2	384.6	389.5
湖 南	479.2	488.9	522.0	528.8	534.3	530.1	523.1	518.5
广 东	848.5	868.9	988.4	1033.4	1057.1	1079.0	1084.1	1110.5
广 西	430.1	440.1	476.8	495.0	507.2	516.0	515.9	516.3
海 南	78.1	77.3	83.2	85.3	86.2	87.0	86.9	87.1
重 庆	199.9	207.3	209.5	206.3	202.5	203.1	203.2	205.9
四 川	592.1	541.7	555.5	555.8	552.9	549.0	545.0	549.0
贵 州	433.5	346.3	371.7	388.3	397.3	396.3	391.5	394.5
云 南	435.2	377.8	379.5	385.1	389.2	385.2	379.7	386.5
西 藏	29.9	29.2	32.6	34.1	35.3	36.6	37.6	38.4
陕 西	261.0	233.1	265.6	277.6	289.2	296.4	298.8	303.2
甘 肃	237.0	180.2	189.6	194.1	200.9	202.5	202.0	204.0
青 海	51.9	45.4	48.6	49.9	50.8	51.8	51.7	52.0
宁 夏	65.4	58.4	58.1	58.4	59.2	60.4	61.0	62.1
新 疆	193.6	204.9	242.7	260.7	278.0	293.4	299.8	294.1

3-2-6 各地区初中阶段在校生数

单位：万人

地 区	2010	2015	2018	2019	2020	2021	2022	2023
全 国	**5279.3**	**4312.0**	**4652.6**	**4827.1**	**4914.1**	**5018.4**	**5120.6**	**5243.7**
北 京	31.0	28.3	27.9	30.9	33.0	35.0	35.6	37.1
天 津	27.3	26.1	28.0	30.3	32.2	34.1	36.2	38.2
河 北	221.3	236.1	283.2	297.3	301.6	308.9	320.1	333.3
山 西	171.5	112.7	113.8	114.2	111.6	109.3	109.4	112.2
内蒙古	81.5	64.0	63.7	66.3	66.2	66.6	66.8	66.3
辽 宁	127.2	101.3	98.5	101.5	100.2	99.3	96.1	93.2
吉 林	82.5	59.6	66.1	65.5	62.2	60.1	59.2	59.1
黑龙江	129.2	90.0	93.3	91.4	86.5	83.5	80.0	79.3
上 海	42.6	41.2	43.3	45.1	46.8	49.8	52.4	56.7
江 苏	233.0	186.7	225.8	242.5	254.3	263.9	270.3	277.3
浙 江	167.1	147.9	161.5	163.7	163.6	166.4	169.3	173.5
安 徽	279.0	190.1	209.2	218.8	224.0	229.9	228.8	231.3
福 建	127.6	113.3	128.7	136.5	145.3	152.6	156.6	157.7
江 西	200.0	176.4	207.0	220.1	220.4	216.4	208.4	208.1
山 东	348.6	310.8	345.7	360.9	372.7	388.1	397.3	400.3
河 南	469.4	404.8	451.9	468.5	472.1	479.2	493.0	508.1
湖 北	218.1	136.5	158.8	165.4	170.8	177.2	183.0	188.2
湖 南	214.9	222.4	240.5	248.3	252.0	257.4	263.7	270.8
广 东	500.1	355.3	372.5	389.0	405.5	429.2	453.6	476.7
广 西	200.4	196.3	212.6	220.5	225.5	229.9	236.2	245.6
海 南	42.2	32.9	35.3	36.9	38.1	39.2	40.5	41.6
重 庆	128.2	96.0	104.6	111.6	115.0	113.2	108.8	104.6
四 川	344.3	246.4	261.8	273.7	279.8	279.8	277.5	275.5
贵 州	214.7	198.0	180.8	179.3	178.1	180.0	189.9	197.5
云 南	208.0	189.4	186.2	184.5	182.4	183.5	186.3	188.7
西 藏	13.9	11.8	12.9	14.0	14.3	14.5	15.1	15.8
陕 西	164.3	107.1	108.5	112.4	116.8	120.5	127.1	135.2
甘 肃	138.4	90.9	87.0	88.2	87.4	88.5	90.4	95.2
青 海	21.9	21.3	22.3	22.5	22.5	22.2	22.8	23.7
宁 夏	30.8	27.4	29.0	29.9	29.3	28.7	28.4	28.9
新 疆	100.3	90.7	92.4	97.7	104.1	111.7	117.8	124.1

3-2-7 各地区义务教育专任教师数

单位：万人

地 区	义务教育专任教师数							
	2010	2015	2018	2019	2020	2021	2022	2023
全 国	**914.2**	**916.1**	**973.1**	**1001.7**	**1029.5**	**1057.2**	**1065.5**	**1073.9**
北 京	8.0	9.2	10.3	10.6	10.9	11.4	11.7	11.9
天 津	6.3	6.7	7.2	7.5	7.7	8.0	8.0	8.3
河 北	49.7	51.3	58.0	60.6	62.8	64.3	64.4	65.0
山 西	31.0	28.6	27.6	27.7	27.7	27.8	27.1	27.0
内蒙古	17.8	16.1	15.9	16.2	16.6	17.1	17.4	17.7
辽 宁	24.8	23.9	23.6	23.7	23.7	24.1	24.0	23.8
吉 林	19.2	17.5	17.2	17.1	17.2	17.1	16.7	16.3
黑龙江	25.3	22.0	20.0	19.5	19.1	18.7	18.4	17.8
上 海	7.9	9.0	9.8	10.3	10.6	10.9	11.3	11.6
江 苏	43.6	45.1	50.7	53.3	55.8	58.2	59.1	59.7
浙 江	29.2	31.5	33.8	34.7	35.5	36.4	36.9	37.7
安 徽	40.9	38.9	40.8	41.8	42.6	43.9	44.1	43.8
福 建	25.6	26.0	27.4	28.3	29.1	31.1	32.0	32.7
江 西	32.3	33.7	36.3	37.5	38.8	39.6	39.5	39.5
山 东	64.8	66.1	71.3	73.6	75.9	78.4	78.4	79.3
河 南	76.7	78.7	86.1	89.2	92.7	95.7	96.8	96.7
湖 北	35.3	33.1	33.3	34.1	34.5	36.0	36.6	37.1
湖 南	42.3	41.7	45.0	46.9	48.9	50.7	51.2	51.2
广 东	69.7	74.4	81.7	84.5	87.4	90.7	93.0	95.4
广 西	33.9	34.1	39.5	41.0	43.4	45.0	46.0	46.7
海 南	7.7	7.5	7.7	7.9	8.2	8.6	8.8	9.0
重 庆	19.3	19.4	20.4	21.0	21.4	21.9	22.0	21.9
四 川	51.0	50.7	53.5	55.0	56.3	57.3	57.3	57.6
贵 州	30.8	31.7	33.6	34.1	34.4	34.2	34.7	35.2
云 南	35.8	34.9	36.1	36.5	37.7	37.5	37.1	37.1
西 藏	2.8	3.1	3.3	3.5	3.7	3.8	3.8	4.0
陕 西	29.2	26.1	26.3	27.1	27.8	28.9	29.4	30.0
甘 肃	22.4	22.4	22.3	22.9	23.2	23.4	23.4	23.6
青 海	4.1	4.3	4.4	4.5	4.6	4.7	4.7	4.7
宁 夏	5.2	5.3	5.5	5.5	5.5	5.6	5.7	5.7
新 疆	21.8	23.1	24.5	25.7	26.0	26.0	25.9	25.8

3-2-7 续表1 单位：万人

地 区	其中：城区							
	2010	2015	2018	2019	2020	2021	2022	2023
全 国	**165.3**	**273.1**	**329.9**	**352.9**	**375.9**	**404.7**	**426.0**	**444.2**
北 京	5.6	7.3	8.5	8.8	9.1	9.6	9.8	10.2
天 津	2.4	4.2	5.1	5.4	5.6	5.9	6.0	6.4
河 北	5.7	11.4	15.0	16.1	16.9	18.1	18.8	19.7
山 西	6.6	8.0	8.6	9.6	10.0	10.7	11.0	11.2
内蒙古	4.5	5.2	5.6	5.8	6.0	6.3	6.5	6.7
辽 宁	9.0	11.4	12.1	12.4	12.6	13.2	13.5	13.7
吉 林	3.4	6.0	6.2	6.4	6.5	6.7	6.8	6.7
黑龙江	5.6	8.0	8.2	8.2	8.2	8.2	8.1	8.1
上 海	3.7	7.1	8.3	8.8	9.2	9.4	9.7	10.4
江 苏	10.8	19.9	23.9	25.6	27.4	29.3	32.2	32.8
浙 江	9.1	14.3	17.5	18.4	19.9	20.8	21.5	22.6
安 徽	6.2	7.3	8.9	9.7	10.6	11.6	12.7	13.3
福 建	6.6	8.5	9.9	10.6	11.2	12.5	13.7	14.5
江 西	2.9	6.4	9.1	9.9	11.1	12.1	12.4	13.1
山 东	11.9	21.3	26.2	28.6	30.6	33.2	34.5	36.2
河 南	9.9	15.7	18.9	20.1	22.1	24.0	25.3	26.3
湖 北	6.8	11.0	12.5	13.3	13.9	15.5	16.9	17.7
湖 南	4.7	8.7	11.9	12.9	14.2	15.4	16.4	17.2
广 东	18.2	37.5	44.6	47.3	49.7	52.8	55.0	57.3
广 西	3.1	6.1	9.0	10.0	11.1	12.3	13.3	14.1
海 南	1.1	2.3	2.6	2.8	2.9	3.2	3.4	3.6
重 庆	2.5	6.1	8.2	8.8	9.4	10.3	10.7	11.2
四 川	7.0	11.0	14.0	15.3	16.8	19.5	20.6	21.8
贵 州	2.7	5.0	6.8	7.5	8.0	8.5	9.4	10.0
云 南	2.3	5.0	6.3	7.0	7.5	7.9	8.3	8.8
西 藏	0.3	0.4	0.6	0.8	0.8	0.8	0.8	0.9
陕 西	4.2	6.6	9.0	9.7	10.8	11.7	12.7	13.5
甘 肃	2.6	3.8	4.2	4.6	4.9	5.3	5.5	5.7
青 海	0.7	1.0	1.1	1.2	1.2	1.4	1.4	1.5
宁 夏	1.2	1.7	1.8	1.9	2.0	2.1	2.3	2.4
新 疆	4.2	5.0	5.2	5.5	5.8	6.5	6.6	6.8

3-2-7 续表2 单位：万人

地 区	其中：镇区							
	2010	2015	2018	2019	2020	2021	2022	2023
全 国	**302.6**	**374.8**	**400.5**	**410.3**	**419.2**	**429.2**	**430.5**	**434.4**
北 京	1.0	1.1	0.9	0.9	0.9	0.9	1.0	0.9
天 津	2.2	1.5	1.1	1.1	1.1	1.1	1.1	1.0
河 北	16.8	21.4	24.7	26.2	27.5	28.6	28.6	29.4
山 西	7.9	12.1	11.8	11.4	11.4	11.5	11.6	11.5
内蒙古	7.5	8.2	8.0	8.2	8.3	8.5	8.7	8.8
辽 宁	2.4	7.9	7.5	7.5	7.5	7.4	7.2	7.1
吉 林	6.8	6.0	6.2	6.2	6.3	6.2	6.2	6.2
黑龙江	6.5	8.4	8.1	8.1	7.9	7.7	7.7	7.4
上 海	4.2	1.5	1.2	1.1	1.1	1.2	1.2	1.0
江 苏	17.3	20.6	22.3	23.3	24.2	25.0	23.7	24.0
浙 江	14.4	12.7	12.0	11.9	11.4	11.8	12.1	12.1
安 徽	11.4	17.2	19.1	19.9	20.2	21.1	21.2	21.3
福 建	10.2	10.8	11.5	11.8	12.2	12.8	12.8	13.0
江 西	8.4	15.5	16.5	17.2	17.7	18.2	18.5	18.7
山 东	21.3	28.8	31.2	30.9	31.7	32.1	31.7	32.0
河 南	18.6	32.6	37.5	39.6	41.1	43.4	44.3	44.8
湖 北	10.6	13.6	13.5	13.7	13.8	14.1	14.2	14.2
湖 南	16.2	18.8	21.9	22.8	23.5	24.4	25.0	25.0
广 东	27.9	23.2	23.4	23.6	24.2	24.7	25.1	25.4
广 西	14.2	14.8	17.5	18.2	19.4	19.7	20.0	20.5
海 南	3.1	3.5	3.1	3.1	3.2	3.3	3.3	3.4
重 庆	10.0	9.4	8.9	8.9	8.4	8.3	8.2	7.9
四 川	23.3	24.5	26.5	27.0	27.6	27.3	27.6	27.5
贵 州	10.2	13.9	17.0	17.0	17.5	17.5	17.1	17.6
云 南	11.4	12.6	13.1	13.1	13.6	13.9	13.9	14.2
西 藏	1.3	1.4	1.3	1.2	1.3	1.3	1.3	1.4
陕 西	4.9	14.2	13.1	13.2	13.0	13.3	13.1	13.2
甘 肃	6.0	7.6	9.7	10.2	10.4	11.0	11.3	11.7
青 海	1.4	1.9	1.9	2.0	2.0	2.0	1.9	2.0
宁 夏	1.6	1.9	2.1	2.1	2.1	2.2	2.2	2.2
新 疆	3.7	7.4	8.0	8.9	9.0	8.7	8.7	8.8

3-2-7 续表3　　　　单位：万人

地区	其中：乡村							
	2010	2015	2018	2019	2020	2021	2022	2023
全　国	**446.3**	**268.1**	**242.8**	**238.4**	**234.4**	**223.3**	**208.9**	**195.3**
北　京	1.4	0.8	0.9	1.0	0.9	0.8	0.8	0.8
天　津	1.6	1.0	1.0	1.0	1.0	1.0	0.9	0.9
河　北	27.2	18.5	18.3	18.3	18.4	17.7	17.0	15.9
山　西	16.5	8.6	7.2	6.7	6.3	5.5	4.6	4.3
内蒙古	5.7	2.6	2.3	2.2	2.3	2.2	2.3	2.2
辽　宁	13.4	4.6	4.0	3.8	3.6	3.4	3.3	3.0
吉　林	9.0	5.5	4.8	4.5	4.4	4.2	3.7	3.5
黑龙江	13.2	5.6	3.7	3.3	3.0	2.7	2.6	2.2
上　海	0.1	0.4	0.3	0.4	0.3	0.3	0.3	0.2
江　苏	15.5	4.6	4.6	4.4	4.2	3.8	3.2	2.8
浙　江	5.8	4.4	4.3	4.3	4.2	3.9	3.3	2.9
安　徽	23.3	14.4	12.8	12.2	11.8	11.2	10.2	9.2
福　建	8.8	6.8	5.9	5.8	5.7	5.8	5.5	5.2
江　西	21.0	11.8	10.7	10.4	10.0	9.4	8.6	7.7
山　东	31.6	16.1	13.8	14.1	13.6	13.1	12.2	11.0
河　南	48.2	30.4	29.7	29.5	29.5	28.3	27.2	25.6
湖　北	17.8	8.6	7.2	7.1	6.8	6.4	5.5	5.2
湖　南	21.4	14.2	11.3	11.2	11.2	10.9	9.9	9.0
广　东	23.7	13.8	13.7	13.5	13.5	13.2	12.9	12.8
广　西	16.6	13.2	13.0	12.7	12.9	13.0	12.7	12.2
海　南	3.6	1.8	2.0	2.1	2.1	2.1	2.1	2.0
重　庆	6.9	3.9	3.3	3.3	3.6	3.4	3.1	2.8
四　川	20.7	15.2	13.0	12.6	12.0	10.5	9.1	8.3
贵　州	17.9	12.8	9.9	9.6	9.0	8.3	8.2	7.6
云　南	22.1	17.3	16.7	16.4	16.6	15.8	14.9	14.1
西　藏	1.2	1.3	1.4	1.6	1.6	1.7	1.7	1.7
陕　西	20.1	5.3	4.2	4.2	4.0	3.9	3.6	3.3
甘　肃	13.8	11.0	8.4	8.2	7.9	7.2	6.6	6.2
青　海	2.0	1.4	1.4	1.4	1.4	1.4	1.3	1.3
宁　夏	2.4	1.7	1.6	1.5	1.4	1.3	1.2	1.2
新　疆	14.0	10.6	11.3	11.2	11.2	10.8	10.7	10.2

3-2-8 各地区小学阶段专任教师数

单位：万人

地区	2010	2015	2018	2019	2020	2021	2022	2023
全国	**561.7**	**568.5**	**609.2**	**626.9**	**643.4**	**660.1**	**662.9**	**665.6**
北京	4.9	5.9	6.7	6.9	7.1	7.4	7.7	7.9
天津	3.7	4.0	4.5	4.6	4.7	4.9	4.9	5.1
河北	31.9	33.9	38.0	39.5	40.8	41.3	40.8	40.6
山西	19.1	17.3	16.8	16.8	16.8	17.2	16.8	16.6
内蒙古	11.4	10.2	10.1	10.3	10.5	10.8	11.0	11.2
辽宁	14.7	14.0	13.7	13.7	13.8	14.1	14.0	14.0
吉林	12.5	11.0	10.7	10.5	10.5	10.4	10.2	9.8
黑龙江	15.1	12.6	11.1	10.7	10.4	10.1	9.9	9.5
上海	4.5	5.2	5.7	5.9	6.1	6.3	6.5	6.7
江苏	25.0	27.8	31.6	33.2	34.6	35.9	36.2	36.4
浙江	17.2	19.5	21.0	21.6	22.2	22.8	23.2	23.8
安徽	24.6	23.8	24.9	25.5	26.0	26.9	27.0	26.8
福建	15.7	16.2	17.2	17.8	18.3	19.8	20.4	20.9
江西	20.3	21.6	23.5	23.8	24.2	24.5	24.2	23.9
山东	38.7	39.6	43.1	44.3	45.4	46.8	46.8	47.7
河南	49.0	50.1	54.7	56.5	58.7	60.6	60.7	60.1
湖北	19.6	20.0	20.4	20.8	21.0	21.9	22.2	22.4
湖南	25.0	24.9	27.5	28.7	30.0	31.1	31.3	31.0
广东	43.1	46.9	53.0	55.3	57.3	59.2	60.2	61.3
广西	22.0	22.2	25.8	26.7	28.2	29.3	29.8	30.1
海南	5.2	5.0	5.1	5.2	5.4	5.7	5.8	5.8
重庆	11.6	11.9	12.7	12.9	13.1	13.3	13.4	13.4
四川	30.6	30.8	33.0	33.8	34.5	34.9	35.0	35.2
贵州	19.8	19.4	20.8	21.2	21.5	21.3	21.5	21.8
云南	23.8	22.5	22.8	23.1	23.7	23.6	23.2	23.2
西藏	1.9	2.1	2.2	2.3	2.4	2.5	2.5	2.7
陕西	17.5	15.6	16.4	17.1	17.7	18.5	18.8	19.1
甘肃	14.0	14.0	14.3	14.8	15.1	15.2	15.2	15.2
青海	2.7	2.6	2.7	2.8	2.9	3.0	3.0	3.0
宁夏	3.3	3.4	3.4	3.4	3.4	3.5	3.6	3.6
新疆	13.4	14.5	15.9	16.7	17.0	17.0	17.0	16.6

3-2-9 各地区初中阶段专任教师数

单位：万人

地 区	2010	2015	2018	2019	2020	2021	2022	2023
全 国	**352.5**	**347.6**	**363.9**	**374.7**	**386.1**	**397.1**	**402.5**	**408.3**
北 京	3.0	3.3	3.6	3.7	3.8	3.9	4.0	4.0
天 津	2.6	2.6	2.7	2.8	2.9	3.0	3.1	3.2
河 北	17.8	17.4	20.0	21.1	22.0	23.1	23.6	24.5
山 西	11.9	11.3	10.8	10.9	10.9	10.6	10.4	10.4
内蒙古	6.4	5.9	5.8	6.0	6.1	6.3	6.4	6.5
辽 宁	10.1	9.9	9.9	10.0	9.9	10.0	9.9	9.8
吉 林	6.8	6.5	6.6	6.6	6.7	6.7	6.6	6.5
黑龙江	10.2	9.4	8.9	8.8	8.7	8.5	8.5	8.3
上 海	3.4	3.8	4.1	4.3	4.5	4.6	4.7	4.9
江 苏	18.6	17.3	19.1	20.1	21.3	22.3	22.8	23.3
浙 江	12.1	12.0	12.7	13.1	13.3	13.6	13.7	13.8
安 徽	16.3	15.1	15.9	16.2	16.6	17.0	17.1	17.0
福 建	9.9	9.8	10.2	10.5	10.8	11.3	11.6	11.8
江 西	12.0	12.1	12.9	13.7	14.5	15.1	15.2	15.6
山 东	26.1	26.5	28.2	29.3	30.4	31.6	31.7	31.6
河 南	27.7	28.6	31.4	32.7	34.1	35.1	36.1	36.6
湖 北	15.7	13.1	13.0	13.3	13.5	14.1	14.4	14.6
湖 南	17.3	16.8	17.5	18.2	18.9	19.6	19.9	20.2
广 东	26.6	27.6	28.6	29.2	30.1	31.5	32.8	34.1
广 西	11.9	11.9	13.7	14.2	15.2	15.7	16.2	16.6
海 南	2.5	2.6	2.6	2.7	2.8	2.9	3.0	3.2
重 庆	7.7	7.6	7.8	8.1	8.3	8.6	8.6	8.5
四 川	20.5	19.9	20.5	21.2	21.8	22.4	22.4	22.4
贵 州	11.0	12.4	12.8	12.8	12.9	13.0	13.2	13.5
云 南	12.0	12.4	13.2	13.4	13.9	13.9	13.9	13.9
西 藏	0.9	1.0	1.1	1.2	1.2	1.3	1.3	1.3
陕 西	11.7	10.5	9.8	10.0	10.1	10.4	10.6	11.0
甘 肃	8.3	8.4	8.0	8.1	8.1	8.2	8.3	8.4
青 海	1.4	1.6	1.6	1.7	1.7	1.7	1.7	1.7
宁 夏	1.9	1.9	2.0	2.1	2.1	2.1	2.1	2.1
新 疆	8.4	8.6	8.6	8.9	9.0	9.0	8.9	9.2

3-2-10　各地区义务教育本科以上学历专任教师比例情况

单位：%

地　区	小学阶段			初中阶段		
	2021	2022	2023	2021	2022	2023
全　国	**70.3**	**74.5**	**78.0**	**90.1**	**91.7**	**93.1**
北　京	95.5	96.1	96.6	99.2	99.2	99.4
天　津	86.9	88.5	90.8	98.2	98.6	99.1
河　北	65.0	68.8	72.6	90.3	91.7	93.3
山　西	70.1	73.9	77.4	87.5	89.5	90.8
内蒙古	77.8	80.7	82.9	93.0	93.9	94.7
辽　宁	70.0	72.7	76.2	92.4	93.1	94.2
吉　林	75.8	80.1	82.4	92.9	94.5	95.2
黑龙江	63.5	66.5	70.0	89.6	90.7	92.7
上　海	88.9	90.4	91.8	99.5	99.6	99.7
江　苏	93.0	95.1	95.9	98.9	99.3	99.5
浙　江	89.0	90.9	92.6	97.7	98.2	98.6
安　徽	66.9	70.8	75.7	89.1	90.8	92.7
福　建	65.1	68.7	72.4	91.0	91.9	92.9
江　西	55.9	63.4	70.5	81.0	83.9	87.6
山　东	78.9	88.2	91.9	91.9	95.3	97.1
河　南	65.1	69.7	73.0	85.7	87.8	89.3
湖　北	62.8	67.1	71.4	82.9	85.5	87.7
湖　南	66.9	73.8	78.0	85.9	89.8	91.4
广　东	78.1	81.7	84.4	93.7	94.8	95.6
广　西	55.5	59.3	63.7	85.6	87.2	88.9
海　南	47.4	52.4	59.1	87.6	89.2	91.5
重　庆	67.7	70.4	73.3	93.7	94.2	95.2
四　川	59.5	63.6	68.2	84.9	87.1	89.0
贵　州	72.3	72.6	73.6	90.8	91.2	91.6
云　南	64.1	70.3	74.4	91.6	93.0	94.1
西　藏	61.1	63.0	64.3	93.2	94.1	94.6
陕　西	79.4	82.5	85.5	93.3	94.9	95.9
甘　肃	72.1	75.5	78.9	88.7	89.9	91.4
青　海	66.8	69.4	73.3	87.7	88.9	91.2
宁　夏	69.9	73.5	76.5	94.3	95.0	95.8
新　疆	54.1	56.9	61.3	85.2	86.3	87.6

3-2-11 各地区义务教育教学及辅助用房面积

单位：万平方米

地 区	义务教育教学及辅助用房面积							
	2010	2015	2018	2019	2020	2021	2022	2023
全 国	**52430.0**	**59901.9**	**68331.8**	**71215.6**	**74318.4**	**79270.9**	**82236.8**	**85543.9**
北 京	389.0	480.8	518.4	533.0	536.1	671.7	705.0	735.6
天 津	310.4	371.9	396.6	423.3	445.8	517.6	527.3	585.4
河 北	2748.0	3308.3	3792.6	3969.9	4174.0	4446.5	4612.7	4765.1
山 西	1459.8	1454.1	1485.8	1514.5	1536.9	1535.5	1508.3	1510.4
内蒙古	784.5	965.6	1116.5	1145.7	1174.9	1231.7	1262.2	1292.1
辽 宁	1300.9	1247.0	1319.3	1354.0	1363.9	1528.5	1568.3	1583.9
吉 林	854.4	903.2	907.1	916.2	924.6	979.5	984.9	996.6
黑龙江	1208.5	1025.3	1002.0	998.0	1009.2	1051.6	1081.6	1087.6
上 海	494.9	629.8	781.1	843.0	874.8	927.5	960.7	1003.4
江 苏	2858.8	3758.3	4304.8	4643.9	5083.5	5472.7	5791.4	6037.0
浙 江	2095.5	2559.2	3144.2	3390.5	3531.5	3780.6	3993.3	4195.4
安 徽	2321.4	2772.2	3361.0	3451.2	3625.6	3762.8	3828.8	3940.4
福 建	1532.0	1635.8	1794.0	1876.0	1961.2	2124.6	2273.1	2401.2
江 西	1984.5	2237.2	2633.1	2721.1	2812.7	3015.2	3151.1	3285.9
山 东	3364.6	4054.2	4872.7	5131.4	5348.7	5902.4	6498.8	7135.0
河 南	4386.1	4893.3	5832.5	6005.6	6241.9	6543.6	6628.5	6598.1
湖 北	2112.6	2209.6	2405.7	2478.7	2551.9	2772.8	2833.6	3002.8
湖 南	2704.8	2956.0	3210.3	3415.5	3611.6	3922.9	4169.6	4308.8
广 东	4798.7	6009.4	6444.1	6636.5	7015.3	7531.2	7796.5	8393.2
广 西	2241.1	2540.7	3395.5	3497.1	3626.2	3717.1	3793.5	3883.2
海 南	378.9	464.2	486.9	512.8	522.7	537.5	555.7	574.6
重 庆	1272.2	1396.4	1442.1	1442.7	1494.2	1699.4	1755.7	1815.2
四 川	2862.4	3216.9	3658.2	3869.4	4021.4	4071.1	4093.5	4191.8
贵 州	1705.9	1874.9	2021.6	2101.1	2184.8	2329.7	2349.3	2375.2
云 南	1983.9	2023.1	2417.9	2454.1	2500.8	2612.4	2687.0	2806.4
西 藏	132.5	180.9	235.2	249.1	263.5	288.3	300.5	317.3
陕 西	1521.5	1522.0	1590.4	1645.6	1730.7	1896.4	2029.0	2114.7
甘 肃	1199.4	1256.9	1317.3	1336.9	1355.6	1421.1	1442.6	1482.8
青 海	231.9	301.0	345.7	365.1	401.9	430.1	434.0	452.0
宁 夏	300.5	388.6	429.9	444.8	452.0	490.2	503.3	523.9
新 疆	890.7	1265.2	1669.4	1848.8	1940.4	2058.7	2117.3	2148.9

3-2-11 续表1

单位：万平方米

地 区	其中：城区							
	2010	2015	2018	2019	2020	2021	2022	2023
全 国	**9412.5**	**17612.2**	**22200.2**	**24016.6**	**26256.1**	**29851.6**	**32561.6**	**35377.8**
北 京	259.7	348.6	397.0	407.8	414.5	527.0	554.0	582.2
天 津	94.8	210.2	257.1	276.7	297.4	359.0	368.7	424.6
河 北	283.0	638.0	816.3	895.3	976.5	1115.0	1207.1	1294.2
山 西	278.8	380.5	426.0	482.4	519.0	554.5	576.4	596.5
内蒙古	216.9	348.0	414.1	429.6	441.2	473.2	476.9	496.4
辽 宁	488.0	615.0	666.7	698.4	727.7	869.1	911.8	939.6
吉 林	184.8	322.4	340.5	347.9	356.6	384.5	394.2	404.9
黑龙江	275.1	365.8	391.3	402.2	426.8	467.3	491.0	516.2
上 海	235.6	491.9	645.2	706.7	738.6	784.5	810.7	884.4
江 苏	766.9	1712.3	2115.3	2331.2	2645.2	2918.2	3307.7	3453.2
浙 江	682.7	1207.7	1666.5	1840.4	2004.9	2188.2	2385.8	2577.4
安 徽	345.7	553.3	721.6	789.7	889.9	981.9	1114.4	1222.8
福 建	363.0	472.1	571.7	628.0	675.7	790.3	946.6	1044.4
江 西	131.4	357.5	565.0	628.1	721.3	848.8	945.1	1048.9
山 东	698.3	1360.0	1802.1	1996.8	2174.0	2529.6	2881.8	3269.1
河 南	553.6	898.6	1137.2	1204.2	1344.1	1503.7	1585.4	1666.5
湖 北	389.7	702.4	813.5	866.3	905.1	1090.4	1215.8	1392.4
湖 南	268.2	532.6	721.8	832.3	966.9	1103.7	1260.3	1401.2
广 东	1286.4	2814.8	3309.1	3466.1	3796.7	4220.7	4487.0	5001.1
广 西	173.9	407.7	645.4	704.4	772.2	851.9	923.9	1014.8
海 南	46.0	122.9	131.9	139.9	147.4	155.6	169.7	191.8
重 庆	172.8	432.9	608.8	619.0	668.5	830.5	881.2	938.3
四 川	364.7	701.0	929.5	1025.1	1142.4	1370.4	1442.7	1567.6
贵 州	125.3	258.5	382.9	428.8	468.9	540.4	608.1	628.9
云 南	112.7	280.9	366.5	398.8	418.5	473.3	532.2	588.6
西 藏	13.1	19.6	36.8	50.0	52.6	57.4	61.7	66.5
陕 西	199.5	354.9	484.0	529.0	615.4	743.4	850.4	911.3
甘 肃	119.5	202.3	228.4	246.6	257.6	298.7	317.3	348.1
青 海	34.6	57.9	84.0	89.3	97.0	112.4	121.6	132.4
宁 夏	65.4	122.9	134.5	141.9	152.6	180.9	192.8	204.7
新 疆	182.2	319.1	389.8	413.7	441.1	527.2	539.4	568.9

3-2-11　续表2　　　　单位：万平方米

地　区	其中：镇区							
	2010	2015	2018	2019	2020	2021	2022	2023
全　国	**15625.2**	**23050.3**	**26778.4**	**27849.4**	**28843.5**	**30613.4**	**31696.4**	**33007.9**
北　京	50.8	71.1	56.3	59.4	56.5	74.1	83.0	78.5
天　津	120.6	90.1	70.0	74.1	74.9	80.1	80.2	85.5
河　北	838.3	1314.1	1552.6	1648.9	1754.0	1874.7	1962.5	2058.6
山　西	329.0	599.7	647.3	634.6	644.7	648.5	656.9	663.4
内蒙古	328.2	482.3	557.6	575.1	589.7	610.7	636.1	653.4
辽　宁	121.5	373.7	399.8	416.9	418.8	437.2	440.4	439.3
吉　林	272.7	306.9	310.4	318.6	324.6	349.8	364.2	382.3
黑龙江	294.4	378.6	420.2	428.2	427.8	436.4	450.3	445.2
上　海	255.0	111.5	107.3	102.7	105.5	114.6	119.0	98.4
江　苏	1104.1	1664.0	1790.9	1918.8	2049.6	2190.1	2159.0	2273.4
浙　江	999.6	995.9	1097.1	1147.7	1128.0	1207.1	1271.0	1316.1
安　徽	525.7	1117.9	1490.8	1564.6	1656.0	1774.4	1794.0	1866.8
福　建	501.2	620.9	717.3	745.4	784.7	839.8	855.1	893.6
江　西	440.8	953.7	1136.0	1188.3	1205.2	1298.3	1374.6	1484.5
山　东	1046.0	1658.5	2051.0	2072.6	2123.7	2313.4	2575.5	2867.1
河　南	899.4	1844.1	2297.1	2425.7	2534.2	2730.4	2817.4	2866.4
湖　北	515.9	846.6	954.2	972.5	1005.8	1064.3	1081.0	1106.5
湖　南	871.2	1227.5	1482.8	1567.8	1640.0	1825.2	1987.6	2068.0
广　东	1670.8	1815.8	1801.2	1834.8	1886.0	1981.5	1997.2	2055.2
广　西	705.9	919.2	1346.7	1398.4	1467.7	1482.8	1507.5	1537.7
海　南	122.7	208.5	189.7	199.0	203.4	212.1	221.6	231.7
重　庆	570.9	629.1	577.7	574.7	554.9	601.6	623.3	641.9
四　川	1130.6	1456.4	1707.0	1800.2	1856.0	1816.8	1871.5	1896.4
贵　州	470.1	753.0	960.7	997.9	1061.0	1139.6	1105.6	1147.6
云　南	562.5	661.9	783.8	795.0	810.3	871.5	910.6	974.9
西　藏	65.6	81.5	88.2	79.7	89.0	96.3	99.3	108.8
陕　西	239.3	788.9	796.0	804.0	820.5	868.4	911.7	953.8
甘　肃	273.0	403.3	546.3	567.4	583.9	641.3	670.5	706.2
青　海	71.9	126.1	133.9	141.1	158.2	169.7	170.2	179.3
宁　夏	89.6	136.7	162.9	168.4	171.5	184.8	189.6	202.6
新　疆	137.6	412.6	545.5	626.8	657.6	677.8	709.7	724.7

3-2-11 续表3 单位：万平方米

地区	其中：乡村							
	2010	2015	2018	2019	2020	2021	2022	2023
全国	**27392.3**	**19239.4**	**19353.2**	**19349.5**	**19218.7**	**18805.8**	**17978.8**	**17158.2**
北京	78.5	61.1	65.1	65.9	65.1	70.5	68.0	74.8
天津	95.0	71.6	69.4	72.4	73.5	78.5	78.4	75.3
河北	1626.6	1356.2	1423.8	1425.6	1443.5	1456.8	1443.1	1412.3
山西	851.9	473.9	412.5	397.4	373.2	332.5	275.0	250.5
内蒙古	239.3	135.3	144.7	141.1	144.0	147.8	149.2	142.3
辽宁	691.4	258.4	252.8	238.6	217.4	222.2	216.0	204.9
吉林	397.0	273.8	256.1	249.8	243.4	245.2	226.5	209.5
黑龙江	638.9	281.0	190.5	167.5	154.7	147.9	140.3	126.2
上海	4.3	26.4	28.7	33.6	30.8	28.4	31.0	20.6
江苏	987.8	382.0	398.5	394.0	388.7	364.4	324.6	310.4
浙江	413.1	355.6	380.6	402.4	398.7	385.3	336.5	301.9
安徽	1450.0	1101.0	1148.6	1096.9	1079.8	1006.5	920.4	850.7
福建	667.8	542.7	504.9	502.6	500.9	494.5	471.3	463.2
江西	1412.2	925.9	932.1	904.7	886.2	868.0	831.4	752.6
山东	1620.3	1035.6	1019.5	1062.0	1050.9	1059.4	1041.5	998.8
河南	2933.1	2150.6	2398.2	2375.7	2363.6	2309.5	2225.7	2065.2
湖北	1207.0	660.6	638.0	639.9	640.9	618.1	536.8	504.0
湖南	1565.4	1195.8	1005.8	1015.3	1004.7	994.1	921.7	839.7
广东	1841.4	1378.8	1333.8	1335.6	1332.6	1329.1	1312.3	1337.0
广西	1361.4	1213.7	1403.4	1394.3	1386.3	1382.4	1362.1	1330.6
海南	210.3	132.8	165.3	173.9	171.9	169.8	164.4	151.1
重庆	528.5	334.5	255.6	249.0	270.9	267.3	251.1	234.9
四川	1367.1	1059.5	1021.7	1044.1	1023.0	883.9	779.3	727.8
贵州	1110.4	863.5	678.0	674.3	654.9	649.7	635.6	598.6
云南	1308.6	1080.3	1267.6	1260.3	1272.1	1267.5	1244.2	1242.9
西藏	53.8	79.9	110.2	119.5	121.9	134.7	139.5	142.0
陕西	1082.6	378.2	310.5	312.6	294.9	284.6	266.9	249.6
甘肃	806.9	651.3	542.7	522.9	514.2	481.1	454.8	428.4
青海	125.3	116.9	127.8	134.7	146.7	148.0	142.2	140.2
宁夏	145.4	128.9	132.5	134.5	127.9	124.6	120.8	116.7
新疆	570.9	533.5	734.1	808.3	841.7	853.6	868.2	855.4

3-3-1 全国高中阶段教育毛入学率和生师比

年 份	高中阶段教育毛入学率(%)	普通高中生师比(教师=1)	中等职业教育生师比(教师=1)
2000	42.8	15.87	15.24
2001	42.8	16.73	15.04
2002	42.8	17.80	16.58
2003	43.8	18.35	17.63
2004	48.1	18.65	19.15
2005	52.7	18.54	21.34
2006	59.8	18.13	22.65
2007	66.0	17.48	23.13
2008	74.0	16.78	23.32
2009	79.2	16.30	25.27
2010	82.5	15.99	25.69
2011	84.0	15.77	25.01
2012	85.0	15.47	24.19
2013	86.0	14.95	22.97
2014	86.5	14.44	21.34
2015	87.0	14.01	19.60
2016	87.5	13.65	19.84
2017	88.3	13.39	18.98
2018	88.8	13.10	18.70
2019	89.5	12.99	18.94
2020	91.2	12.90	19.54
2021	91.4	12.84	18.86
2022	91.6	12.72	18.65
2023	91.8	12.66	17.67

注：2021年起，中等职业教育包括普通中专、成人中专、职业高中和其他中职机构，不包括技工学校。以下相关表同。

3-3-2 各地区普通高中在校生数

单位：万人

地 区	2010	2015	2018	2019	2020	2021	2022	2023
全 国	**2427.3**	**2374.4**	**2375.4**	**2414.3**	**2494.5**	**2605.0**	**2713.9**	**2803.6**
北 京	19.8	16.9	15.5	15.3	16.0	17.6	19.9	21.7
天 津	18.5	16.6	16.0	15.9	16.9	19.1	20.9	22.1
河 北	127.5	115.8	133.5	141.2	151.7	164.8	175.2	182.6
山 西	82.3	79.4	67.9	66.0	65.4	68.3	68.7	67.8
内蒙古	49.9	46.3	42.1	40.6	40.6	41.1	42.6	42.8
辽 宁	71.5	63.5	60.9	60.2	59.4	61.0	61.9	62.1
吉 林	47.1	40.6	40.8	41.8	42.8	45.0	45.0	43.7
黑龙江	61.7	55.4	54.8	55.2	55.7	57.4	57.0	54.4
上 海	16.9	15.8	15.8	15.9	16.6	17.4	19.3	20.8
江 苏	135.7	97.8	98.1	105.0	115.5	125.2	135.1	143.2
浙 江	88.0	77.3	76.9	78.4	80.9	83.7	86.4	88.8
安 徽	127.6	113.6	107.5	108.8	113.4	116.3	120.1	123.3
福 建	70.6	62.6	63.4	63.9	66.4	69.9	74.6	80.4
江 西	74.0	92.9	100.8	105.5	110.5	115.8	120.7	122.3
山 东	152.5	169.1	164.2	167.2	176.0	182.6	190.3	198.5
河 南	192.2	194.3	210.1	215.9	224.9	237.7	250.5	262.3
湖 北	123.7	87.6	82.4	85.2	89.2	94.5	100.3	105.8
湖 南	101.9	107.4	117.5	122.1	127.3	135.4	142.2	147.3
广 东	208.9	205.4	183.7	183.7	190.4	200.8	211.8	222.9
广 西	75.4	86.6	103.6	109.1	115.1	121.2	126.0	129.2
海 南	16.0	17.2	17.0	17.3	18.2	19.4	20.5	21.5
重 庆	62.6	62.3	60.8	61.7	62.6	64.0	66.3	67.9
四 川	146.2	147.1	139.0	139.8	140.9	143.8	146.5	150.1
贵 州	62.0	97.9	100.8	99.2	97.5	96.6	95.1	94.5
云 南	63.3	78.3	86.5	90.9	97.2	101.6	105.3	106.3
西 藏	4.1	5.8	6.2	6.6	7.5	7.6	7.9	7.9
陕 西	95.6	80.5	72.3	68.4	65.4	65.0	67.7	72.2
甘 肃	64.7	62.9	54.9	52.6	51.6	51.5	52.6	53.0
青 海	10.8	11.7	12.7	12.6	12.9	13.1	13.4	13.5
宁 夏	14.2	16.0	14.8	15.3	16.1	16.7	17.2	17.4
新 疆	41.9	49.8	55.0	52.8	49.8	50.7	53.0	57.4

3-3-3 各地区普通高中生师比

(教师=1)

地 区	2010	2015	2018	2019	2020	2021	2022	2023
全 国	**15.99**	**14.01**	**13.10**	**12.99**	**12.90**	**12.84**	**12.72**	**12.66**
北 京	10.11	7.95	7.44	7.41	7.62	8.08	8.73	9.12
天 津	12.49	10.24	9.63	9.55	10.04	11.14	11.64	11.74
河 北	15.37	13.57	13.37	13.19	13.18	13.18	13.07	12.75
山 西	15.36	12.81	10.63	10.29	10.17	10.50	10.57	10.42
内蒙古	15.81	13.58	11.60	10.99	10.82	10.46	10.45	10.17
辽 宁	16.01	12.68	11.75	11.48	11.33	11.34	11.40	11.35
吉 林	17.05	14.11	13.27	13.20	13.12	13.10	12.80	12.35
黑龙江	15.15	13.10	12.85	12.86	12.92	13.01	12.68	11.96
上 海	10.10	9.09	8.62	8.57	8.74	9.00	9.59	9.79
江 苏	13.81	10.25	10.26	10.58	10.96	11.07	11.13	11.18
浙 江	14.12	11.65	10.93	10.90	10.98	10.97	11.03	11.11
安 徽	19.08	14.87	13.67	13.54	13.82	13.48	13.32	13.37
福 建	13.55	12.41	12.39	12.30	12.59	12.76	12.94	13.09
江 西	15.78	17.48	17.26	17.45	16.94	16.06	14.79	13.97
山 东	13.69	13.51	11.90	11.70	11.81	11.72	11.76	11.90
河 南	18.42	17.04	16.02	15.61	15.18	14.46	13.59	13.58
湖 北	17.40	13.07	12.48	12.74	13.02	13.13	13.18	13.17
湖 南	15.02	15.34	14.70	14.48	14.16	14.24	13.91	13.84
广 东	16.71	13.62	12.25	12.35	12.54	12.76	12.86	12.95
广 西	17.90	17.06	17.40	17.29	16.21	15.82	15.07	14.61
海 南	16.89	13.67	12.66	12.70	12.71	12.76	12.86	12.99
重 庆	19.45	15.92	15.46	15.46	15.34	15.12	15.00	14.98
四 川	18.21	15.59	13.94	13.82	13.68	13.48	13.15	12.97
贵 州	18.75	17.42	15.13	14.57	14.12	13.69	13.25	12.96
云 南	15.37	15.20	14.62	14.55	13.31	13.54	13.78	13.76
西 藏	12.84	12.39	10.75	11.40	12.34	12.04	12.03	11.40
陕 西	17.72	14.10	12.59	11.90	11.44	11.42	11.81	12.32
甘 肃	17.24	14.06	12.01	11.49	11.21	10.88	10.96	10.95
青 海	14.27	13.46	13.03	12.64	12.45	12.26	12.41	12.58
宁 夏	16.07	15.26	13.06	13.55	13.84	13.86	13.20	13.05
新 疆	13.86	12.81	12.29	11.94	11.76	12.27	12.98	13.39

3-3-4 各地区普通高中生均校舍建筑面积和生均教学仪器设备值

地区	生均校舍建筑面积(m²)			生均教学仪器设备值(元)		
	2021	2022	2023	2021	2022	2023
全 国	**24.7**	**25.1**	**25.3**	**4967.5**	**5106.7**	**5240.4**
北 京	71.9	68.6	64.7	54913.1	51458.1	49567.1
天 津	29.9	28.6	28.2	8594.1	8141.3	8385.7
河 北	20.7	21.1	21.7	2782.3	2874.5	3048.0
山 西	29.5	29.8	31.0	4495.7	4585.7	4796.6
内蒙古	26.9	26.8	27.8	6287.1	6432.6	6750.7
辽 宁	20.2	20.4	20.8	3809.6	3867.6	4016.2
吉 林	15.6	16.0	16.6	2952.4	3204.8	3401.2
黑龙江	16.1	16.6	17.5	3103.0	3260.6	3685.3
上 海	44.9	43.0	44.5	26420.1	24439.5	23543.0
江 苏	27.5	27.8	27.6	5921.1	6165.6	6246.4
浙 江	36.0	35.3	34.9	8956.8	9128.1	9181.2
安 徽	26.5	26.5	26.4	4021.5	4442.4	4314.1
福 建	34.7	34.5	33.4	7859.2	7947.4	8236.3
江 西	20.9	21.8	22.6	3743.5	4008.2	4293.3
山 东	24.2	24.6	24.8	4096.2	4193.5	4294.2
河 南	17.4	18.1	18.1	1849.7	2045.8	2084.8
湖 北	22.9	22.8	22.5	3632.6	3676.0	3737.1
湖 南	22.7	22.8	22.9	3924.0	4006.9	3976.5
广 东	30.9	31.4	31.7	6874.2	6811.2	6936.4
广 西	19.4	19.7	19.9	2891.7	3017.1	3253.5
海 南	31.6	30.6	31.9	7865.7	7818.1	8181.5
重 庆	25.1	25.9	25.8	4045.6	4365.5	4482.0
四 川	26.6	27.5	28.1	5852.2	6199.3	6272.6
贵 州	23.2	24.9	25.8	4002.0	4330.3	4488.3
云 南	24.7	25.1	25.4	3751.1	3844.3	3975.2
西 藏	23.6	23.8	24.4	2146.0	2361.9	3071.5
陕 西	26.1	25.6	25.3	6350.4	6214.2	6157.0
甘 肃	20.0	20.5	21.3	3773.6	3962.0	4145.6
青 海	24.9	25.5	25.3	5292.8	5081.9	5251.5
宁 夏	19.2	19.1	19.6	5438.9	5613.0	6068.2
新 疆	24.7	24.1	24.0	4764.0	4553.7	4604.9

3-3-5 各地区中等职业教育在校生数

单位：万人

地 区	2010	2015	2018	2019	2020	2021	2022	2023
全 国	**2238.5**	**1656.7**	**1555.3**	**1576.5**	**1663.4**	**1311.8**	**1339.3**	**1298.5**
北 京	21.2	13.4	9.2	7.7	7.4	4.8	5.5	5.9
天 津	14.6	11.9	11.2	10.2	9.9	8.0	8.3	8.3
河 北	127.9	71.4	84.5	90.7	98.8	91.1	92.3	89.2
山 西	68.7	47.3	39.2	38.4	39.1	32.2	33.3	33.1
内蒙古	35.9	23.3	19.7	18.6	19.3	17.9	18.7	18.7
辽 宁	53.1	38.8	35.0	32.8	32.3	26.8	27.6	26.6
吉 林	34.0	16.2	16.2	16.1	18.0	13.1	13.3	12.3
黑龙江	50.2	29.3	23.6	24.4	26.0	17.7	17.8	15.8
上 海	17.5	12.0	10.3	10.0	10.5	10.9	11.3	10.8
江 苏	133.5	92.1	88.8	88.0	88.0	64.1	67.3	67.9
浙 江	75.1	64.6	68.0	70.5	74.3	55.6	53.2	50.3
安 徽	95.6	88.2	88.0	88.7	97.6	75.2	72.8	66.0
福 建	62.0	45.1	41.7	42.3	46.0	37.5	39.5	40.9
江 西	78.8	55.3	49.4	54.0	62.1	51.9	55.7	53.4
山 东	152.9	117.5	108.0	108.6	118.3	83.9	88.1	88.3
河 南	191.5	130.7	137.0	139.8	146.5	118.0	119.4	112.0
湖 北	108.7	45.4	45.0	47.5	51.2	44.1	43.8	42.5
湖 南	93.7	76.5	78.6	80.9	82.2	74.7	74.6	70.4
广 东	230.3	176.1	141.0	143.7	147.0	90.3	94.2	96.5
广 西	91.8	84.6	79.9	80.1	83.3	69.1	65.3	51.1
海 南	17.1	13.9	14.3	14.2	15.1	12.1	12.8	13.1
重 庆	51.5	45.4	38.9	39.6	44.1	36.4	38.0	37.9
四 川	137.8	110.8	94.2	92.7	96.6	87.2	90.8	86.7
贵 州	41.0	67.6	54.2	51.1	49.5	39.8	52.4	68.7
云 南	66.9	59.8	65.0	66.5	75.9	55.1	48.6	39.2
西 藏	2.3	1.6	2.3	2.5	3.5	3.3	3.3	3.2
陕 西	89.9	43.7	40.0	44.3	45.9	29.7	30.1	30.5
甘 肃	43.9	27.2	22.3	22.1	23.1	20.2	20.1	18.1
青 海	11.3	9.6	7.9	8.3	8.7	8.9	9.0	8.7
宁 夏	11.4	8.4	8.0	8.3	8.7	7.6	7.8	7.6
新 疆	28.3	29.0	33.8	33.7	34.5	24.5	24.4	24.9

3-3-6　各地区中等职业教育专任教师数

单位：万人

地　区	2010	2015	2018	2019	2020	2021	2022	2023
全　国	**87.1**	**84.4**	**83.4**	**84.3**	**85.7**	**69.5**	**71.8**	**73.5**
北　京	1.0	0.9	0.8	0.8	0.7	0.6	0.6	0.6
天　津	1.0	0.8	0.7	0.7	0.7	0.5	0.5	0.5
河　北	5.8	5.3	5.7	5.9	6.1	5.4	5.7	5.8
山　西	2.8	3.1	2.9	2.9	2.9	2.5	2.6	2.6
内蒙古	1.7	1.9	1.9	1.9	1.9	1.4	1.5	1.5
辽　宁	2.9	2.7	2.5	2.4	2.4	1.9	2.0	2.1
吉　林	2.4	1.9	1.6	1.7	1.6	1.3	1.4	1.3
黑龙江	2.6	2.2	2.1	2.0	1.9	1.3	1.2	1.2
上　海	0.9	0.8	0.8	0.8	0.8	0.8	0.8	0.8
江　苏	5.7	5.6	5.7	5.9	5.8	4.6	4.6	4.8
浙　江	3.6	4.1	4.4	4.5	4.7	3.8	3.9	3.9
安　徽	2.9	3.5	3.4	3.5	3.8	3.1	3.2	3.2
福　建	2.1	2.0	2.0	2.0	2.1	1.9	1.9	2.1
江　西	2.8	2.1	2.1	2.3	2.5	1.9	2.2	2.4
山　东	7.7	7.2	7.1	7.0	7.3	5.4	5.6	5.9
河　南	7.0	6.2	5.8	5.7	5.6	5.2	5.4	5.6
湖　北	3.7	2.7	2.6	2.7	2.8	2.2	2.3	2.4
湖　南	3.6	3.5	3.8	4.0	4.0	3.7	4.0	4.0
广　东	6.3	6.6	6.7	6.7	6.8	4.5	4.6	4.7
广　西	2.4	2.5	2.5	2.5	2.6	2.1	2.2	2.2
海　南	0.5	0.6	0.6	0.5	0.5	0.4	0.4	0.4
重　庆	1.8	1.8	1.8	1.8	1.8	1.8	1.8	2.0
四　川	4.3	4.7	4.6	4.6	4.7	4.1	4.3	4.5
贵　州	1.3	2.5	2.2	2.2	2.1	1.7	1.8	1.8
云　南	2.4	2.5	2.5	2.4	2.5	2.2	2.1	1.9
西　藏	0.1	0.1	0.2	0.2	0.3	0.3	0.3	0.3
陕　西	3.5	2.2	2.1	2.1	2.3	1.7	1.8	1.9
甘　肃	1.8	1.9	1.6	1.7	1.6	1.3	1.4	1.4
青　海	0.4	0.4	0.3	0.3	0.3	0.2	0.2	0.2
宁　夏	0.4	0.5	0.5	0.4	0.5	0.3	0.4	0.4
新　疆	1.6	1.8	1.8	2.1	2.1	1.2	1.2	1.3

3-3-7 各地区中等职业教育生师比

(教师=1)

地 区	2010	2015	2018	2019	2020	2021	2022	2023
全 国	**25.69**	**20.47**	**19.10**	**18.94**	**19.54**	**18.86**	**18.65**	**17.67**
北 京	20.26	13.66	10.13	8.20	8.04	7.86	9.21	10.26
天 津	14.64	15.04	15.53	14.00	14.20	14.64	15.68	15.41
河 北	22.07	13.95	15.55	15.98	16.65	16.99	16.33	15.26
山 西	24.18	14.47	12.92	12.76	12.78	12.68	12.76	12.58
内蒙古	20.87	15.33	13.31	12.36	12.96	12.43	12.73	12.76
辽 宁	18.33	15.94	14.44	13.84	13.58	13.75	14.10	12.96
吉 林	14.10	8.26	9.01	8.47	8.89	9.79	9.75	9.27
黑龙江	19.11	16.17	13.34	13.30	13.25	13.88	14.81	13.03
上 海	19.94	14.36	12.69	12.25	13.11	13.53	14.03	14.07
江 苏	23.49	16.08	14.72	14.40	14.35	14.08	14.53	14.29
浙 江	20.85	15.63	15.29	15.22	15.59	14.62	13.71	12.87
安 徽	33.17	27.68	27.55	26.92	27.44	24.11	22.56	20.92
福 建	28.93	23.19	20.37	19.96	21.06	20.08	20.29	19.92
江 西	27.69	28.90	27.30	27.10	28.61	27.07	25.48	22.27
山 东	19.96	17.52	15.54	15.19	15.81	15.66	15.66	14.87
河 南	27.30	20.14	22.85	23.28	24.94	22.87	22.04	20.07
湖 北	29.22	17.76	18.57	19.16	20.09	19.77	18.95	17.80
湖 南	26.07	24.88	22.67	21.59	21.09	19.93	18.82	17.41
广 东	36.39	26.06	19.66	19.52	19.77	20.09	20.53	20.45
广 西	38.09	36.27	33.36	33.30	34.05	32.17	29.14	23.71
海 南	36.85	25.60	26.39	27.37	30.36	32.85	34.35	33.76
重 庆	28.42	21.69	20.24	20.99	22.21	20.48	20.85	19.11
四 川	31.82	24.95	21.64	21.25	21.56	21.27	21.17	19.23
贵 州	30.45	33.87	27.16	25.08	24.27	23.07	29.50	38.64
云 南	27.98	22.69	24.18	25.50	28.71	25.48	23.17	20.76
西 藏	38.26	13.83	13.01	14.24	12.63	13.14	13.09	12.64
陕 西	25.88	20.27	16.61	17.95	18.42	17.14	16.56	16.08
甘 肃	24.34	14.72	13.30	13.65	14.22	15.00	14.56	13.35
青 海	27.76	31.69	32.66	34.56	37.34	37.94	39.10	36.31
宁 夏	29.66	32.36	25.11	24.37	24.94	21.97	20.79	20.12
新 疆	17.93	22.39	23.73	21.14	22.53	19.91	20.07	18.83

3-4-1 各地区技工学校在校生数

单位：万人

地 区	2015	2018	2019	2020	2021	2022	2023
全 国	**321.5**	**341.6**	**360.3**	**395.5**	**426.7**	**445.4**	**439.5**
北 京	3.8	3.0	2.8	2.7	2.6	2.8	2.9
天 津	2.1	2.2	2.1	2.0	2.1	2.5	2.4
河 北	10.1	12.0	13.2	15.0	16.9	17.8	16.2
山 西	10.6	9.0	8.7	9.0	9.6	9.2	8.5
内蒙古	1.8	1.6	1.7	1.8	2.0	2.5	2.1
辽 宁	6.3	6.4	6.3	6.7	7.0	7.5	7.1
吉 林	2.8	4.1	4.4	6.1	6.3	6.2	6.7
黑龙江	6.3	5.5	7.6	9.7	11.0	9.2	6.7
上 海							
江 苏	24.0	26.2	25.8	25.6	26.8	27.6	28.3
浙 江	12.3	15.4	16.3	17.4	17.9	19.8	23.0
安 徽	4.4	12.8	13.6	18.5	21.4	24.2	23.9
福 建	5.5	8.1	8.8	10.2	11.9	12.8	14.2
江 西	12.2	13.9	15.4	17.5	20.8	24.7	25.2
山 东	31.8	33.0	35.5	40.5	44.2	45.5	44.8
河 南	26.7	26.8	28.8	31.5	30.8	33.3	31.5
湖 北	8.9	8.1	8.3	9.2	10.5	11.4	12.4
湖 南	11.7	12.8	13.9	13.9	15.0	16.6	16.0
广 东	58.9	54.3	57.8	60.3	62.9	65.0	65.9
广 西	11.0	12.2	12.1	13.3	14.0	14.3	14.9
海 南	2.2	2.4	2.5	2.8	3.2	3.5	3.3
重 庆	12.6	8.9	7.9	9.9	12.1	10.8	9.5
四 川	12.0	12.2	13.0	14.8	16.5	17.5	16.9
贵 州	7.3	7.0	7.3	9.1	9.2	10.0	9.5
云 南	11.4	14.5	15.2	16.0	17.0	15.9	14.3
西 藏				0.3	0.6	0.3	0.4
陕 西	4.3	16.6	18.6	18.0	18.6	17.7	15.1
甘 肃	2.0	3.4	3.5	3.6	3.9	3.9	4.3
青 海	0.2	0.2	0.2	0.1	0.2	0.2	0.2
宁 夏	6.9	0.7	0.8	1.1	1.4	1.1	1.2
新 疆	0.8	8.5	8.2	8.9	10.1	11.7	11.9

3-4-2 各地区技工学校专任教师数

单位：万人

地 区	2015	2018	2019	2020	2021	2022	2023
全 国	**19.2**	**19.8**	**20.1**	**20.9**	**22.4**	**23.6**	**22.7**
北 京	0.2	0.2	0.2	0.2	0.2	0.2	0.2
天 津	0.2	0.1	0.2	0.2	0.2	0.2	0.2
河 北	0.9	1.0	1.1	1.1	1.2	1.2	1.1
山 西	0.6	0.6	0.6	0.6	0.6	0.6	0.6
内蒙古	0.5	0.5	0.5	0.5	0.6	0.6	0.6
辽 宁	0.6	0.5	0.5	0.5	0.6	0.6	0.5
吉 林	0.3	0.3	0.3	0.3	0.3	0.3	0.3
黑龙江	0.8	0.7	0.7	0.6	0.6	0.6	0.6
上 海							
江 苏	1.4	1.4	1.5	1.5	1.5	1.6	1.4
浙 江	0.8	1.0	1.0	1.1	1.2	1.3	1.4
安 徽	0.4	0.7	0.7	0.9	0.9	1.0	1.0
福 建	0.3	0.4	0.4	0.4	0.4	0.5	0.5
江 西	0.6	0.8	0.8	0.9	1.1	1.3	1.2
山 东	2.3	2.3	2.2	2.4	2.6	2.7	2.5
河 南	1.0	1.0	0.9	1.0	1.0	1.0	1.1
湖 北	0.6	0.6	0.7	0.7	0.8	0.9	0.8
湖 南	0.9	0.9	0.9	0.8	0.8	0.8	0.8
广 东	2.1	2.3	2.3	2.4	2.5	2.6	2.7
广 西	0.4	0.5	0.5	0.5	0.5	0.6	0.6
海 南	0.1	0.1	0.1	0.1	0.1	0.1	0.1
重 庆	0.3	0.3	0.3	0.3	0.3	0.4	0.4
四 川	0.7	0.8	0.8	0.9	1.0	1.0	1.0
贵 州	0.7	0.5	0.5	0.4	0.6	0.6	0.6
云 南	0.4	0.4	0.4	0.4	0.5	0.5	0.5
西 藏				0.0	0.0	0.0	0.0
陕 西	0.6	0.7	0.7	0.8	0.8	0.8	0.8
甘 肃	0.3	0.2	0.3	0.2	0.3	0.2	0.3
青 海	0.1	0.1	0.1	0.1	0.1	0.1	0.1
宁 夏	0.2	0.2	0.1	0.2	0.2	0.1	0.1
新 疆	0.8	0.7	0.9	0.9	1.1	1.1	0.8

注：专任教师包括文化技术理论课教师和生产实习指导教师，不含一体化教师。

3-4-3　各地区技工学校生师比

(教师=1)

地　区	2015	2018	2019	2020	2021	2022	2023
全　国	**16.77**	**17.25**	**17.95**	**18.95**	**19.07**	**18.86**	**19.33**
北　京	18.17	17.13	14.76	16.25	13.97	15.16	15.52
天　津	12.38	15.29	13.43	12.27	13.13	15.25	15.78
河　北	10.72	11.64	12.42	13.51	14.49	14.34	14.45
山　西	18.33	15.00	14.70	15.34	14.86	14.83	14.20
内蒙古	3.80	2.91	3.41	3.24	3.63	3.92	3.36
辽　宁	10.22	11.98	13.12	12.85	12.50	12.60	14.37
吉　林	9.77	14.15	15.59	23.44	23.00	20.05	26.44
黑龙江	7.86	7.81	11.08	15.35	19.16	16.32	12.15
上　海							
江　苏	17.19	18.24	16.78	17.09	17.39	16.81	20.50
浙　江	15.43	15.69	16.90	15.95	15.02	14.78	16.34
安　徽	9.87	18.91	19.06	21.05	24.17	24.22	22.91
福　建	18.66	22.50	24.26	26.73	29.33	26.68	27.78
江　西	19.03	17.82	18.45	18.68	19.58	19.56	20.33
山　东	14.07	14.65	15.94	17.20	16.82	16.98	18.08
河　南	26.26	28.06	30.38	31.68	30.88	32.40	29.86
湖　北	14.90	12.55	12.34	12.94	13.47	13.28	16.01
湖　南	13.62	14.87	15.35	17.70	18.74	19.87	19.32
广　东	28.01	23.68	25.00	25.10	25.29	24.70	24.13
广　西	24.99	25.66	25.35	26.20	25.55	25.50	25.40
海　南	17.49	19.12	20.96	21.30	23.60	23.35	22.40
重　庆	40.97	30.16	28.44	35.04	34.69	28.07	24.26
四　川	16.50	14.91	15.58	17.05	16.31	16.83	16.15
贵　州	10.73	14.05	14.81	20.63	16.16	17.21	15.09
云　南	29.46	33.78	38.41	37.25	37.83	33.44	29.56
西　藏				19.63	73.67	18.79	38.72
陕　西	7.31	24.18	27.00	23.68	23.38	22.27	19.59
甘　肃	6.23	15.13	12.14	15.12	15.01	15.66	13.87
青　海	2.03	3.30	2.34	1.47	2.67	1.77	3.30
宁　夏	33.55	4.12	6.32	6.71	7.56	9.14	20.11
新　疆	1.00	11.37	9.55	9.73	9.37	10.96	15.36

3-4-4　各地区技工学校一体化教师数

单位：人

地　区	2020	2021	2022	2023
全　国	**81283**	**89946**	**94934**	**89289**
北　京	818	866	968	940
天　津	856	718	859	723
河　北	3904	4379	5079	4097
山　西	2140	2436	2206	2099
内蒙古	1781	2451	2612	2072
辽　宁	1117	1550	1523	1460
吉　林	970	1341	1361	887
黑龙江	2344	2074	2012	1856
上　海				
江　苏	6471	7079	8051	6987
浙　江	4996	5365	5717	5838
安　徽	3126	3794	4033	4735
福　建	1591	1592	1766	1519
江　西	2771	3904	4283	3816
山　东	10560	11621	12479	11278
河　南	4342	4362	4488	4951
湖　北	1810	2461	2535	2339
湖　南	2749	3459	3556	3446
广　东	11538	12068	12613	12882
广　西	1331	1180	1291	1733
海　南	833	534	581	550
重　庆	1413	1654	1718	1491
四　川	3172	2934	3705	3688
贵　州	1783	2053	1814	1691
云　南	1814	1747	1790	2261
西　藏	6	10	77	27
陕　西	1992	2056	2594	2514
甘　肃	738	856	666	755
青　海	350	293	220	226
宁　夏	727	942	519	252
新　疆	3240	4167	3818	2176

3-5-1 各地区一般公共预算教育经费支出

单位：亿元

地 区	2010	2015	2017	2018	2019	2020	2021	2022
全 国	**14163.9**	**25861.9**	**29919.8**	**31992.7**	**34648.6**	**36310.5**	**37463.4**	**39257.0**
北 京	505.8	847.4	955.7	1020.7	1125.4	1128.0	1135.2	1161.0
天 津	225.3	464.2	434.6	448.0	466.8	440.5	473.0	474.9
河 北	543.7	1001.1	1246.6	1354.5	1515.7	1581.7	1621.0	1754.6
山 西	341.3	598.9	618.1	669.0	691.9	730.5	775.7	855.8
内蒙古	351.4	518.6	545.8	566.7	603.4	635.4	633.7	674.2
辽 宁	465.0	609.5	647.4	653.7	704.3	740.6	707.8	743.2
吉 林	270.2	470.5	503.8	508.6	497.2	522.6	484.0	497.4
黑龙江	302.7	573.0	595.1	587.7	612.6	623.6	607.3	614.7
上 海	435.8	739.5	835.6	890.0	959.4	972.9	1013.4	1093.1
江 苏	877.8	1743.6	1979.3	2040.5	2200.6	2419.2	2505.1	2544.3
浙 江	639.3	1220.9	1413.1	1567.4	1758.1	1879.7	2029.9	2182.5
安 徽	437.8	856.7	1012.5	1111.5	1219.4	1260.1	1315.4	1420.1
福 建	379.0	747.3	850.5	923.8	965.9	1026.1	1062.1	1196.8
江 西	311.0	783.4	939.4	1048.5	1133.2	1220.5	1250.8	1317.1
山 东	773.7	1686.9	1888.8	2001.2	2155.0	2281.8	2387.0	2597.0
河 南	674.6	1150.6	1441.4	1621.0	1773.4	1845.3	1743.1	1845.7
湖 北	373.5	860.2	1037.1	1051.0	1141.3	1190.6	1225.0	1279.8
湖 南	443.6	913.9	1119.8	1177.8	1274.0	1356.7	1424.8	1530.3
广 东	1033.7	2042.8	2522.5	2805.3	3217.8	3537.8	3793.4	3863.1
广 西	386.9	789.3	911.9	927.8	1008.9	1051.2	1105.0	1141.2
海 南	107.7	206.5	220.7	249.0	273.5	302.2	302.7	306.3
重 庆	280.7	519.9	614.5	678.8	730.3	758.8	805.0	827.7
四 川	661.9	1243.9	1397.2	1470.0	1594.0	1682.4	1741.2	1856.3
贵 州	307.0	766.1	906.7	983.9	1061.6	1074.0	1125.7	1152.8
云 南	442.6	758.0	988.7	1069.5	1067.3	1156.6	1147.0	1158.8
西 藏	63.4	178.9	216.4	229.0	261.6	293.4	290.4	316.7
陕 西	370.4	746.8	814.1	855.7	944.6	993.0	1033.7	1052.3
甘 肃	259.0	499.9	567.4	593.0	636.1	663.0	661.9	698.4
青 海	97.3	163.2	186.6	198.9	219.9	218.0	230.4	230.9
宁 夏	82.0	139.2	166.8	168.0	179.4	207.2	199.0	213.6
新 疆	316.6	641.5	721.7	815.6	863.8	909.8	942.9	974.9

注：2016年及以前，一般公共预算教育经费系公共财政教育经费。以下相关表同。

3-5-2 各地区一般公共预算教育经费支出占一般公共预算支出比例

单位：%

地 区	2010	2015	2017	2018	2019	2020	2021	2022
全 国	**15.8**	**14.7**	**14.7**	**14.5**	**14.5**	**14.8**	**15.3**	**15.1**
北 京	18.6	14.8	14.0	13.7	15.2	15.9	15.8	15.5
天 津	16.4	14.4	13.3	14.4	13.1	14.0	15.0	17.4
河 北	19.3	17.8	18.8	17.5	18.2	17.5	18.3	18.9
山 西	17.7	17.5	16.5	15.6	14.7	14.3	15.4	14.6
内蒙古	15.5	12.2	12.1	11.7	11.8	12.1	12.1	11.5
辽 宁	14.6	13.6	13.4	12.3	12.3	12.3	12.0	11.9
吉 林	15.1	14.6	13.5	13.4	12.6	12.7	13.1	12.3
黑龙江	13.4	14.3	12.8	12.6	12.2	11.4	11.9	11.3
上 海	13.2	11.9	11.1	10.7	11.7	12.0	12.0	11.6
江 苏	17.9	18.0	18.6	17.5	17.5	17.7	17.2	17.1
浙 江	19.9	18.4	18.8	18.2	17.5	18.6	18.4	18.2
安 徽	16.9	16.4	16.3	16.9	16.5	16.9	17.3	17.0
福 建	22.4	18.7	18.0	19.1	19.0	19.7	20.4	21.0
江 西	16.2	17.8	18.3	18.5	17.7	18.3	18.5	18.1
山 东	18.7	20.5	20.4	19.8	20.1	20.3	20.4	21.4
河 南	19.8	16.9	17.5	17.6	17.5	17.8	17.8	17.3
湖 北	14.9	14.0	15.2	14.5	14.3	14.1	15.4	14.8
湖 南	16.4	16.0	15.8	15.8	15.9	16.2	17.1	17.0
广 东	19.1	15.9	16.8	17.8	18.6	20.2	20.8	20.8
广 西	19.3	19.4	18.6	17.5	17.2	17.1	19.0	19.4
海 南	18.5	16.7	15.3	14.7	14.7	15.3	15.4	14.6
重 庆	16.4	13.7	14.2	15.0	15.1	15.5	16.7	16.9
四 川	15.5	16.6	16.1	15.1	15.4	15.0	15.5	15.6
贵 州	18.8	19.5	19.7	19.6	17.9	18.8	20.1	19.7
云 南	19.4	16.1	17.3	17.6	15.8	16.6	17.3	17.3
西 藏	11.5	13.0	12.9	11.6	12.0	13.3	14.3	12.2
陕 西	16.7	17.1	16.8	16.1	16.5	16.7	17.0	15.6
甘 肃	17.6	16.9	17.2	15.7	16.1	16.0	16.4	16.4
青 海	13.1	10.8	12.2	12.1	11.8	11.3	12.4	11.7
宁 夏	14.7	12.2	12.1	11.8	12.5	14.0	13.9	13.5
新 疆	18.6	16.9	15.6	16.3	16.3	16.7	17.5	17.1

3-5-3　各地区幼儿园生均一般公共预算教育经费

单位：元

地　区	2017	2018	2019	2020	2021	2022
全　国	**6951.5**	**7671.8**	**8615.4**	**9410.8**	**9505.8**	**10198.4**
北　京	37101.6	44213.7	41612.7	42575.2	41021.8	37950.5
天　津	18774.9	22372.1	23736.5	22666.8	24044.0	22348.5
河　北	4773.3	5547.9	6690.8	7189.8	7099.7	7996.6
山　西	3741.4	4207.0	5162.0	5276.6	5738.3	6676.8
内蒙古	11506.6	11896.4	14037.9	14486.6	14152.8	16055.6
辽　宁	5000.6	5755.7	5759.3	5911.0	5489.1	6239.0
吉　林	8895.3	9157.5	10470.0	13235.6	10858.2	12000.0
黑龙江	7094.9	7291.5	8683.5	10648.4	9928.1	11060.3
上　海	24823.4	26984.5	30904.7	30942.8	32225.5	36105.8
江　苏	6409.7	7401.6	8414.6	10007.2	10453.6	11064.7
浙　江	11647.7	12953.0	14500.2	15516.3	16225.3	16961.7
安　徽	4852.9	5769.0	6788.4	7581.2	7861.3	8507.6
福　建	7471.1	8137.8	8879.3	8882.0	8782.7	9979.5
江　西	7950.1	9163.1	10280.1	10281.0	9809.6	10544.2
山　东	3859.6	4434.0	4874.3	5411.3	5795.8	6487.2
河　南	2692.3	3269.5	3788.5	4472.8	3901.1	4438.7
湖　北	5140.7	5574.1	6637.9	7126.5	7925.8	8188.4
湖　南	3819.1	4265.5	5397.3	5170.0	5237.3	5681.7
广　东	4079.0	4600.7	6039.6	9521.4	9598.5	10228.8
广　西	3511.8	3813.8	4618.7	4204.5	4123.0	4354.6
海　南	13619.3	14976.1	16956.7	18926.2	13928.4	14331.9
重　庆	4854.5	6261.2	7985.2	8372.5	8512.2	7677.1
四　川	6982.7	6628.3	7977.9	8895.4	8726.5	9345.9
贵　州	6162.1	7992.6	8162.2	9101.4	9289.9	9667.5
云　南	5927.3	6840.4	6840.9	7353.1	6965.6	7000.6
西　藏	28043.9	25101.0	23753.5	25298.3	26460.1	27901.2
陕　西	9580.7	10711.5	12170.0	12844.4	13302.6	13367.8
甘　肃	6983.1	7571.4	8649.8	9694.8	9708.7	10434.9
青　海	9750.6	8391.2	9468.7	8479.6	8851.8	8929.6
宁　夏	9118.8	8089.9	9616.6	10990.7	9211.2	9666.3
新　疆	12156.8	8888.3	8330.5	9091.5	11213.9	14905.4

3-5-4 各地区普通小学生均一般公共预算教育经费

单位：元

地 区	2017	2018	2019	2020	2021	2022
全 国	**10911.2**	**11328.1**	**11949.1**	**12330.6**	**12380.7**	**12791.6**
北 京	32559.0	34056.7	37292.9	35411.7	35473.6	35896.9
天 津	20303.4	20497.5	20613.1	18850.8	20520.0	19654.5
河 北	8269.7	8829.1	9443.9	9769.7	9719.0	10557.5
山 西	10692.9	11139.3	11207.9	11382.6	11412.1	12597.0
内蒙古	14304.6	14302.6	14809.8	15208.5	14627.7	15731.4
辽 宁	11046.4	10603.3	11258.4	12229.9	11418.1	11546.5
吉 林	14796.4	14404.5	14256.6	15483.1	14762.6	14853.1
黑龙江	14680.1	14446.6	14990.5	15446.6	14999.6	15534.3
上 海	27276.8	28044.1	30463.0	30765.9	30841.6	32010.0
江 苏	14284.5	13622.1	14229.5	15257.9	15420.1	15497.6
浙 江	15182.6	16370.0	17593.1	18715.9	19607.1	20263.1
安 徽	9666.9	10419.1	11167.9	11428.2	11163.7	11413.7
福 建	10708.6	11007.3	11192.6	11227.5	11267.8	12317.5
江 西	8969.9	9687.6	10455.9	10970.3	11172.7	11696.4
山 东	9941.6	10124.9	10512.2	10838.6	11074.0	11898.8
河 南	6138.4	6801.8	7423.5	7665.5	7099.1	7339.5
湖 北	11049.9	10597.8	11039.6	11426.3	11493.6	11696.2
湖 南	8788.9	8999.3	9474.0	9810.4	10257.5	10843.5
广 东	12275.3	12964.6	14234.7	14654.7	14903.4	14942.7
广 西	8305.0	8363.6	8661.8	8886.3	8879.2	8904.8
海 南	11739.9	12815.2	13309.8	13159.6	12838.8	12878.2
重 庆	11189.7	12300.6	12993.0	13307.0	13734.2	14043.5
四 川	10206.0	10682.8	11128.9	11588.7	11777.3	12237.3
贵 州	10337.0	10842.9	11302.9	11230.2	11098.3	11168.6
云 南	11006.0	12088.7	11707.3	12003.2	11930.4	11908.7
西 藏	28789.3	29614.0	30341.2	30080.9	30736.4	32704.2
陕 西	11742.3	12000.4	12961.8	13245.5	13495.2	13418.1
甘 肃	11523.8	11592.8	12070.5	12697.2	12278.3	12637.5
青 海	14879.3	15549.9	16313.9	15646.9	15653.5	15675.9
宁 夏	10362.2	10848.0	11179.7	12578.2	11669.9	12441.7
新 疆	12316.8	12962.3	13221.4	13259.3	13148.6	13164.9

3-5-5 各地区普通初中生均一般公共预算教育经费

单位：元

地 区	2017	2018	2019	2020	2021	2022
全 国	**15739.9**	**16494.4**	**17319.0**	**17803.6**	**17772.1**	**18152.0**
北 京	61194.4	64382.3	66366.0	63603.3	64124.5	62215.0
天 津	33643.2	33842.2	34119.3	30806.7	31623.1	28877.2
河 北	12102.8	12621.5	13532.1	13806.5	13870.1	14666.5
山 西	14136.8	15401.4	15673.8	16600.2	16624.4	18092.5
内蒙古	17844.9	18252.3	18692.3	19239.9	19026.2	20600.5
辽 宁	15385.0	15701.3	16731.9	17686.4	16411.9	17594.2
吉 林	19211.8	18397.7	18527.1	19796.8	18999.7	19239.5
黑龙江	16696.5	16506.8	17040.3	17572.5	17147.6	17748.1
上 海	39997.1	43477.8	45751.0	45036.5	45043.4	45055.8
江 苏	24493.7	23633.6	24079.5	25071.5	24498.4	23603.9
浙 江	22357.1	24024.8	25749.0	27258.2	28221.7	29204.7
安 徽	14582.4	16214.8	17306.3	17415.9	17427.4	17745.1
福 建	17420.2	18284.0	18285.6	18390.5	18140.6	19342.7
江 西	12017.3	12945.4	13756.4	14196.3	14538.6	14995.2
山 东	16564.1	16865.7	17162.7	17833.1	17645.3	18364.6
河 南	9613.5	10674.3	11326.3	11575.7	10436.8	10541.8
湖 北	18713.8	17439.1	18201.6	18547.6	18292.7	18334.7
湖 南	13398.1	13618.1	13903.6	14633.8	15170.2	16099.5
广 东	17610.2	19562.3	21688.0	21708.6	22141.4	21955.1
广 西	10714.0	10874.7	11302.9	11597.5	11518.9	11637.4
海 南	16472.1	17904.7	18944.7	18760.3	18512.8	18559.0
重 庆	15642.4	16802.0	17521.3	17612.7	17764.6	17862.6
四 川	14132.0	14552.2	14972.1	15485.8	15612.1	16255.2
贵 州	11715.3	13021.6	13622.5	14394.9	14504.4	14656.9
云 南	13191.2	14487.4	14284.7	15081.8	15062.3	14879.2
西 藏	30494.5	32803.4	36912.6	35391.0	35424.6	38904.4
陕 西	16147.0	17230.4	19728.1	19865.4	19865.1	19899.1
甘 肃	13445.1	14273.6	15143.8	15812.0	15530.4	16185.4
青 海	18986.1	19469.2	20466.5	19603.2	19996.2	20656.8
宁 夏	14446.5	14781.1	15024.6	16563.2	16035.8	16727.0
新 疆	19569.8	20368.5	21949.8	21540.4	20926.9	20916.3

3-5-6 各地区普通高中生均一般公共预算教育经费

单位：元

地 区	2017	2018	2019	2020	2021	2022
全 国	**15138.5**	**16446.7**	**17821.2**	**18671.8**	**18808.7**	**19117.9**
北 京	72059.4	75612.2	79584.1	78176.5	72612.5	67497.6
天 津	35350.8	36951.7	37151.6	31045.2	32285.6	29029.8
河 北	12723.6	13589.3	15938.1	16258.2	15466.9	15975.6
山 西	12597.4	15020.1	16185.9	17212.8	17380.6	18223.0
内蒙古	15770.7	17206.0	20147.9	22050.1	20833.2	22570.9
辽 宁	13074.5	14040.0	15479.4	16340.6	14765.1	15704.1
吉 林	12857.6	13438.8	14277.0	15224.3	12915.2	13128.5
黑龙江	12640.3	12899.6	13432.6	13776.9	13085.3	13673.1
上 海	53798.9	56313.9	58776.9	58846.5	58864.1	58877.1
江 苏	27039.7	28948.8	29991.1	30964.7	30204.8	28349.2
浙 江	25724.7	29489.6	31748.1	33189.0	34135.6	35003.8
安 徽	12057.0	13374.7	14701.9	15241.3	16133.9	16599.2
福 建	16252.3	18535.7	18502.6	18833.7	18086.5	20081.3
江 西	12782.4	13970.8	14852.7	14943.2	15319.3	15495.6
山 东	14708.2	15946.5	16747.4	18285.3	18474.5	20212.8
河 南	8848.2	10047.7	11465.9	12360.0	11199.4	11944.6
湖 北	16630.5	17672.4	20066.2	19001.1	19086.6	18692.4
湖 南	12901.3	13443.8	14776.8	15588.3	16024.7	17010.0
广 东	16720.0	19149.2	21657.9	23769.1	27327.8	25436.5
广 西	11203.6	10976.9	11903.0	11217.2	11435.1	11596.1
海 南	18500.3	19367.3	19628.0	20219.3	19658.0	19728.4
重 庆	13870.9	15048.8	15370.4	16132.2	16567.7	16584.2
四 川	11694.9	12488.6	13448.2	14104.1	14514.9	15505.0
贵 州	11728.1	14061.3	14773.8	14346.1	15360.0	15402.6
云 南	13389.8	14123.1	14514.6	18449.4	15991.6	15227.0
西 藏	48139.2	33786.1	41728.4	42357.2	42418.2	39420.4
陕 西	14455.0	16350.0	17941.7	19532.8	19003.7	19357.7
甘 肃	12036.4	12618.9	14567.1	15960.9	15724.4	16775.2
青 海	18174.7	19995.4	23378.9	21719.0	21855.4	22088.0
宁 夏	14556.9	14302.1	14595.1	16757.8	15833.0	16495.0
新 疆	15535.1	16993.1	18376.7	19133.3	20118.5	20325.3

3-5-7 各地区中等职业学校生均一般公共预算教育经费

单位：元

地 区	2017	2018	2019	2020	2021	2022
全 国	**15112.4**	**16305.9**	**17282.4**	**17446.9**	**17095.3**	**17461.5**
北 京	57664.9	57992.2	69775.7	71693.5	72116.0	71796.7
天 津	25193.3	25528.3	26011.9	22510.4	25075.9	25619.5
河 北	16036.4	17388.1	18861.9	17171.1	16220.5	16739.1
山 西	15625.2	17959.7	18460.9	18515.1	16989.3	17786.3
内蒙古	18516.9	20117.9	21666.3	23498.7	23563.2	22191.7
辽 宁	13677.3	15069.3	17407.2	18122.0	16081.6	17569.0
吉 林	27871.9	27971.3	27264.5	27275.6	22036.5	22080.3
黑龙江	17549.9	18431.1	20333.3	21682.9	21307.4	21950.7
上 海	52278.2	56146.0	60507.9	62184.5	62202.8	62283.5
江 苏	17778.2	19034.1	20131.5	21723.0	21102.9	20314.5
浙 江	22500.5	24879.7	26260.3	27006.2	27749.3	29244.9
安 徽	13123.3	14839.2	15609.7	15764.0	14888.5	15655.9
福 建	19620.7	20718.5	20530.2	19852.4	18592.1	19562.5
江 西	11522.2	14376.9	14683.3	15840.6	14599.5	15179.8
山 东	16787.4	18182.7	19023.0	19664.0	18924.7	20027.0
河 南	9389.6	10249.3	10233.6	9937.7	9086.8	9632.0
湖 北	16551.5	15992.3	15489.4	16199.2	15802.7	15876.9
湖 南	11464.1	12380.6	13904.0	13930.0	14836.4	15576.2
广 东	15994.3	17961.8	19872.4	20377.7	20743.5	20227.9
广 西	10656.3	10672.0	11446.3	10722.4	10918.9	10707.7
海 南	13893.8	14623.7	15436.3	13499.7	13253.9	12472.1
重 庆	11612.0	13268.3	14036.6	14245.8	14784.3	14800.7
四 川	11402.2	12402.0	13759.4	13787.0	13660.8	13838.8
贵 州	7771.0	7635.9	8846.2	9053.9	8789.8	8579.2
云 南	11752.7	12670.7	12608.5	12794.2	13268.8	12536.8
西 藏	58058.2	53705.7	48928.4	59486.2	41306.5	39013.9
陕 西	10967.9	12861.5	13764.5	14426.4	14117.7	14933.0
甘 肃	15354.1	18710.1	18496.1	18502.2	18217.2	18440.8
青 海	18758.9	15715.0	21444.8	19246.0	18585.1	20391.5
宁 夏	15229.5	15938.5	15981.8	18099.8	15365.7	18670.7
新 疆	14758.1	14707.3	15908.4	15861.9	17672.4	19875.5

4 劳有所得

4-1-1　各地区登记求职人次数

单位：万人次

地　区	2010	2015	2018	2019	2020	2021	2022	2023
全　国	**5388.5**	**4044.6**	**3888.9**	**3365.4**	**3187.9**	**3611.2**	**3648.4**	**7384.1**
北　京	33.5	7.7	5.9	3.3	14.9	29.7	24.5	28.3
天　津	153.0	101.1	98.8	25.0	62.8	65.0	187.6	122.9
河　北	161.8	114.8	104.2	98.8	72.0	142.2	158.3	156.6
山　西	146.6	138.4	115.8	107.2	119.2	124.8	201.6	139.2
内蒙古	90.7	39.8	32.0	26.3	32.3	43.3	66.6	77.1
辽　宁	440.7	204.1	163.8	149.3	102.4	112.0	99.7	110.1
吉　林	98.1	63.4	47.9	30.2	30.0	19.5	34.1	49.2
黑龙江	145.9	126.1	98.2	85.5	95.6	121.3	129.1	142.1
上　海	181.1	59.1	95.9	91.6	78.9	39.8	80.3	72.9
江　苏	502.8	587.9	576.7	496.2	417.1	380.3	385.0	900.1
浙　江	299.1	286.0	244.2	224.4	212.6	200.3	162.7	2129.1
安　徽	166.7	169.2	191.7	179.0	169.9	169.9	196.8	212.3
福　建	307.5	188.5	397.3	163.0	84.8	120.5	93.3	94.2
江　西	116.2	102.9	75.3	69.4	72.0	77.5	94.7	215.4
山　东	236.3	207.8	190.8	184.3	171.0	590.1	297.1	608.4
河　南	117.6	120.2	143.3	190.8	126.2	161.2	188.2	252.7
湖　北	190.6	137.4	118.1	114.1	108.7	103.3	107.6	175.3
湖　南	188.7	164.5	140.0	176.2	240.8	245.8	189.7	198.5
广　东	730.7	397.1	323.3	322.8	210.7	230.3	245.1	425.7
广　西	168.6	194.1	126.8	120.6	120.9	76.4	80.3	138.0
海　南	38.6	14.1	26.2	9.8	7.3	13.6	26.9	18.3
重　庆	80.0	83.1	49.2	48.2	62.3	56.7	53.1	73.6
四　川	138.0	104.1	117.1	110.3	107.9	99.2	111.8	408.3
贵　州	53.1	98.8	47.2	51.5	56.2	80.3	111.2	143.6
云　南	61.8	56.0	63.8	80.8	67.1	97.9	65.7	83.9
西　藏	4.0	4.7	104.2	4.2	3.4	2.2	4.1	10.4
陕　西	280.8	134.1	57.6	62.8	126.3	79.6	114.9	235.7
甘　肃	41.8	39.5	34.2	48.4	54.9	45.6	49.9	78.6
青　海	55.1	37.3	27.7	28.2	21.8	23.7	21.9	8.8
宁　夏	95.5	14.4	5.0	4.3	4.0	4.3	6.4	10.7
新　疆	51.1	48.5	66.7	59.0	133.9	54.9	60.4	64.2

注：2016年及以前，登记求职人次数包括城镇登记失业人员、应届高校毕业生、农村劳动者及其他。2017年起，登记求职人次数包括建档立卡贫困人员、应届高校毕业生、农村转移劳动者及其他。

4-1-2 各地区接受职业指导人次数

单位：万人次

地 区	2010	2015	2018	2019	2020	2021	2022	2023
全 国	**2486.5**	**1662.2**	**1828.5**	**1748.0**	**1949.3**	**2498.2**	**2807.4**	**3357.8**
北 京	77.8	30.3	5.5	5.6	101.6	140.9	100.3	44.9
天 津	114.5	61.9	59.7	11.0	28.6	39.3	25.4	18.7
河 北	63.7	56.4	57.1	64.4	45.7	357.4	125.0	92.7
山 西	53.8	25.7	57.7	57.9	39.6	43.6	59.1	63.4
内蒙古	53.2	16.5	16.6	17.9	20.3	16.5	17.3	27.8
辽 宁	69.2	39.5	7.1	14.3	15.9	23.4	26.4	29.0
吉 林	58.5	36.2	31.4	17.3	19.2	10.4	15.0	12.5
黑龙江	71.2	55.2	52.7	58.4	159.2	242.9	363.6	420.2
上 海	7.8	10.0	2.4	2.4	1.5	1.3	2.4	27.9
江 苏	202.1	245.4	244.8	306.0	200.4	197.9	299.9	169.9
浙 江	133.4	139.6	129.4	130.9	117.9	74.1	60.0	104.1
安 徽	77.9	73.5	83.1	82.8	60.3	88.5	95.9	104.1
福 建	72.4	27.8	30.1	19.8	22.7	20.5	28.4	27.5
江 西	60.9	48.1	50.0	38.4	52.9	60.9	66.9	146.1
山 东	119.6	97.8	90.5	148.1	67.0	208.3	506.1	614.2
河 南	38.1	61.0	98.7	96.8	107.3	107.0	89.6	72.4
湖 北	123.9	82.7	98.1	95.3	89.2	86.2	91.2	150.4
湖 南	166.8	94.7	121.6	109.2	103.3	116.0	150.1	192.1
广 东	254.0	102.5	84.3	79.9	66.9	84.3	102.1	241.5
广 西	81.2	24.8	57.9	35.9	34.0	69.1	68.2	337.2
海 南	10.2	3.0	7.6	3.7	3.1	6.2	6.7	4.2
重 庆	72.2	62.8	47.5	43.5	54.2	65.0	90.9	86.1
四 川	124.6	72.0	95.0	83.0	102.8	84.7	76.5	96.2
贵 州	16.0	19.4	36.9	29.5	51.0	83.8	85.6	57.3
云 南	45.5	29.0	52.2	73.0	109.0	127.5	114.9	89.7
西 藏	4.7	5.1	57.1	4.1	2.2	2.1	2.2	3.3
陕 西	106.8	41.5	33.5	33.9	36.0	32.8	36.9	27.9
甘 肃	32.2	22.7	17.0	23.0	33.8	29.4	25.2	34.1
青 海	46.0	34.5	21.2	4.2	19.6	18.6	17.3	4.9
宁 夏	87.1	10.9	3.8	3.8	4.2	5.2	5.9	7.2
新 疆	34.6	31.7	78.1	53.9	179.8	54.6	52.4	50.3

4-1-3　各地区创业服务人次数

单位：万人次

地　区	2010	2015	2018	2019	2020	2021	2022	2023
全　国	**211.2**	**364.9**	**448.4**	**386.4**	**503.8**	**604.8**	**587.2**	**1714.0**
北　京	1.1	6.0	5.0	5.1	4.1	18.4	15.3	0.2
天　津	1.7	6.2	4.4	5.4	4.6	4.8	8.3	3.5
河　北	12.1	5.2	9.5	10.5	47.4	46.9	13.4	104.5
山　西	3.0	5.3	5.3	5.6	4.4	12.5	3.2	17.0
内蒙古	3.5	5.5	6.5	1.8	1.5	2.3	2.0	9.0
辽　宁	6.6	5.6	7.7	12.6	8.9	8.6	9.9	10.7
吉　林	10.3	4.1	4.8	3.5	2.6	2.4	2.9	4.1
黑龙江	3.5	5.3	6.9	9.6	11.8	13.5	12.6	10.8
上　海		9.8	9.3	6.7	12.3	8.2	9.0	16.1
江　苏	22.8	45.7	71.0	63.8	82.9	55.3	107.6	78.7
浙　江	6.5	18.3	28.8	28.1	30.4	23.5	22.5	43.9
安　徽	9.9	9.6	14.9	15.7	14.3	39.2	22.1	35.3
福　建	3.0	1.0	2.7	1.8	1.2	1.4	1.5	7.7
江　西	5.3	9.2	12.2	13.1	17.4	19.5	19.7	61.7
山　东	25.0	29.1	25.6	25.4	32.8	73.2	83.1	907.5
河　南	13.5	11.8	19.3	32.2	29.2	15.4	43.7	56.1
湖　北	9.5	14.3	15.7	13.4	19.7	49.2	30.6	64.2
湖　南	13.6	70.5	69.6	23.0	22.3	29.8	41.1	27.4
广　东	6.1	43.4	18.6	13.3	15.7	27.6	27.1	78.5
广　西	5.1	2.9	31.4	27.6	28.9	17.5	16.4	10.6
海　南	0.7	2.1	1.3	1.0	1.2	1.4	1.0	2.8
重　庆	9.6	4.9	6.3	8.0	0.4	9.7	0.3	28.7
四　川	12.6	13.6	19.2	15.0	23.1	27.7	23.7	41.5
贵　州	5.5	7.3	8.1	7.6	13.2	25.0	19.5	14.8
云　南	3.9	7.0	9.7	13.8	14.7	17.8	16.5	20.4
西　藏		0.2	9.5		0.6	0.2	0.1	1.5
陕　西	9.4	11.9	6.5	5.7	13.8	17.9	6.4	21.3
甘　肃	2.2	4.6	6.4	5.7	14.0	17.3	8.2	15.4
青　海	1.1	1.0	1.5	1.0	1.1	1.0	0.8	1.8
宁　夏	1.3	1.0	3.6	3.3	3.1	2.6	7.9	3.5
新　疆	2.4	2.7	7.2	7.2	26.3	15.2	10.5	14.8

4-2-1 各地区劳动人事争议仲裁结案数

单位：件

地 区	2010	2015	2018	2019	2020	2021	2022	2023
全 国	**635865**	**812461**	**884223**	**1068413**	**1100681**	**1256162**	**1466857**	**1641106**
北 京	71365	70933	90500	122237	111704	119998	127466	138952
天 津	15117	19392	23276	26582	27058	32002	29280	31487
河 北	15522	16895	19340	23695	21409	28909	32328	39810
山 西	6651	8528	8165	8765	9496	11705	14052	17132
内蒙古	4175	12019	12690	13927	15316	20391	21436	23036
辽 宁	22846	39085	33340	36752	29872	32647	36617	39113
吉 林	7544	6754	10078	10480	8847	8396	8267	12211
黑龙江	9033	11437	23205	35205	20529	28480	22116	27417
上 海	51533	66983	53642	64442	62783	58797	59778	76585
江 苏	57850	64455	79326	84873	93220	96842	106793	121526
浙 江	37441	51397	56826	63414	68749	74649	93262	99221
安 徽	7238	20991	28844	30085	30392	36093	43559	48025
福 建	13166	21615	24578	34006	30349	33832	42497	48951
江 西	12535	9728	10236	13031	15324	19132	21116	20457
山 东	39308	50072	62590	81583	88591	102836	113535	120560
河 南	18110	24639	23049	26632	24200	31168	35609	39992
湖 北	21018	27006	29474	33619	36062	40726	49752	54002
湖 南	14487	17774	18829	21886	26065	30597	38863	39794
广 东	105317	107128	117124	146532	168845	195615	254628	278056
广 西	12170	15930	15756	19149	24416	28023	36568	41100
海 南	3704	5030	4948	6196	7213	8359	12073	12901
重 庆	28348	39614	27805	33919	33242	35617	38455	42369
四 川	26321	45143	41599	45161	50764	65376	88764	104976
贵 州	9215	14088	14556	17802	20336	27016	32908	36174
云 南	4693	14000	15699	15097	18215	18977	24926	26436
西 藏	972	293	749	663	514	729	1049	1350
陕 西	7109	10605	15130	23527	27607	35425	45310	48510
甘 肃	3427	3115	5368	6623	7496	7755	9410	11663
青 海	541	1262	1235	1542	1675	1878	2304	3611
宁 夏	2215	4639	5747	7147	7340	8118	10305	12488
新 疆	6894	11911	10519	13841	13052	16074	13831	23201

4-3-1 各地区失业保险参保人数

单位：万人

地 区	2010	2015	2018	2019	2020	2021	2022	2023
全 国	**13375.6**	**17326.0**	**19643.5**	**20542.7**	**21689.5**	**22957.9**	**23806.6**	**24372.7**
北 京	774.2	1082.3	1240.7	1294.8	1318.4	1359.0	1391.4	1418.3
天 津	246.1	295.3	323.4	335.5	349.1	372.3	392.2	403.6
河 北	493.4	511.0	546.0	554.1	691.5	747.4	795.4	815.2
山 西	305.7	411.3	431.1	443.9	469.4	504.5	531.5	553.4
内蒙古	230.9	242.1	255.5	267.4	276.5	290.9	308.4	329.3
辽 宁	626.9	665.3	679.6	668.2	677.0	690.9	677.9	680.1
吉 林	245.1	261.2	269.5	273.6	270.7	278.0	281.1	282.7
黑龙江	472.9	312.8	318.0	324.0	326.1	329.5	332.2	333.2
上 海	556.2	641.8	977.2	984.9	987.6	1021.3	1014.7	1023.5
江 苏	1153.8	1490.9	1671.3	1794.2	1887.0	1967.0	2027.1	2040.9
浙 江	875.0	1260.2	1478.4	1561.7	1687.8	1793.5	1850.9	1886.0
安 徽	384.0	436.6	505.5	518.8	564.2	616.6	663.6	700.4
福 建	374.2	546.3	570.3	610.6	664.4	716.7	761.3	763.1
江 西	265.3	281.5	288.0	289.7	291.9	308.0	357.5	402.6
山 东	931.2	1203.8	1318.5	1366.0	1466.1	1542.7	1593.5	1615.8
河 南	696.7	783.3	819.9	837.3	885.9	1004.9	1092.7	1147.8
湖 北	469.7	528.4	590.8	619.5	651.3	698.7	735.6	752.9
湖 南	399.5	521.2	584.2	606.6	640.9	687.4	723.9	740.4
广 东	1627.3	2930.1	3361.7	3498.8	3603.4	3725.1	3751.1	3794.8
广 西	238.4	273.2	323.5	363.0	410.6	475.0	509.4	540.8
海 南	112.5	164.8	173.4	178.6	194.6	205.6	220.4	224.0
重 庆	237.4	439.5	489.8	515.0	548.5	598.3	614.2	625.2
四 川	464.7	661.0	875.1	953.5	1045.7	1128.9	1179.0	1191.3
贵 州	152.5	205.3	257.3	276.1	297.9	320.9	338.7	349.2
云 南	209.6	243.3	273.1	289.2	307.4	329.8	357.5	375.7
西 藏	9.3	11.4	17.7	25.3	26.7	29.6	31.0	36.2
陕 西	331.6	347.7	372.4	426.4	439.9	468.7	492.5	531.2
甘 肃	164.2	162.8	168.3	173.0	187.4	196.1	202.8	210.1
青 海	36.6	40.1	42.3	43.8	46.5	55.0	63.4	68.1
宁 夏	47.6	76.6	92.0	97.4	102.7	108.5	117.4	122.5
新 疆	242.9	294.9	328.8	352.1	372.4	387.2	398.1	414.6

4-3-2 各地区失业保险基金收入

单位：亿元

地区	2010	2015	2018	2019	2020	2021	2022	2023
全国	**649.8**	**1367.8**	**1171.1**	**1284.2**	**951.5**	**1459.6**	**1596.1**	**1807.3**
北京	30.0	81.7	104.7	102.0	75.3	122.8	144.6	158.6
天津	21.1	30.1	27.0	25.2	25.0	28.8	31.3	34.4
河北	27.6	42.9	32.5	34.3	26.9	44.4	49.0	54.9
山西	13.8	30.6	26.6	23.8	23.2	35.7	33.9	39.0
内蒙古	11.6	26.2	21.2	19.7	17.7	23.5	27.0	33.8
辽宁	39.3	49.2	37.9	42.6	36.6	42.0	44.4	50.9
吉林	12.0	27.1	19.1	18.7	12.8	24.5	22.2	26.5
黑龙江	13.8	29.8	18.0	21.3	17.2	23.6	23.5	22.9
上海	71.7	98.7	96.8	105.1	77.5	144.4	138.6	158.6
江苏	68.5	130.1	100.0	114.5	88.9	136.0	156.2	168.7
浙江	51.8	98.1	81.6	87.8	72.8	108.8	123.3	130.7
安徽	16.4	36.7	28.8	38.1	28.8	40.4	46.3	52.7
福建	11.6	34.5	22.8	24.6	18.7	30.8	37.6	38.3
江西	8.1	13.6	13.5	13.8	13.9	18.1	21.6	25.6
山东	43.0	71.6	74.1	82.1	58.3	104.3	108.9	124.7
河南	18.8	43.7	36.3	42.2	32.6	46.7	50.8	60.3
湖北	15.9	40.5	31.2	37.4	23.5	46.4	52.6	57.4
湖南	14.5	29.0	24.8	24.9	20.7	33.8	34.6	39.6
广东	32.3	155.2	121.9	158.0	80.6	116.1	134.8	173.1
广西	11.1	28.9	23.3	24.3	20.4	31.9	35.4	37.2
海南	3.7	6.5	7.1	8.2	6.6	10.0	11.0	12.8
重庆	9.2	28.1	19.6	24.1	17.6	28.1	32.6	34.9
四川	40.8	102.7	104.3	98.8	53.9	76.7	81.7	93.7
贵州	7.6	17.7	15.5	17.7	15.0	22.5	24.0	26.7
云南	8.2	23.9	17.7	21.0	17.9	25.5	27.1	29.2
西藏	1.4	2.6	2.6	2.8	3.9	4.2	4.3	5.2
陕西	16.6	25.8	22.8	25.5	23.8	30.9	37.4	44.1
甘肃	8.7	15.6	10.7	12.9	11.7	15.2	16.1	20.0
青海	2.7	6.1	4.4	4.0	3.8	9.7	6.0	7.7
宁夏	2.9	9.4	5.5	6.4	5.2	7.0	8.2	9.8
新疆	15.4	31.3	19.1	22.4	20.5	26.9	30.9	35.2

4-3-3 各地区失业保险基金支出

单位：亿元

地区	2010	2015	2018	2019	2020	2021	2022	2023
全国	**423.3**	**736.4**	**915.3**	**1333.2**	**2103.0**	**1500.0**	**2017.8**	**1485.2**
北京	25.1	42.8	72.2	92.7	159.1	150.6	153.6	158.3
天津	13.5	31.6	36.2	34.1	33.4	33.8	49.5	38.0
河北	23.5	27.9	20.2	24.7	41.1	35.1	67.1	35.9
山西	6.7	13.8	11.8	14.4	34.9	25.6	46.5	22.5
内蒙古	4.7	9.8	9.9	12.3	23.0	19.9	37.3	21.3
辽宁	16.3	18.2	35.5	36.8	110.1	84.0	69.6	72.1
吉林	5.8	7.9	11.0	15.8	39.7	29.8	33.1	20.3
黑龙江	16.4	16.7	14.1	24.5	37.4	22.7	23.4	13.5
上海	60.7	85.6	123.4	127.1	141.8	121.4	102.8	116.6
江苏	37.4	76.1	102.1	115.7	189.0	137.2	166.0	160.5
浙江	23.4	61.4	59.1	187.0	154.3	76.0	188.5	99.5
安徽	9.6	22.9	22.9	51.2	39.8	26.5	52.2	41.0
福建	5.6	11.1	16.4	20.0	66.9	45.1	36.7	37.3
江西	4.7	4.2	4.0	6.6	21.1	20.5	27.6	15.4
山东	31.3	57.3	64.5	77.7	134.0	102.4	104.9	99.4
河南	14.8	18.6	20.7	48.5	90.6	64.6	40.5	34.1
湖北	8.4	13.7	21.2	25.7	53.4	70.5	43.5	42.7
湖南	7.5	12.7	14.7	15.9	36.1	28.4	42.2	32.1
广东	31.0	36.3	73.1	112.6	238.6	150.3	393.6	160.0
广西	6.3	12.8	16.3	20.7	47.8	28.0	40.1	30.9
海南	1.8	4.0	5.6	7.4	14.2	11.6	17.8	11.0
重庆	4.9	14.9	15.0	57.2	46.5	18.9	35.6	37.4
四川	17.0	59.5	80.8	102.9	134.4	71.8	69.8	69.2
贵州	5.3	8.5	10.7	12.2	24.5	24.5	30.4	21.1
云南	6.5	13.6	11.1	13.2	40.6	28.0	31.8	26.5
西藏	0.8	0.1	0.3	0.5	0.5	0.9	3.1	0.7
陕西	11.8	10.5	14.2	42.1	90.7	30.1	33.6	26.5
甘肃	7.5	5.0	5.7	8.0	17.6	11.3	19.1	6.1
青海	1.0	4.0	3.6	5.0	9.3	2.4	6.1	3.1
宁夏	1.1	5.1	3.0	4.8	10.3	11.4	8.1	7.3
新疆	13.0	29.8	16.2	15.8	22.3	17.0	43.8	24.8

4-3-4 各地区工伤保险参保人数

单位：万人

地 区	2010	2015	2018	2019	2020	2021	2022	2023
全 国	**16160.7**	**21432.5**	**23874.4**	**25478.4**	**26763.4**	**28286.5**	**29116.6**	**30173.6**
北 京	823.8	1020.1	1187.0	1242.2	1267.2	1307.2	1337.0	1366.9
天 津	304.5	385.6	398.5	400.2	405.6	408.4	410.5	412.8
河 北	594.4	809.7	880.3	951.4	1069.4	1084.7	1105.9	1153.5
山 西	292.4	573.1	596.6	624.2	629.5	640.1	664.4	669.6
内蒙古	207.5	297.1	325.5	338.2	336.0	338.2	349.9	361.8
辽 宁	730.0	918.6	841.1	816.8	807.1	807.9	810.3	812.4
吉 林	300.5	435.6	441.4	445.9	384.5	392.4	394.5	351.0
黑龙江	415.1	512.0	520.1	464.1	442.6	444.4	448.8	456.0
上 海	961.0	932.9	972.9	1084.1	1082.2	1097.3	1072.0	1188.2
江 苏	1205.5	1594.1	1777.5	2016.3	2130.8	2340.6	2401.0	2426.1
浙 江	1475.1	1930.1	2087.8	2257.4	2546.1	2741.6	2766.7	2792.4
安 徽	351.1	528.9	603.5	639.1	683.9	718.0	818.1	920.9
福 建	417.7	691.0	853.9	891.1	936.8	984.4	1040.0	1064.6
江 西	371.7	500.6	534.6	539.4	558.0	563.5	558.0	593.4
山 东	1211.2	1473.5	1633.0	1710.7	1822.1	1921.9	2020.8	2045.6
河 南	551.7	856.7	926.3	966.2	1000.0	1045.4	1068.1	1128.2
湖 北	444.0	640.1	675.6	717.6	745.8	828.3	872.9	912.0
湖 南	516.0	778.0	793.8	807.6	820.5	853.8	895.5	994.7
广 东	2657.8	3122.7	3592.5	3815.8	3866.7	4068.6	4083.4	4270.3
广 西	235.7	360.5	412.6	442.2	485.6	551.3	601.3	637.0
海 南	95.8	131.5	152.9	159.6	170.1	184.9	194.5	196.6
重 庆	266.0	428.5	577.1	661.7	729.9	765.7	752.8	754.7
四 川	583.8	753.2	1012.6	1177.1	1320.1	1472.1	1544.8	1584.8
贵 州	162.2	290.2	355.8	408.5	463.8	529.9	593.8	626.1
云 南	227.4	368.1	403.3	438.5	498.8	541.9	575.7	606.6
西 藏	8.8	26.9	35.7	36.8	40.2	49.6	51.5	67.7
陕 西	278.6	427.3	528.0	577.4	604.2	629.6	652.4	696.8
甘 肃	130.1	182.6	219.4	244.1	264.6	278.7	287.2	297.4
青 海	43.2	58.0	69.2	74.0	85.9	95.9	111.7	117.6
宁 夏	48.9	80.8	93.3	119.6	132.6	143.8	147.3	148.5
新 疆	249.3	324.4	372.4	410.2	432.8	456.1	485.5	519.4

4-3-5 各地区工伤保险基金收入

单位：亿元

地 区	2010	2015	2018	2019	2020	2021	2022	2023
全 国	**284.9**	**754.2**	**913.0**	**819.4**	**486.3**	**951.9**	**1053.3**	**1211.6**
北 京	13.0	32.9	40.2	45.1	21.3	46.8	54.2	66.7
天 津	5.9	11.3	14.3	12.6	5.9	15.3	15.7	17.6
河 北	16.1	37.8	54.2	56.5	31.3	62.1	62.9	68.0
山 西	12.9	32.9	38.4	38.2	23.0	45.2	49.5	51.6
内蒙古	5.4	13.9	14.6	12.2	7.9	11.6	13.4	17.6
辽 宁	15.4	27.8	38.1	39.6	23.8	44.3	43.7	48.2
吉 林	4.6	18.6	13.0	11.7	7.2	12.9	8.9	8.8
黑龙江	11.6	22.3	24.9	26.9	20.4	32.2	27.4	27.4
上 海	12.9	36.3	31.7	33.6	19.4	42.8	45.6	54.9
江 苏	18.7	79.1	80.9	72.1	36.0	88.2	102.8	111.6
浙 江	22.0	56.8	66.4	59.3	38.8	75.3	91.9	104.8
安 徽	6.0	21.6	24.0	17.7	15.1	24.7	33.1	39.5
福 建	5.9	19.4	20.2	19.8	10.4	27.8	30.2	35.5
江 西	4.6	18.5	24.6	19.0	15.2	19.1	17.5	19.3
山 东	20.5	51.0	64.1	56.9	29.9	61.1	72.8	86.2
河 南	10.2	22.9	29.7	26.0	16.1	33.5	34.9	40.9
湖 北	5.1	17.7	26.7	14.9	9.1	19.8	21.2	23.9
湖 南	10.7	34.0	55.9	46.2	31.1	47.6	47.0	51.3
广 东	30.4	68.9	72.9	52.3	29.3	51.1	67.0	95.7
广 西	3.4	9.3	16.0	10.1	6.8	12.1	13.4	14.2
海 南	0.9	2.8	3.4	2.6	1.7	3.7	3.7	4.3
重 庆	7.1	17.6	21.5	24.5	12.3	28.0	30.5	35.9
四 川	12.4	30.6	41.9	39.0	23.4	45.3	50.4	51.9
贵 州	6.4	14.2	16.0	14.9	9.3	22.1	25.3	27.4
云 南	5.8	13.5	17.5	13.4	9.1	18.2	19.6	22.6
西 藏	0.3	1.4	1.9	1.7	1.5	2.2	2.2	3.8
陕 西	5.8	11.9	21.8	18.2	10.9	22.5	26.2	31.9
甘 肃	2.9	7.8	12.3	10.2	6.5	12.1	13.1	14.5
青 海	1.6	3.4	4.8	4.5	2.3	2.8	2.6	3.1
宁 夏	1.4	4.0	5.6	4.9	2.6	4.8	5.8	6.5
新 疆	4.8	13.9	15.2	14.9	8.8	16.6	20.8	26.2

4-3-6 各地区工伤保险基金支出

单位：亿元

地 区	2010	2015	2018	2019	2020	2021	2022	2023
全 国	**192.4**	**598.7**	**742.0**	**816.9**	**820.3**	**990.2**	**1025.0**	**1236.7**
北 京	10.7	26.5	36.5	39.1	37.9	51.3	53.2	60.3
天 津	4.7	10.6	11.7	12.3	12.1	14.1	13.9	15.6
河 北	13.3	34.1	44.5	49.0	48.2	51.1	50.5	55.5
山 西	8.0	27.7	38.7	41.5	39.3	50.1	49.4	50.6
内蒙古	2.9	8.6	11.4	11.8	13.2	15.1	13.2	20.6
辽 宁	10.4	30.1	32.7	33.5	32.6	34.4	36.1	41.1
吉 林	3.9	10.4	11.6	13.6	9.6	12.2	12.1	12.8
黑龙江	9.2	21.3	26.1	26.4	23.0	28.9	25.9	26.8
上 海	5.2	31.2	34.6	37.1	37.4	44.2	39.2	57.9
江 苏	13.9	61.1	66.9	74.4	76.2	88.4	97.5	119.1
浙 江	14.1	43.1	55.8	62.9	62.3	81.4	92.7	115.7
安 徽	3.6	16.2	20.6	22.8	24.6	29.4	33.6	40.0
福 建	2.9	13.0	18.6	20.9	24.2	28.9	33.0	39.0
江 西	2.4	10.8	15.7	16.1	16.8	19.3	20.0	24.4
山 东	15.1	38.4	47.8	53.8	55.8	65.1	63.6	75.3
河 南	5.8	20.7	25.5	26.1	25.7	32.2	29.4	33.9
湖 北	2.8	13.3	17.4	18.1	18.6	22.4	21.8	29.7
湖 南	8.4	28.0	35.2	40.5	39.6	48.1	50.4	55.2
广 东	19.8	44.7	60.1	65.7	72.0	92.4	105.5	130.2
广 西	1.6	4.7	6.9	8.5	9.9	12.4	12.2	15.0
海 南	0.5	1.4	1.7	2.3	2.0	2.6	2.7	3.3
重 庆	6.2	19.8	20.0	20.3	20.2	25.2	24.2	27.8
四 川	8.5	23.3	30.2	34.1	34.3	45.3	47.4	59.3
贵 州	5.0	11.5	14.7	17.8	17.9	20.2	20.6	24.0
云 南	4.4	12.1	13.2	17.4	16.0	18.5	19.9	22.8
西 藏	0.1	0.6	0.8	1.2	1.3	1.8	1.1	2.0
陕 西	2.6	11.8	14.4	17.0	16.8	19.0	22.4	29.8
甘 肃	1.7	6.4	8.1	9.3	9.3	9.9	8.7	12.3
青 海	0.9	2.3	2.8	2.9	3.7	3.5	3.3	4.6
宁 夏	0.8	3.4	4.7	4.9	5.1	5.0	5.7	7.5
新 疆	3.3	11.4	13.3	15.6	14.7	17.7	15.9	24.6

4-3-7 各地区享受工伤保险待遇人数

单位：万人

地 区	2010	2015	2018	2019	2020	2021	2022	2023
全 国	**147.5**	**201.9**	**198.5**	**194.4**	**187.6**	**206.2**	**203.7**	**221.9**
北 京	4.4	4.7	4.4	4.4	3.9	4.6	4.6	3.7
天 津	4.1	3.4	3.7	4.0	3.8	4.1	4.1	4.1
河 北	7.5	9.6	10.3	10.0	9.7	9.9	9.5	9.8
山 西	4.9	10.1	6.8	7.4	7.6	8.2	8.2	7.9
内蒙古	1.8	2.4	2.4	2.4	3.3	2.5	2.3	3.0
辽 宁	10.0	13.8	13.7	13.1	12.9	12.1	11.4	13.1
吉 林	3.7	11.3	3.9	3.9	6.4	5.9	5.6	4.9
黑龙江	6.2	6.5	6.9	5.9	4.6	4.4	3.2	3.4
上 海	1.7	7.0	6.5	6.4	5.7	6.2	5.3	6.8
江 苏	9.8	14.7	14.8	15.1	14.7	16.4	18.1	19.6
浙 江	20.2	20.4	21.6	22.2	17.2	19.3	20.3	21.8
安 徽	4.4	8.3	11.3	7.0	6.8	7.4	6.9	7.5
福 建	2.4	3.9	4.7	4.8	4.8	5.1	5.2	5.6
江 西	2.7	4.6	5.2	4.2	4.7	5.1	4.8	5.2
山 东	10.2	11.1	11.4	11.9	12.4	13.8	13.6	15.2
河 南	3.0	5.0	5.6	4.6	4.7	6.9	6.7	7.0
湖 北	3.1	4.9	5.3	5.2	4.5	5.4	5.6	6.8
湖 南	7.4	9.3	13.2	13.4	12.3	15.3	14.4	14.4
广 东	14.7	16.8	14.5	15.6	14.7	17.1	18.9	22.4
广 西	1.4	1.9	1.7	1.8	2.0	2.2	2.1	2.2
海 南	0.3	0.3	0.4	0.4	0.4	0.4	0.4	0.5
重 庆	5.6	7.5	6.4	6.2	6.0	7.3	6.3	6.7
四 川	6.0	7.9	8.2	8.6	7.9	8.9	8.8	10.0
贵 州	1.9	2.8	2.4	2.6	3.4	4.2	3.8	4.3
云 南	4.6	4.3	4.3	4.9	4.9	4.1	4.0	4.3
西 藏		0.1	0.1	0.1	0.1	0.1	0.1	0.2
陕 西	1.6	3.0	3.1	3.0	3.2	3.9	3.8	4.6
甘 肃	1.1	2.3	2.0	1.5	1.5	1.6	1.7	2.1
青 海	0.5	0.5	0.5	0.5	0.7	0.6	0.5	0.7
宁 夏	0.3	0.6	0.6	0.6	0.6	0.6	1.1	1.3
新 疆	2.0	2.9	2.4	2.6	2.1	2.3	2.2	3.0

5 病有所医

5-1-1 全国公共卫生服务情况

年 份	专业公共卫生机构人员数(万人)	甲乙类法定报告传染病发病率(1/10万)	人均预期寿命(岁)	居民健康素养水平(%)
2000		192.6	71.4	
2001		191.1		
2002		182.3		
2003		192.2		
2004		244.7		
2005	53.2	268.3	73.0	
2006	53.5	266.8		
2007	55.8	272.4		
2008	58.0	268.0		6.48
2009	59.9	263.5		
2010	62.5	238.7	74.8	
2011	64.1	241.4		
2012	66.7	238.8		8.80
2013	82.6	225.8		9.48
2014	87.5	227.0		9.79
2015	87.7	223.6	76.3	10.25
2016	87.1	215.7	76.5	11.58
2017	87.2	222.1	76.7	14.18
2018	88.3	220.5	77.0	17.06
2019	89.7	220.0	77.3	19.17
2020	92.5	190.4	77.9	23.15
2021	95.8	193.5	78.2	25.40
2022	97.9	172.4		27.78
2023	100.6	198.2	78.6	29.70

注：1.2010年起，专业公共卫生机构人员包括计划生育技术服务机构人员。
2.2000年、2010年、2020年人均预期寿命为人口普查数；2005年、2015年为1%人口抽样调查数；其他年份根据生命登记及人口普查数估算。

5-1-2 各地区专业公共卫生机构人员数

单位：人

地 区	2010	2015	2018	2019	2020	2021	2022	2023
全 国	**534181**	**876848**	**882671**	**896554**	**924944**	**958156**	**978929**	**1005842**
北 京	10282	14868	15368	15676	15974	16160	16693	16912
天 津	4812	6016	5728	6328	6485	6811	6810	7004
河 北	30141	39792	40141	41515	43397	46118	47418	50948
山 西	17479	19076	24419	21913	22138	22772	22506	23083
内蒙古	15216	19025	18999	19769	20055	20308	21734	23403
辽 宁	16837	22633	18610	14702	15039	18362	19279	20072
吉 林	13524	16010	16184	16103	16084	16307	16344	16092
黑龙江	16960	25030	23098	20842	20832	21489	21215	21316
上 海	7164	11866	12588	12876	13627	14008	14562	14988
江 苏	18832	37295	35699	35836	37831	43289	42179	43139
浙 江	20547	28807	31844	35720	36589	38894	40157	41314
安 徽	14587	25881	21221	21887	23323	24920	30743	33028
福 建	11768	24810	20779	21165	23649	25636	26436	29924
江 西	16614	27685	30755	32372	34315	35360	36635	39320
山 东	33177	63841	64772	67845	69543	71374	72685	74256
河 南	45639	81342	76626	72955	73960	75483	77596	78317
湖 北	22764	37959	40694	41370	41428	43388	44114	45861
湖 南	27377	53123	48468	50601	49153	46807	47752	49196
广 东	41663	73483	81735	84470	85406	86868	91712	89987
广 西	24482	50255	50786	50233	50808	49219	50041	49106
海 南	3585	6549	7643	6838	7537	7960	8457	8973
重 庆	7492	11759	13999	14457	15179	16247	17054	17478
四 川	27861	42577	45460	48576	50785	53099	55117	56012
贵 州	9921	18677	21140	22574	24459	28043	30409	30553
云 南	16318	25581	28626	32426	35430	37829	38938	40168
西 藏	1598	1761	1804	1842	1882	2337	2294	2489
陕 西	18199	33783	30032	30992	35575	30814	31188	31471
甘 肃	11084	24510	21755	21334	20581	21636	22372	23274
青 海	3038	3297	3689	3735	3769	3908	3963	4088
宁 夏	3283	4323	5105	5232	5643	6006	6160	6180
新 疆	11937	15234	14904	14370	14468	16704	16366	17890

注：1.2010年人员数仅包括疾病预防控制中心、卫生监督所(中心)和妇幼保健院(所、站)机构人员。
2.全国数包括公务员中取得“卫生监督员”证书的人员。

5-1-3 各地区甲乙类法定报告传染病发病率

单位：1/10万

地 区	2010	2015	2018	2019	2020	2021	2022	2023
全 国	**238.7**	**223.6**	**220.5**	**220.0**	**190.4**	**193.5**	**172.4**	**198.2**
北 京	269.0	150.9	131.5	122.7	80.8	94.6	74.4	93.4
天 津	173.5	131.9	147.2	148.7	109.3	138.4	106.8	140.5
河 北	200.0	184.9	172.7	170.7	134.3	134.2	109.5	119.0
山 西	264.9	268.2	237.9	241.9	202.9	211.7	172.1	191.3
内蒙古	324.6	268.4	274.7	269.3	225.6	262.6	214.6	242.5
辽 宁	207.1	211.2	200.3	195.0	155.2	164.3	132.5	162.0
吉 林	245.6	174.3	132.5	118.2	87.3	105.6	81.7	112.2
黑龙江	239.5	199.8	165.0	157.7	105.8	132.2	114.6	146.0
上 海	185.6	186.9	175.0	177.2	128.6	135.2	90.5	118.7
江 苏	138.2	124.2	113.5	116.0	98.2	105.9	96.5	113.3
浙 江	296.5	193.2	181.8	175.0	146.5	144.4	132.7	128.7
安 徽	176.2	242.7	224.8	246.8	225.1	235.0	224.0	251.7
福 建	292.6	278.2	256.8	263.4	224.0	209.5	195.3	229.7
江 西	210.4	227.9	230.3	232.5	199.3	200.4	183.0	196.8
山 东	102.5	130.9	157.4	163.4	131.7	138.3	126.7	150.2
河 南	289.5	204.8	193.9	178.8	152.8	147.9	126.9	148.4
湖 北	278.6	251.6	250.8	239.8	290.8	199.4	186.6	222.4
湖 南	212.9	244.7	278.4	293.1	269.0	302.0	239.2	245.8
广 东	327.5	313.2	310.9	315.4	272.2	272.4	254.6	283.7
广 西	331.4	262.8	281.2	290.9	263.6	272.1	249.5	255.4
海 南	261.5	342.5	360.0	388.8	339.1	342.1	312.4	387.0
重 庆	240.8	262.1	240.9	237.0	202.1	194.7	177.9	175.0
四 川	225.4	187.7	189.0	212.6	196.0	209.6	209.3	265.6
贵 州	277.5	266.6	259.2	250.0	248.4	245.9	230.5	267.4
云 南	178.8	207.7	197.4	217.1	189.6	191.4	183.7	223.1
西 藏	187.8	325.5	358.1	397.7	337.1	333.3	230.4	308.6
陕 西	212.1	200.1	186.3	180.2	150.5	155.4	133.4	147.2
甘 肃	403.0	188.7	179.8	176.3	150.5	155.8	129.1	172.4
青 海	456.1	414.3	433.3	438.0	376.8	392.1	283.2	336.0
宁 夏	239.7	235.0	224.4	214.1	168.7	174.6	192.7	174.7
新 疆	539.3	635.1	659.7	483.8	325.0	331.9	270.9	389.0

5-1-4 各地区甲乙类法定报告传染病死亡率

单位：1/10万

地 区	2010	2015	2017	2018	2019	2020	2021	2022	2023
全 国	**1.07**	**1.22**	**1.42**	**1.67**	**1.79**	**1.87**	**1.57**	**1.55**	**1.91**
北 京	1.35	0.82	0.76	0.82	0.82	0.65	0.62	0.58	0.62
天 津	0.52	0.45	0.25	0.39	0.38	0.28	0.39	0.27	0.62
河 北	0.32	0.27	0.31	0.32	0.31	0.31	0.32	0.27	0.41
山 西	0.50	0.34	0.47	0.49	0.48	0.37	0.40	0.45	0.78
内蒙古	0.36	0.38	0.33	0.52	0.47	0.39	0.37	0.45	0.71
辽 宁	0.44	0.57	0.67	0.98	1.02	0.88	0.97	0.94	1.52
吉 林	0.51	0.70	0.64	0.62	0.61	0.58	0.66	0.61	0.83
黑龙江	0.73	0.71	0.92	1.12	1.01	0.75	0.75	0.74	1.49
上 海	0.81	0.45	0.55	0.51	0.40	0.52	0.47	0.39	0.68
江 苏	0.44	0.43	0.46	0.46	0.45	0.39	0.39	0.37	0.55
浙 江	0.58	0.62	0.77	0.71	0.75	0.61	0.60	0.56	0.64
安 徽	0.54	0.51	0.72	0.66	0.71	0.61	0.71	0.73	0.91
福 建	0.52	0.43	0.51	0.70	0.65	0.63	0.71	0.55	0.78
江 西	0.64	0.85	1.08	1.09	1.23	1.41	1.32	1.39	1.52
山 东	0.33	0.29	0.31	0.32	0.32	0.30	0.29	0.29	0.36
河 南	1.88	1.52	1.47	1.64	1.50	1.54	1.52	1.31	2.08
湖 北	0.82	0.78	0.87	0.95	0.95	8.51	0.89	0.87	1.06
湖 南	1.16	1.13	1.72	1.95	2.05	1.74	1.85	1.70	2.12
广 东	1.21	0.97	0.98	1.07	1.11	1.07	1.00	0.95	1.39
广 西	4.24	6.11	6.16	6.88	8.20	7.42	6.98	7.21	7.10
海 南	1.69	0.86	0.88	0.74	0.92	0.98	0.69	0.86	0.76
重 庆	1.44	2.07	2.83	3.66	4.62	4.04	4.64	4.49	5.53
四 川	1.44	2.32	3.19	4.98	4.99	4.32	4.47	4.74	5.39
贵 州	1.90	2.11	2.91	3.15	4.74	4.12	4.06	4.07	4.95
云 南	3.06	4.20	5.10	4.90	4.92	4.03	4.16	3.98	4.58
西 藏	1.03	0.60	0.91	0.65	0.55	0.54	0.25	0.68	0.33
陕 西	0.45	0.50	0.66	0.73	0.76	0.66	0.67	0.63	1.25
甘 肃	0.38	0.45	0.67	0.62	0.60	0.56	0.45	0.41	0.81
青 海	0.50	0.63	0.71	0.87	1.13	1.04	0.86	0.74	1.18
宁 夏	0.35	0.51	0.61	0.95	0.63	0.60	0.49	0.54	0.36
新 疆	2.58	4.30	4.27	6.31	6.72	3.21	3.66	3.48	3.78

5-1-5 各地区艾滋病报告发病率

单位：1/10万

地 区	2010	2015	2018	2019	2020	2021	2022	2023
全 国	**1.20**	**3.69**	**4.62**	**5.10**	**4.43**	**4.27**	**3.69**	**4.18**
北 京	1.00	3.61	3.91	3.17	1.89	2.59	2.10	2.29
天 津	0.47	1.79	1.84	1.58	1.73	2.28	1.29	1.75
河 北	0.17	0.92	1.16	1.31	1.45	1.36	1.08	1.55
山 西	0.47	1.35	1.49	1.65	1.54	1.92	1.22	1.55
内蒙古	0.12	0.83	1.36	1.37	1.17	1.66	1.28	1.69
辽 宁	0.25	1.88	2.89	2.70	2.24	2.30	1.96	2.27
吉 林	0.36	1.96	2.17	2.28	1.94	2.78	1.91	2.24
黑龙江	0.29	1.44	1.84	1.96	1.47	1.70	1.80	2.11
上 海	1.43	2.15	2.13	2.21	1.66	1.60	1.12	1.95
江 苏	0.42	1.98	1.93	2.07	1.60	1.83	1.52	1.72
浙 江	0.88	3.02	3.14	3.30	2.81	2.64	2.34	2.40
安 徽	0.54	1.71	2.06	2.00	1.72	1.83	1.65	2.17
福 建	0.65	2.00	2.68	2.96	2.76	2.58	2.23	2.70
江 西	0.53	2.60	3.55	3.77	3.67	3.85	3.45	3.85
山 东	0.11	0.62	0.96	1.04	1.02	1.01	0.87	1.07
河 南	1.58	3.26	3.03	3.43	2.99	3.05	2.37	2.74
湖 北	0.62	2.02	2.50	2.61	2.30	2.57	2.48	2.59
湖 南	1.16	3.82	4.52	4.61	4.09	4.54	3.67	4.79
广 东	1.20	3.65	4.03	4.01	3.44	3.61	3.21	3.44
广 西	8.41	13.25	12.32	14.28	14.06	14.19	12.06	12.99
海 南	0.36	2.10	2.24	2.17	2.26	2.32	2.19	2.44
重 庆	1.49	8.76	11.60	12.58	11.47	11.99	11.89	12.62
四 川	1.94	9.55	17.47	21.42	16.54	13.95	12.21	13.21
贵 州	0.80	6.02	10.32	13.20	11.49	10.48	9.60	11.78
云 南	4.81	12.31	11.52	11.79	12.51	9.12	7.37	6.30
西 藏	0.14	1.04	1.54	0.90	1.34	0.82	0.55	1.15
陕 西	0.34	1.74	2.66	2.86	2.45	2.23	2.29	3.07
甘 肃	0.21	1.20	2.35	2.29	2.04	2.00	1.48	2.76
青 海	0.39	2.59	2.59	3.32	2.42	3.19	2.05	3.04
宁 夏	0.30	1.18	1.69	2.12	1.55	1.47	1.31	1.66
新 疆	2.50	8.13	10.10	9.50	5.96	5.43	4.89	6.64

5-1-6 各地区艾滋病报告死亡率

单位：1/10万

地区	2010	2015	2018	2019	2020	2021	2022	2023
全国	**0.58**	**0.94**	**1.35**	**1.50**	**1.34**	**1.39**	**1.34**	**1.57**
北京	0.14	0.22	0.31	0.37	0.14	0.19	0.11	0.27
天津	0.18	0.24	0.30	0.31	0.20	0.27	0.20	0.40
河北	0.07	0.15	0.18	0.18	0.22	0.23	0.17	0.28
山西	0.20	0.20	0.35	0.38	0.32	0.34	0.37	0.42
内蒙古	0.06	0.15	0.20	0.21	0.21	0.23	0.22	0.33
辽宁	0.09	0.30	0.42	0.51	0.36	0.43	0.32	0.60
吉林	0.17	0.54	0.47	0.48	0.42	0.53	0.46	0.58
黑龙江	0.10	0.19	0.36	0.38	0.34	0.36	0.35	0.73
上海	0.14	0.15	0.18	0.21	0.30	0.23	0.19	0.38
江苏	0.11	0.23	0.33	0.31	0.29	0.28	0.25	0.33
浙江	0.18	0.33	0.46	0.51	0.48	0.48	0.41	0.48
安徽	0.24	0.27	0.44	0.49	0.45	0.56	0.54	0.62
福建	0.25	0.24	0.57	0.51	0.50	0.62	0.46	0.69
江西	0.26	0.68	0.89	1.02	1.26	1.21	1.25	1.40
山东	0.06	0.11	0.11	0.15	0.16	0.14	0.16	0.20
河南	1.54	1.30	1.46	1.29	1.34	1.37	1.14	1.55
湖北	0.35	0.56	0.69	0.72	0.74	0.75	0.75	0.85
湖南	0.61	0.87	1.60	1.72	1.43	1.60	1.40	1.94
广东	0.51	0.73	0.87	0.90	0.87	0.84	0.79	1.10
广西	3.09	5.59	6.29	7.81	7.13	6.78	6.90	6.61
海南	0.38	0.53	0.54	0.62	0.60	0.57	0.64	0.61
重庆	0.67	1.56	3.14	4.10	3.67	4.39	4.07	5.11
四川	0.97	2.07	4.71	4.71	4.07	4.26	4.47	4.90
贵州	0.59	1.45	2.73	4.53	3.94	3.90	3.88	4.54
云南	2.37	3.88	4.61	4.62	3.84	3.97	3.78	3.81
西藏	0.03	0.16	0.12	0.20	0.20	0.08	0.19	0.11
陕西	0.16	0.30	0.43	0.52	0.50	0.48	0.46	0.85
甘肃	0.06	0.22	0.39	0.50	0.50	0.40	0.33	0.71
青海	0.13	0.39	0.50	0.71	0.76	0.71	0.32	0.81
宁夏	0.13	0.21	0.32	0.38	0.43	0.35	0.41	0.29
新疆	1.65	2.96	3.74	4.32	2.43	3.04	2.76	3.10

5-1-7 各地区肺结核报告发病率

单位：1/10万

地 区	2010	2015	2018	2019	2020	2021	2022	2023
全 国	**74.27**	**63.42**	**59.27**	**55.55**	**47.76**	**45.37**	**39.76**	**43.49**
北 京	45.70	31.97	30.43	32.22	28.56	30.68	26.13	22.73
天 津	25.54	19.52	21.39	24.98	20.51	25.29	22.09	22.04
河 北	59.08	46.11	39.31	39.24	32.93	31.49	25.64	30.61
山 西	69.58	42.32	35.03	33.88	29.74	28.79	21.37	24.56
内蒙古	74.07	47.71	54.09	49.86	39.41	38.05	28.56	36.59
辽 宁	60.10	53.72	55.81	52.75	43.89	45.45	38.74	45.99
吉 林	83.79	56.45	47.43	39.98	31.76	34.46	26.80	35.58
黑龙江	95.84	86.73	65.23	59.57	40.83	50.85	46.80	56.76
上 海	34.33	27.56	26.14	26.72	24.33	23.01	13.27	18.30
江 苏	53.93	39.52	31.02	31.25	28.40	25.64	23.20	24.64
浙 江	63.89	50.80	45.26	45.79	41.92	37.12	33.99	34.35
安 徽	64.49	58.44	51.08	48.65	41.87	40.19	33.59	36.84
福 建	58.93	44.82	45.24	43.86	40.82	38.63	35.16	38.93
江 西	85.08	71.63	70.83	70.80	56.02	55.36	48.84	51.20
山 东	42.48	33.06	28.12	27.67	24.74	22.56	20.55	22.66
河 南	73.11	62.74	55.16	51.80	43.27	37.69	32.18	37.09
湖 北	84.75	78.14	63.49	61.88	52.86	54.01	48.56	54.49
湖 南	88.59	83.00	78.75	82.07	75.94	74.12	66.40	67.77
广 东	99.51	74.12	64.81	58.40	50.40	46.61	42.56	41.87
广 西	97.01	96.41	82.82	81.12	70.39	69.74	64.00	67.54
海 南	109.66	97.92	85.05	90.22	83.38	85.51	82.14	81.48
重 庆	89.90	75.00	73.37	72.21	66.69	61.71	51.73	48.11
四 川	81.74	67.13	57.34	60.35	55.19	54.93	50.77	54.21
贵 州	129.14	133.46	114.06	102.51	96.54	82.33	76.24	82.90
云 南	55.60	54.42	59.61	61.78	60.07	56.09	51.14	51.08
西 藏	118.34	140.20	166.66	182.38	150.13	138.48	95.96	106.80
陕 西	67.91	56.66	55.90	55.55	47.26	40.98	34.05	39.34
甘 肃	90.64	54.92	38.71	36.18	30.67	30.54	25.78	40.12
青 海	87.35	123.26	140.33	134.53	93.85	89.37	60.39	93.32
宁 夏	57.39	42.23	36.73	36.86	29.74	24.81	24.52	32.25
新 疆	164.46	184.53	304.94	169.05	109.89	87.85	69.31	92.12

5-1-8 各地区肺结核报告死亡率

单位：1/10万

地 区	2010	2015	2018	2019	2020	2021	2022	2023
全 国	**0.22**	**0.17**	**0.23**	**0.21**	**0.14**	**0.13**	**0.16**	**0.15**
北 京	0.19	0.08	0.09	0.05	0.06	0.06	0.08	0.06
天 津	0.29	0.15	0.08	0.07	0.03	0.09	0.05	0.09
河 北	0.05	0.04	0.10	0.11	0.06	0.06	0.07	0.07
山 西	0.09	0.07	0.08	0.07	0.03	0.04	0.05	0.06
内蒙古	0.18	0.16	0.22	0.14	0.09	0.07	0.16	0.11
辽 宁	0.28	0.23	0.49	0.46	0.47	0.50	0.59	0.67
吉 林	0.26	0.12	0.14	0.10	0.12	0.10	0.12	0.16
黑龙江	0.47	0.45	0.59	0.47	0.30	0.33	0.32	0.66
上 海	0.48	0.24	0.23	0.10	0.12	0.14	0.12	0.18
江 苏	0.18	0.12	0.10	0.12	0.07	0.08	0.09	0.08
浙 江	0.28	0.21	0.21	0.21	0.12	0.12	0.13	0.13
安 徽	0.13	0.15	0.17	0.15	0.10	0.10	0.13	0.11
福 建	0.15	0.10	0.08	0.09	0.07	0.06	0.06	0.05
江 西	0.15	0.11	0.15	0.19	0.11	0.09	0.11	0.08
山 东	0.13	0.10	0.10	0.12	0.09	0.07	0.09	0.07
河 南	0.17	0.11	0.10	0.12	0.11	0.09	0.09	0.09
湖 北	0.19	0.12	0.16	0.16	0.09	0.09	0.08	0.08
湖 南	0.25	0.12	0.19	0.22	0.17	0.15	0.22	0.12
广 东	0.18	0.10	0.12	0.12	0.08	0.07	0.08	0.08
广 西	0.42	0.24	0.45	0.29	0.20	0.15	0.27	0.12
海 南	0.42	0.20	0.19	0.25	0.30	0.11	0.21	0.10
重 庆	0.35	0.35	0.41	0.43	0.33	0.22	0.36	0.31
四 川	0.27	0.14	0.19	0.21	0.14	0.13	0.20	0.17
贵 州	0.48	0.41	0.30	0.13	0.12	0.13	0.16	0.37
云 南	0.25	0.15	0.21	0.23	0.16	0.17	0.16	0.24
西 藏	0.86	0.28	0.53	0.35	0.20	0.16	0.44	0.22
陕 西	0.08	0.08	0.18	0.16	0.10	0.10	0.14	0.18
甘 肃	0.22	0.17	0.05	0.08	0.05	0.04	0.08	0.07
青 海	0.11	0.14	0.32	0.38	0.15	0.05	0.25	0.34
宁 夏	0.14	0.18	0.13	0.19	0.13	0.07	0.12	0.05
新 疆	0.78	1.17	2.47	2.35	0.73	0.55	0.67	0.42

5-2-1 全国每千人口医疗卫生机构床位和卫生技术人员情况

年份	每千人口医疗卫生机构床位数(张)	每千人口卫生技术人员(人)	每千人口执业(助理)医师(人)	每千人口注册护士(人)
2000	2.47	3.63	1.68	1.02
2001	2.51	3.62	1.69	1.03
2002	2.49	3.41	1.47	1.00
2003	2.49	3.48	1.54	1.00
2004	2.56	3.53	1.57	1.03
2005	2.62	3.50	1.56	1.03
2006	2.70	3.60	1.60	1.09
2007	2.83	3.72	1.61	1.18
2008	3.05	3.90	1.66	1.27
2009	3.32	4.15	1.75	1.39
2010	3.58	4.39	1.80	1.53
2011	3.84	4.58	1.82	1.66
2012	4.24	4.94	1.94	1.85
2013	4.55	5.27	2.04	2.04
2014	4.85	5.56	2.12	2.20
2015	5.11	5.84	2.22	2.37
2016	5.37	6.12	2.31	2.54
2017	5.72	6.47	2.44	2.74
2018	6.03	6.83	2.59	2.94
2019	6.30	7.26	2.77	3.18
2020	6.46	7.57	2.90	3.34
2021	6.70	7.97	3.04	3.56
2022	6.92	8.27	3.15	3.71
2023	7.23	8.87	3.40	4.00

注：2002年以前，执业(助理)医师系医生，注册护士系护师(士)。

5-2-2　各地区每千人口医疗卫生机构床位数

单位：张

地 区	2010	2015	2018	2019	2020	2021	2022	2023
全 国	**3.58**	**5.11**	**6.03**	**6.30**	**6.46**	**6.70**	**6.92**	**7.23**
北 京	7.35	5.14	5.74	5.93	5.80	5.95	6.13	6.35
天 津	4.93	4.12	4.37	4.37	4.92	5.00	5.03	5.32
河 北	3.42	4.61	5.58	5.66	5.92	6.11	6.55	7.22
山 西	4.49	5.00	5.60	5.86	6.41	6.58	6.56	6.70
内蒙古	3.81	5.33	6.27	6.34	6.74	6.94	6.98	7.23
辽 宁	4.80	6.09	7.21	7.21	7.38	7.67	7.77	7.99
吉 林	4.22	5.25	6.18	6.33	7.19	7.43	7.55	7.85
黑龙江	4.16	5.58	6.63	7.00	7.95	8.34	8.43	8.93
上 海	7.44	5.08	5.74	6.03	6.12	6.44	6.68	7.04
江 苏	3.61	5.19	6.11	6.39	6.31	6.45	6.61	6.79
浙 江	3.88	4.92	5.79	5.99	5.60	5.66	5.80	6.13
安 徽	2.75	4.35	5.19	5.46	6.68	6.72	7.25	7.41
福 建	3.20	4.51	4.88	5.09	5.22	5.35	5.55	5.79
江 西	2.66	4.33	5.37	5.72	6.33	6.80	6.95	7.55
山 东	4.01	5.27	6.06	6.25	6.37	6.63	6.83	7.30
河 南	3.03	5.16	6.34	6.64	6.71	7.30	7.62	7.92
湖 北	3.26	5.86	6.65	6.80	7.12	7.44	7.71	8.16
湖 南	3.30	5.85	6.99	7.32	7.82	8.04	8.24	8.13
广 东	3.52	4.02	4.56	4.73	4.48	4.64	4.81	4.95
广 西	2.70	4.47	5.20	5.59	5.90	6.33	6.77	7.20
海 南	2.90	4.25	4.80	5.27	5.80	6.02	5.96	5.84
重 庆	3.14	5.85	7.10	7.42	7.35	7.50	7.81	8.01
四 川	3.35	5.96	7.18	7.54	7.77	7.91	8.17	8.47
贵 州	2.51	5.57	6.82	7.31	7.17	7.71	8.03	8.16
云 南	3.47	5.01	6.03	6.42	6.89	7.04	7.27	7.70
西 藏	3.01	4.33	4.88	4.87	5.09	5.37	5.49	5.90
陕 西	3.67	5.59	6.57	6.86	6.89	7.20	7.32	7.75
甘 肃	3.33	4.91	6.17	6.84	6.87	7.36	7.58	8.27
青 海	3.72	5.87	6.49	6.82	6.97	7.10	7.22	7.70
宁 夏	3.68	5.06	5.96	5.90	5.73	5.68	5.74	5.97
新 疆	5.37	6.37	7.19	7.39	7.02	7.19	6.94	7.60

5-2-3 各地区每千人口基层医疗卫生机构床位数

单位：张

地 区	2010	2015	2018	2019	2020	2021	2022	2023
全 国	**0.89**	**1.03**	**1.13**	**1.17**	**1.17**	**1.21**	**1.24**	**1.29**
北 京	0.22	0.20	0.22	0.23	0.24	0.24	0.24	0.25
天 津	0.54	0.45	0.45	0.41	0.43	0.43	0.43	0.39
河 北	0.92	1.01	1.15	1.14	1.06	1.07	1.18	1.37
山 西	1.14	1.03	1.05	1.04	1.07	1.08	1.07	1.08
内蒙古	0.92	0.96	1.10	1.07	1.11	1.14	1.15	1.18
辽 宁	0.74	0.80	0.93	0.90	0.90	0.93	0.85	0.84
吉 林	0.74	0.76	0.80	0.76	0.82	0.86	0.82	0.76
黑龙江	0.71	0.79	0.84	0.96	0.98	1.05	1.04	1.10
上 海	0.81	0.71	0.66	0.65	0.63	0.62	0.60	0.63
江 苏	0.87	0.95	1.16	1.22	1.20	1.23	1.25	1.27
浙 江	0.46	0.42	0.48	0.51	0.48	0.46	0.45	0.47
安 徽	0.97	0.95	1.06	1.08	1.31	1.34	1.51	1.51
福 建	0.71	0.87	0.88	0.89	0.90	0.89	0.92	0.97
江 西	0.81	1.10	1.30	1.31	1.38	1.45	1.50	1.59
山 东	1.12	1.18	1.19	1.18	1.17	1.20	1.24	1.35
河 南	0.97	1.16	1.32	1.37	1.39	1.53	1.64	1.72
湖 北	0.99	1.43	1.60	1.66	1.70	1.74	1.83	1.95
湖 南	1.10	1.53	1.69	1.75	1.87	1.89	1.95	1.91
广 东	0.56	0.59	0.62	0.62	0.58	0.60	0.60	0.61
广 西	0.99	1.27	1.37	1.47	1.52	1.62	1.72	1.84
海 南	0.67	0.70	0.76	0.74	0.95	1.00	0.98	1.09
重 庆	1.23	1.62	1.70	1.78	1.74	1.80	1.84	1.88
四 川	1.33	1.59	1.72	1.77	1.79	1.77	1.81	1.90
贵 州	0.93	1.19	1.33	1.39	1.40	1.40	1.46	1.25
云 南	0.83	1.03	1.22	1.24	1.31	1.33	1.40	1.54
西 藏	1.00	1.05	1.10	1.08	1.06	1.15	1.15	1.17
陕 西	0.81	0.94	1.03	1.04	1.01	1.03	1.04	1.08
甘 肃	0.92	1.10	1.18	1.22	1.31	1.33	1.40	1.53
青 海	0.71	0.99	1.01	1.05	0.91	0.96	1.00	1.00
宁 夏	0.39	0.48	0.57	0.59	0.57	0.54	0.54	0.60
新 疆	1.10	1.23	1.36	1.52	1.28	1.54	1.26	1.41

注：基层医疗卫生机构包括社区卫生服务中心(站)、乡镇(街道)卫生院、村卫生室、门诊室、诊所(医务室)。

5-2-4 各地区每千人口执业(助理)医师数

单位：人

地 区	2010	2015	2018	2019	2020	2021	2022	2023
全 国	**1.80**	**2.22**	**2.59**	**2.77**	**2.90**	**3.04**	**3.15**	**3.40**
北 京	5.24	3.93	4.63	4.92	4.92	5.14	5.26	5.56
天 津	2.92	2.32	2.76	2.97	3.55	3.77	3.86	4.14
河 北	1.84	2.25	2.80	3.01	3.21	3.41	3.54	3.92
山 西	2.53	2.46	2.68	2.84	3.12	3.26	3.26	3.42
内蒙古	2.29	2.56	2.90	3.08	3.35	3.51	3.58	3.87
辽 宁	2.28	2.39	2.76	2.85	2.96	3.12	3.18	3.30
吉 林	2.28	2.44	2.85	2.94	3.53	3.68	3.69	3.95
黑龙江	2.09	2.17	2.37	2.49	3.02	3.10	3.17	3.39
上 海	3.75	2.61	2.95	3.08	3.15	3.38	3.48	3.58
江 苏	1.73	2.37	2.90	3.16	3.16	3.21	3.28	3.40
浙 江	2.54	2.85	3.33	3.51	3.37	3.56	3.75	4.01
安 徽	1.27	1.75	2.01	2.17	2.69	2.82	3.04	3.28
福 建	1.66	2.03	2.31	2.50	2.54	2.65	2.77	2.95
江 西	1.32	1.68	1.88	2.07	2.32	2.47	2.50	2.99
山 东	1.94	2.41	2.89	3.13	3.24	3.37	3.44	3.67
河 南	1.43	2.10	2.45	2.61	2.78	3.01	3.20	3.53
湖 北	1.62	2.32	2.57	2.59	2.77	2.91	3.03	3.26
湖 南	1.56	2.22	2.62	2.75	2.86	2.91	3.01	3.34
广 东	2.05	2.11	2.44	2.53	2.43	2.52	2.63	2.82
广 西	1.33	1.91	2.15	2.32	2.50	2.62	2.75	2.89
海 南	1.61	2.09	2.39	2.53	2.69	2.91	2.98	3.02
重 庆	1.45	2.02	2.46	2.67	2.77	2.87	2.94	3.20
四 川	1.61	2.21	2.46	2.65	2.80	2.99	3.08	3.34
贵 州	1.04	1.80	2.26	2.48	2.53	2.74	2.84	3.26
云 南	1.40	1.68	2.06	2.35	2.60	2.68	2.82	3.14
西 藏	1.52	1.92	2.42	2.66	2.59	2.90	3.04	3.37
陕 西	1.70	2.10	2.56	2.80	2.88	3.05	3.18	3.37
甘 肃	1.45	1.91	2.26	2.37	2.54	2.84	2.90	3.17
青 海	1.92	2.35	2.68	2.86	3.09	3.16	3.19	3.64
宁 夏	1.91	2.37	2.82	2.99	3.09	3.11	3.12	3.33
新 疆	2.27	2.43	2.55	2.69	2.68	2.73	2.73	3.02

5-2-5 各地区每千人口注册护士数

单位：人

地 区	2010	2015	2018	2019	2020	2021	2022	2023
全 国	**1.53**	**2.37**	**2.94**	**3.18**	**3.34**	**3.56**	**3.71**	**4.00**
北 京	5.34	4.40	4.98	5.33	5.39	5.67	5.77	6.16
天 津	2.45	2.20	2.52	2.65	3.08	3.41	3.54	3.82
河 北	1.20	1.80	2.29	2.44	2.70	3.02	3.21	3.65
山 西	1.80	2.30	2.79	2.92	3.33	3.57	3.63	3.83
内蒙古	1.56	2.40	3.02	3.17	3.47	3.71	3.81	4.22
辽 宁	2.09	2.50	3.09	3.20	3.35	3.61	3.76	4.01
吉 林	1.68	2.20	2.82	2.95	3.96	4.12	4.20	4.57
黑龙江	1.63	2.10	2.47	2.60	3.21	3.43	3.57	3.88
上 海	3.96	3.10	3.63	3.82	3.91	4.17	4.30	4.46
江 苏	1.64	2.60	3.23	3.47	3.47	3.63	3.74	3.91
浙 江	2.10	2.90	3.51	3.76	3.61	3.83	4.06	4.41
安 徽	1.13	1.90	2.37	2.57	3.08	3.29	3.61	3.94
福 建	1.52	2.40	2.77	2.93	2.95	3.11	3.26	3.46
江 西	1.24	2.00	2.39	2.58	2.86	3.10	3.19	3.75
山 东	1.64	2.60	3.21	3.39	3.50	3.70	3.81	4.13
河 南	1.12	2.20	2.74	2.89	3.06	3.32	3.59	3.91
湖 北	1.53	2.80	3.23	3.28	3.46	3.68	3.72	3.95
湖 南	1.31	2.20	2.67	3.48	3.54	3.61	3.70	4.12
广 东	1.97	2.30	2.95	3.09	2.97	3.17	3.32	3.54
广 西	1.32	2.40	2.85	3.07	3.34	3.62	3.82	4.00
海 南	1.82	2.70	3.21	3.39	3.49	3.77	3.83	3.95
重 庆	1.14	2.30	3.07	3.30	3.41	3.55	3.65	4.02
四 川	1.17	2.30	2.96	3.23	3.42	3.66	3.80	4.01
贵 州	0.86	2.20	3.03	3.35	3.41	3.68	3.82	4.24
云 南	1.09	2.00	2.83	3.26	3.67	3.89	4.05	4.36
西 藏	0.68	1.00	1.62	1.71	1.88	2.13	2.23	2.69
陕 西	1.60	2.80	3.57	3.88	3.93	4.03	4.12	4.29
甘 肃	1.10	1.80	2.44	3.00	3.25	3.68	3.80	4.07
青 海	1.52	2.20	2.91	3.11	3.32	3.59	3.62	3.99
宁 夏	1.61	2.40	3.38	3.50	3.61	3.76	3.86	4.12
新 疆	2.06	2.70	2.91	3.06	3.12	3.30	3.44	3.91

5-2-6 各地区医院病床使用率

单位：%

地 区	2010	2015	2018	2019	2020	2021	2022	2023
全 国	**86.7**	**85.4**	**84.2**	**83.6**	**72.3**	**74.6**	**71.0**	**79.4**
北 京	84.5	80.6	83.4	82.6	60.9	73.2	67.9	80.3
天 津	86.3	81.6	77.5	79.8	61.6	68.4	63.3	74.6
河 北	82.9	83.6	82.7	81.3	70.8	68.9	64.3	71.6
山 西	73.1	76.9	79.6	76.6	65.9	67.0	62.6	71.2
内蒙古	78.0	73.2	76.1	71.4	58.8	60.1	55.4	67.5
辽 宁	83.2	85.4	78.1	73.8	62.2	62.7	58.4	70.9
吉 林	70.8	78.5	76.0	76.2	61.1	66.4	58.6	71.2
黑龙江	76.7	81.4	73.8	74.5	48.3	55.5	55.7	72.2
上 海	98.0	95.7	95.9	96.2	85.3	89.3	79.7	91.0
江 苏	94.3	88.6	86.4	85.7	76.1	77.2	74.5	81.1
浙 江	94.4	88.9	89.5	88.4	77.9	79.9	79.6	84.5
安 徽	87.3	85.0	83.3	83.1	72.4	70.7	68.4	76.0
福 建	89.6	82.6	83.9	82.8	71.6	73.6	72.7	79.6
江 西	87.6	90.4	86.7	84.8	75.7	76.2	73.0	77.5
山 东	81.6	84.3	82.5	80.7	71.0	75.3	68.7	79.2
河 南	85.4	87.2	87.6	88.1	78.1	80.1	73.1	83.1
湖 北	96.1	92.4	92.7	92.3	72.1	78.9	77.2	84.8
湖 南	93.3	86.4	84.3	83.7	76.2	77.6	74.8	79.6
广 东	87.2	83.5	83.0	82.2	71.1	74.3	72.2	78.8
广 西	89.9	89.8	87.6	90.0	82.8	81.6	79.5	84.0
海 南	88.0	79.4	79.6	78.4	66.6	68.3	63.6	71.1
重 庆	90.1	86.8	82.2	82.2	74.7	78.2	75.9	81.9
四 川	95.1	89.6	88.7	89.4	79.0	82.2	79.1	86.0
贵 州	86.4	80.9	81.8	81.5	75.7	76.5	75.2	80.1
云 南	88.1	82.9	85.8	83.8	77.5	78.5	76.2	79.8
西 藏	65.3	73.2	64.6	64.8	56.2	56.6	48.6	54.4
陕 西	82.2	83.4	84.0	81.7	68.7	72.4	70.0	81.0
甘 肃	78.6	82.2	81.6	82.3	71.6	69.6	63.0	75.2
青 海	79.6	76.0	73.2	74.1	70.2	66.6	59.7	72.9
宁 夏	89.8	83.2	79.9	81.1	68.8	67.4	64.3	79.7
新 疆	89.2	86.9	85.6	87.9	69.9	73.6	67.4	88.6

5-2-7 各地区医院医师日均担负诊疗人次

单位：人次

地 区	2010	2015	2018	2019	2020	2021	2022	2023
全 国	**6.4**	**7.3**	**7.0**	**7.1**	**5.9**	**6.5**	**6.2**	**6.6**
北 京	8.6	10.3	9.1	9.1	6.3	8.0	7.4	8.5
天 津	9.0	11.7	9.9	9.7	7.0	8.1	7.4	8.4
河 北	4.2	5.0	5.1	5.3	4.7	5.0	4.8	5.1
山 西	3.1	3.8	4.2	4.3	4.0	4.6	4.4	4.9
内蒙古	4.2	5.1	5.1	5.1	4.4	4.9	4.5	5.2
辽 宁	4.6	5.4	5.2	5.4	4.5	5.0	4.8	5.7
吉 林	4.1	5.0	5.0	5.1	4.1	4.9	4.3	5.4
黑龙江	3.8	4.7	4.6	4.6	3.4	4.1	4.1	4.9
上 海	13.2	15.1	14.4	14.2	11.1	13.5	11.4	12.1
江 苏	8.7	9.5	8.5	8.5	6.9	7.1	7.2	8.2
浙 江	10.1	11.5	10.9	10.7	8.8	9.4	9.2	9.2
安 徽	5.0	6.3	6.4	6.6	5.5	6.0	5.8	5.8
福 建	8.8	8.9	8.3	8.2	6.9	7.5	7.3	7.3
江 西	5.5	5.9	5.9	6.0	5.2	5.8	5.8	5.5
山 东	5.0	5.6	5.6	5.7	4.9	5.5	5.2	5.6
河 南	5.1	6.2	6.1	6.2	5.2	5.6	5.3	5.6
湖 北	6.3	6.7	6.8	7.1	5.3	6.5	6.2	6.3
湖 南	4.8	4.8	4.5	4.7	4.2	4.8	4.9	4.8
广 东	11.4	11.4	10.1	10.2	8.1	9.1	8.5	8.7
广 西	7.6	7.8	7.6	7.6	6.2	6.8	6.6	6.4
海 南	5.9	6.2	6.2	6.4	5.4	5.8	5.5	6.2
重 庆	6.5	7.6	6.8	7.1	6.3	7.1	6.7	6.6
四 川	6.3	6.9	7.0	7.4	6.3	6.9	6.9	7.0
贵 州	4.6	5.4	5.8	5.8	5.1	5.4	5.2	5.2
云 南	7.0	7.7	7.6	7.3	6.4	7.1	6.9	6.8
西 藏	5.4	6.1	5.6	5.1	5.1	5.1	4.3	4.6
陕 西	5.3	6.0	6.0	6.2	5.2	5.8	5.4	6.0
甘 肃	5.4	6.1	6.2	6.2	5.3	5.5	4.7	5.5
青 海	5.3	5.2	5.2	5.2	4.6	5.0	4.4	4.6
宁 夏	6.1	6.9	7.1	7.1	6.0	6.4	6.4	7.2
新 疆	4.8	5.7	5.7	5.8	5.0	5.5	4.9	6.0

5-2-8 各地区社区卫生服务中心病床使用率

单位：%

地区	2010	2015	2018	2019	2020	2021	2022	2023
全国	**56.1**	**54.7**	**52.0**	**49.7**	**42.8**	**43.2**	**41.1**	**50.2**
北京	35.6	32.2	34.4	34.2	24.6	25.5	22.0	28.6
天津	20.5	20.6	20.7	17.7	13.0	18.7	16.8	15.6
河北	57.0	43.4	42.9	39.3	31.8	25.9	27.3	31.5
山西	47.2	47.6	39.9	29.8	24.6	17.9	16.8	29.9
内蒙古	39.1	43.7	38.7	22.4	17.1	18.0	16.8	20.3
辽宁	50.9	44.2	32.1	24.6	21.0	20.6	18.7	20.9
吉林	30.0	26.8	33.1	28.3	22.5	20.7	20.8	20.5
黑龙江	43.8	42.8	30.4	28.3	16.0	14.0	13.4	18.9
上海	86.9	86.0	88.0	85.2	77.5	72.7	64.0	74.3
江苏	48.6	50.3	54.9	54.6	44.7	45.9	37.4	50.1
浙江	49.4	40.1	40.7	41.8	30.9	42.7	42.8	56.4
安徽	41.7	43.3	42.9	38.6	31.6	28.2	27.7	34.5
福建	52.0	36.1	32.8	34.9	27.9	25.4	24.3	34.5
江西	34.6	51.5	43.7	31.2	29.3	31.0	32.2	33.3
山东	48.5	48.8	50.6	44.6	44.4	47.0	43.1	55.3
河南	47.6	51.3	45.6	45.6	43.9	44.0	41.4	45.3
湖北	69.6	61.6	56.4	57.2	44.3	44.4	45.8	57.9
湖南	48.9	69.9	59.9	58.6	54.0	52.7	48.0	49.9
广东	58.8	55.4	52.1	47.1	39.3	36.6	34.8	43.5
广西	54.4	53.9	47.8	53.1	55.9	57.5	51.9	59.3
海南	69.9	68.5	34.3	37.3	21.4	26.1	26.2	14.6
重庆	66.3	74.6	69.5	71.2	60.2	64.8	61.7	70.7
四川	70.1	61.0	62.9	65.3	56.4	56.4	58.5	70.5
贵州	59.1	51.8	39.7	39.7	35.7	40.2	39.3	66.1
云南	62.3	55.7	49.6	50.5	44.5	47.0	48.5	51.0
西藏		22.2	11.1	24.8	22.7	0.2	7.7	11.8
陕西	37.5	39.1	41.9	31.2	22.3	20.9	23.7	36.3
甘肃	45.8	53.3	55.4	49.7	47.0	44.8	35.7	51.1
青海	57.7	53.6	45.5	40.8	25.8	26.1	19.8	42.4
宁夏	30.3	22.7	25.7	17.8	12.5	8.3	14.3	13.8
新疆	61.1	48.7	41.2	39.5	29.0	18.1	16.1	28.9

5-2-9 各地区社区卫生服务中心医师日均担负诊疗人次

单位：人次

地 区	2010	2015	2018	2019	2020	2021	2022	2023
全 国	**13.6**	**16.3**	**16.1**	**16.5**	**13.9**	**14.6**	**13.9**	**15.5**
北 京	13.2	16.5	18.1	18.9	15.9	17.1	16.5	20.1
天 津	20.5	25.6	23.3	23.3	19.2	17.3	14.7	16.3
河 北	6.0	8.8	8.3	8.6	7.7	8.1	7.2	9.7
山 西	4.4	5.7	6.9	7.0	6.8	7.7	7.3	8.0
内蒙古	4.9	6.2	6.8	6.8	6.6	7.0	7.5	9.9
辽 宁	6.9	10.5	9.6	9.5	7.9	8.1	7.0	11.3
吉 林	4.3	5.9	7.2	7.0	6.4	9.1	6.6	7.9
黑龙江	4.0	5.7	6.7	6.8	5.6	7.5	5.6	7.5
上 海	26.7	28.9	26.6	25.7	20.7	20.2	15.8	19.4
江 苏	16.3	19.7	18.2	17.5	14.1	14.1	12.7	14.6
浙 江	22.3	24.1	25.1	25.2	21.3	21.1	20.7	21.7
安 徽	7.5	11.0	13.5	15.2	14.9	15.2	14.2	14.9
福 建	12.0	15.5	17.8	17.6	20.9	22.2	19.8	23.9
江 西	7.1	8.3	9.2	10.8	9.2	10.6	10.9	10.6
山 东	6.0	9.5	9.8	10.4	9.9	11.1	12.3	13.7
河 南	6.0	9.1	9.6	10.5	9.2	10.7	10.6	12.1
湖 北	9.8	9.8	9.6	10.6	8.1	10.4	8.9	10.3
湖 南	5.5	7.2	7.5	7.8	8.2	9.4	14.0	13.4
广 东	22.2	24.5	22.0	24.1	17.9	19.6	18.5	20.5
广 西	9.6	15.1	14.0	13.6	11.9	12.3	12.2	12.3
海 南	9.3	12.6	7.4	8.7	7.0	8.1	9.0	9.7
重 庆	8.2	9.1	8.2	8.7	8.5	9.7	10.3	11.3
四 川	9.5	14.1	16.1	17.1	15.4	14.9	14.0	14.5
贵 州	6.3	7.1	8.3	9.2	8.6	10.3	11.2	10.4
云 南	9.3	11.5	10.1	10.3	10.4	11.5	12.8	12.7
西 藏		2.3	5.0	5.9	7.2	6.2	5.7	10.0
陕 西	7.7	8.8	10.0	11.3	9.1	9.6	9.5	12.1
甘 肃	5.1	8.6	9.1	9.3	8.3	7.6	6.8	9.5
青 海	12.7	8.2	7.3	7.3	7.6	8.1	6.0	8.3
宁 夏	6.4	8.9	16.5	15.0	13.8	17.0	16.4	19.1
新 疆	9.2	11.1	10.6	12.1	12.0	11.5	11.4	15.7

5-2-10 各地区乡镇卫生院病床使用率

单位：%

地 区	2010	2015	2018	2019	2020	2021	2022	2023
全 国	**59.0**	**59.9**	**59.6**	**57.5**	**50.4**	**48.2**	**46.9**	**53.3**
北 京								
天 津	46.4	43.6	29.9	16.5	10.8	9.6	8.3	11.7
河 北	56.3	56.5	51.2	44.0	36.1	27.7	23.6	31.2
山 西	46.0	40.5	34.2	29.8	22.4	17.3	16.4	21.6
内蒙古	42.0	40.7	37.6	29.7	26.5	23.8	23.4	26.4
辽 宁	44.7	43.7	43.0	38.4	29.7	28.5	25.7	27.4
吉 林	34.0	28.3	32.2	27.1	20.6	22.9	22.0	23.6
黑龙江	57.4	53.9	41.2	38.8	25.2	21.7	20.0	27.9
上 海								
江 苏	57.3	63.4	64.8	64.2	55.5	52.6	50.9	60.0
浙 江	35.2	45.0	52.7	52.7	40.5	38.0	38.2	51.1
安 徽	53.9	60.6	55.9	47.9	36.3	29.4	29.8	39.9
福 建	59.2	49.9	45.2	45.5	33.5	31.0	30.7	37.2
江 西	71.2	70.7	66.2	59.6	51.7	49.8	44.9	43.8
山 东	53.2	55.6	60.4	55.1	51.6	53.2	52.4	64.1
河 南	64.1	62.6	63.1	61.1	54.8	49.8	47.4	51.8
湖 北	69.1	73.6	76.5	72.9	61.3	59.8	59.8	66.3
湖 南	66.8	70.0	69.8	68.9	64.7	60.9	57.4	60.9
广 东	60.1	53.3	54.5	54.0	49.1	48.5	47.1	48.8
广 西	67.3	65.3	59.9	64.8	60.8	58.8	57.6	62.4
海 南	34.1	34.8	39.0	36.5	24.8	23.1	21.9	25.1
重 庆	72.1	72.9	76.3	78.1	72.6	73.8	69.5	71.5
四 川	66.5	67.1	72.2	73.1	66.8	66.9	67.7	73.3
贵 州	66.7	51.7	47.8	48.3	42.7	43.6	45.1	72.1
云 南	57.3	54.6	50.6	49.2	46.3	47.1	48.7	49.3
西 藏	23.6	30.9	24.0	14.7	11.4	9.6	9.4	9.3
陕 西	43.2	47.9	50.9	44.3	29.7	28.8	31.0	40.7
甘 肃	54.4	57.1	61.0	59.9	53.8	50.3	47.2	53.5
青 海	53.2	52.9	47.8	45.6	42.4	34.8	33.7	37.2
宁 夏	51.4	48.3	41.1	37.6	29.6	30.1	30.1	35.4
新 疆	67.9	74.0	65.6	65.3	52.3	45.4	49.1	62.0

5-2-11 各地区乡镇卫生院医师日均担负诊疗人次

单位：人次

地区	2010	2015	2018	2019	2020	2021	2022	2023
全国	**8.2**	**9.6**	**9.3**	**9.4**	**8.5**	**8.9**	**9.1**	**9.2**
北京								
天津	8.3	11.9	11.5	12.1	10.6	11.5	11.4	12.7
河北	6.8	7.2	5.8	5.5	5.1	5.3	5.1	6.7
山西	4.4	6.1	5.1	5.0	5.1	5.0	5.1	5.7
内蒙古	5.3	5.3	4.9	4.4	4.0	3.8	4.1	4.3
辽宁	5.9	7.5	8.5	8.1	5.6	5.3	5.1	6.1
吉林	4.7	4.5	4.9	4.7	3.5	3.3	3.1	3.7
黑龙江	4.9	4.7	4.0	3.7	3.3	3.7	2.8	3.1
上海								
江苏	10.6	11.7	10.7	9.8	8.2	9.0	9.0	9.9
浙江	14.8	18.6	19.3	20.0	17.6	18.2	18.3	19.4
安徽	8.4	9.3	10.7	12.4	10.3	10.5	9.9	9.6
福建	8.1	10.8	11.1	11.1	11.3	12.6	12.0	12.7
江西	6.4	8.5	7.9	8.4	8.1	8.8	10.0	9.1
山东	7.2	7.6	7.6	7.4	7.3	8.1	8.9	9.5
河南	7.4	11.7	11.7	12.2	11.8	12.5	11.9	12.5
湖北	7.4	8.8	7.7	8.1	7.1	7.2	7.4	6.9
湖南	5.0	4.8	4.7	4.7	5.5	6.9	7.3	7.0
广东	11.4	9.2	8.8	9.4	7.9	9.3	10.1	10.2
广西	9.5	12.3	10.0	9.3	7.9	8.8	9.5	8.8
海南	16.2	16.6	15.2	14.1	9.4	8.5	9.8	9.6
重庆	8.8	7.8	7.0	6.8	6.4	7.0	7.5	7.4
四川	9.0	11.3	11.7	11.4	10.5	9.7	9.4	9.0
贵州	8.4	8.9	10.2	10.0	8.4	9.0	9.4	8.0
云南	12.4	18.0	15.8	14.6	12.8	13.3	14.2	12.1
西藏	20.4	14.1	11.8	10.0	9.9	7.0	5.5	5.0
陕西	7.6	9.8	8.6	9.1	7.3	6.6	6.5	7.5
甘肃	8.9	9.4	7.4	6.3	5.2	4.6	4.2	4.6
青海	7.8	5.9	5.3	5.1	4.7	5.3	4.8	4.9
宁夏	11.3	13.0	12.3	11.7	9.8	9.8	9.6	11.1
新疆	7.4	12.6	11.3	12.6	11.8	8.7	8.1	12.2

5-2-12 各地区村卫生室执业(助理)医师数

单位：人

地 区	2010	2015	2018	2019	2020	2021	2022	2023
全 国	**173275**	**309923**	**381353**	**435471**	**465214**	**475824**	**502095**	**508452**
北 京	597	950	970	1391	1032	1422	2317	2884
天 津	684	1441	2004	2296	2434	2571	2533	2478
河 北	15850	28569	37647	46124	46874	48166	48208	51585
山 西	5678	10035	12162	14731	14799	16313	16442	17616
内蒙古	3172	6342	8392	9719	10159	10900	11161	12554
辽 宁	4051	5304	7980	9072	9682	10894	10805	11362
吉 林	2497	4740	5452	6133	6419	6663	6660	7106
黑龙江	4835	7082	9220	10406	10683	10511	11285	10299
上 海	3657	3644	2482	2027	2159	2935	3132	1287
江 苏	4229	25323	33807	35492	35792	36225	36201	33965
浙 江	8685	12600	14482	14678	15549	15350	17438	18425
安 徽	12240	17442	20985	22948	26097	15860	23283	16633
福 建	4785	6699	8734	10104	10665	11933	12420	13297
江 西	4812	11662	13560	15314	16782	17258	17506	21211
山 东	13544	21047	30713	40313	44071	45745	48274	51734
河 南	17283	36403	42222	45077	52109	57099	60846	67905
湖 北	7214	16102	18639	19497	20496	21171	20993	9819
湖 南	9758	20956	24527	30871	32273	31665	34573	34161
广 东	8448	12871	14769	15900	16790	18379	19272	20007
广 西	4735	4701	5512	6177	6883	5790	6607	8418
海 南	520	1846	2012	2094	2489	2530	2619	2946
重 庆	4755	6885	7422	8031	6551	6341	6758	6381
四 川	16572	18495	23340	25414	28398	28257	28525	31307
贵 州	2133	4341	2452	4388	6215	6556	7074	6780
云 南	1949	4003	6215	7077	7575	8622	9782	11646
西 藏	100	319	566	1198	1087	1254	1402	1531
陕 西	4959	6444	7412	9151	10182	14053	14693	13282
甘 肃	2154	6290	8537	9792	10307	10860	10802	11176
青 海	1134	2187	2292	2365	2662	2474	2422	2668
宁 夏	325	1078	1645	1847	1994	1785	1775	1150
新 疆	1820	4122	5201	5844	6006	6242	6287	6839

注：本表包括乡镇卫生院在村卫生室工作的执业(助理)医师。

5-2-13 各地区村卫生室诊疗人次数

单位：万人次

地 区	2010	2015	2018	2019	2020	2021	2022	2023
全 国	**165702**	**189407**	**167207**	**160462**	**142754**	**134184**	**128176**	**140050**
北 京	432	379	258	227	114	94	99	184
天 津	782	1050	962	793	519	411	376	433
河 北	15333	19518	16386	15403	12785	11647	10773	14137
山 西	3456	3354	2623	2368	2052	1833	1704	1844
内蒙古	2258	2047	1697	1568	1385	1281	1214	1229
辽 宁	3422	4074	3706	3444	2694	2054	1794	1913
吉 林	2053	2634	2240	1960	1557	1368	1144	1202
黑龙江	3089	2509	1861	1610	1153	885	883	1016
上 海	877	674	695	696	665	660	538	141
江 苏	7884	9358	8954	8343	7420	7770	7002	7159
浙 江	3443	3997	4411	5056	4457	4670	4799	5096
安 徽	7105	8214	7194	7053	7071	6604	6455	6717
福 建	4454	4375	4430	4448	4320	4392	3916	4144
江 西	6624	9043	7984	8113	7067	5770	5479	5890
山 东	21601	24666	21662	20280	18261	17724	16011	20126
河 南	20648	22153	19894	19455	18105	17470	16458	16572
湖 北	7101	10609	8582	7633	6754	6814	6601	6491
湖 南	7458	7888	6389	6047	5619	5675	6499	7714
广 东	8356	12766	12144	11881	9949	8673	8352	9077
广 西	5501	5494	4167	3564	2852	2512	2467	2344
海 南	523	759	705	616	546	500	466	427
重 庆	3191	3014	2759	2793	2627	2684	2724	2856
四 川	11019	10651	9682	9687	8884	8205	7635	7576
贵 州	4016	3684	3109	3188	2816	2827	3292	3350
云 南	5456	5717	4996	5301	5396	5260	5554	5469
西 藏	124	156	184	175	158	131	107	99
陕 西	4650	4974	4857	4570	3612	3030	2744	2969
甘 肃	3108	3778	3072	2389	2048	1724	1541	1432
青 海	463	460	455	429	352	345	334	394
宁 夏	480	488	432	437	413	325	343	414
新 疆	736	927	719	934	1100	850	869	1636

5-3-1 全国中医医院诊疗情况

年 份	病床使用率(%)	出院者平均住院日(日)	医师日均担负	
			诊疗人次(人次)	住院床日(床日)
2000	50.7	11.4		
2001	51.5	10.9		
2002	57.1	10.8		
2003	59.0	10.6		
2004	62.1	10.4		
2005	65.0	10.8		
2006	66.8	10.5		
2007	73.0	10.6	6.5	1.4
2008	77.3	10.5	6.7	1.6
2009	81.8	10.4	6.9	1.8
2010	84.1	10.6	7.1	1.9
2011	86.3	10.5	7.6	2.1
2012	88.6	10.2	7.9	2.3
2013	88.6	10.1	8.0	2.3
2014	87.3	10.0	8.1	2.4
2015	84.7	9.9	7.8	2.4
2016	84.9	9.8	7.7	2.3
2017	85.0	9.6	7.4	2.3
2018	84.8	9.5	7.3	2.4
2019	83.5	9.3	7.3	2.3
2020	72.3	9.5	6.1	2.0
2021	73.9	9.3	6.6	2.0
2022	70.1	9.1	6.4	2.7
2023	79.4	8.9	6.7	2.2

5-3-2 各地区中医医院病床使用率

单位：%

地区	2012	2015	2018	2019	2020	2021	2022	2023
全国	**88.6**	**84.7**	**84.8**	**83.5**	**72.3**	**73.9**	**70.1**	**79.4**
北京	76.2	71.8	72.6	69.7	47.0	58.9	54.1	66.3
天津	88.4	78.3	74.7	76.6	59.8	69.0	62.6	78.7
河北	77.9	76.8	79.6	76.5	66.6	65.3	59.9	66.9
山西	64.8	65.7	72.0	69.4	57.3	57.3	54.5	62.7
内蒙古	78.1	68.4	63.5	57.0	46.6	47.1	45.5	62.6
辽宁	79.7	77.5	70.1	61.7	50.6	51.6	51.1	63.0
吉林	69.7	71.3	71.6	72.6	58.7	62.8	52.3	69.2
黑龙江	80.7	76.4	70.7	72.2	43.1	51.4	49.3	73.7
上海	94.7	94.5	96.8	98.3	73.6	82.7	74.8	94.9
江苏	93.4	89.7	88.4	89.3	77.1	78.4	73.4	84.8
浙江	93.1	87.7	86.7	86.8	74.3	75.5	74.8	82.4
安徽	89.7	90.2	90.3	86.2	73.3	68.2	70.4	77.1
福建	89.4	77.0	79.7	79.5	66.7	69.8	66.9	75.5
江西	94.0	89.6	85.9	84.6	78.1	76.3	69.9	73.2
山东	83.1	85.8	84.3	81.1	73.2	78.2	72.3	85.8
河南	89.1	84.7	86.5	86.4	79.1	80.6	73.9	83.0
湖北	95.9	90.5	90.6	90.8	73.2	77.6	74.1	80.3
湖南	94.1	88.6	87.0	87.3	79.8	80.2	76.4	79.0
广东	88.7	85.1	86.5	86.0	73.4	75.6	74.2	82.0
广西	93.6	86.3	87.1	87.6	82.2	79.1	76.5	81.1
海南	74.3	69.0	70.7	67.7	57.3	59.9	51.4	63.5
重庆	98.2	92.8	85.0	84.3	76.7	78.7	77.6	86.6
四川	90.6	93.7	93.8	94.4	82.5	83.9	80.6	88.9
贵州	89.7	85.8	91.0	86.1	78.6	78.8	76.8	79.8
云南	91.6	84.6	88.9	85.5	82.7	82.2	77.7	82.5
西藏								
陕西	87.7	84.2	84.3	80.2	67.1	71.1	69.8	81.2
甘肃	85.8	78.9	85.5	82.7	74.4	72.0	64.6	76.3
青海	92.6	81.1	87.0	87.1	83.6	75.3	61.8	79.6
宁夏	89.7	77.6	86.1	83.0	67.5	67.1	67.1	88.0
新疆	90.8	95.1	96.8	91.3	72.9	83.1	67.2	96.2

5-3-3 各地区中医医院出院者平均住院日

单位：日

地　区	2012	2015	2018	2019	2020	2021	2022	2023
全　国	**10.2**	**9.9**	**9.5**	**9.3**	**9.5**	**9.3**	**9.1**	**8.9**
北　京	14.4	13.1	12.1	11.4	12.2	11.2	11.1	10.6
天　津	11.4	11.8	11.1	11.1	11.9	11.0	10.7	10.2
河　北	8.4	9.1	8.9	8.9	9.3	9.4	9.2	8.8
山　西	11.0	11.1	11.0	10.4	11.0	11.0	11.2	10.6
内蒙古	10.5	9.9	9.0	9.3	9.4	9.5	9.8	9.1
辽　宁	12.2	11.7	11.2	10.8	11.0	11.0	10.4	10.1
吉　林	10.6	10.7	10.8	10.4	10.9	11.3	10.7	11.1
黑龙江	11.9	11.3	10.8	10.8	10.3	10.4	9.6	10.0
上　海	11.5	10.0	8.9	8.5	8.6	8.0	9.2	8.1
江　苏	10.2	9.6	9.2	9.0	9.0	8.7	8.1	7.8
浙　江	11.5	10.4	10.1	9.7	9.9	9.4	8.8	8.7
安　徽	9.2	9.3	9.1	8.7	8.9	8.5	8.6	8.4
福　建	9.1	9.2	9.1	8.9	9.1	8.9	8.6	8.6
江　西	9.1	9.3	9.2	9.2	9.1	9.0	8.9	8.9
山　东	9.0	9.9	9.3	9.2	9.5	9.6	9.3	9.0
河　南	10.6	10.4	10.2	10.0	10.2	10.2	10.1	9.7
湖　北	10.2	10.0	9.9	9.8	10.3	10.0	9.6	9.2
湖　南	9.7	9.3	9.2	9.1	9.2	9.3	9.0	8.7
广　东	10.1	9.7	9.1	8.9	8.9	8.6	8.4	8.1
广　西	9.3	8.8	8.6	8.5	8.6	7.8	7.9	7.8
海　南	10.1	9.4	8.7	8.5	8.7	8.6	8.5	8.2
重　庆	11.0	9.9	9.3	9.2	9.6	9.3	9.2	9.0
四　川	10.5	10.4	10.2	10.0	10.0	10.0	9.6	9.3
贵　州	9.6	9.1	8.2	8.1	8.2	8.3	8.1	7.9
云　南	10.4	9.6	9.0	8.9	8.9	8.9	8.7	8.3
西　藏								
陕　西	10.9	10.5	9.6	9.3	9.7	9.8	9.8	9.4
甘　肃	10.0	10.2	8.5	8.5	9.0	8.9	9.0	9.3
青　海	10.4	10.0	9.4	9.3	8.2	9.5	9.1	9.1
宁　夏	10.5	9.9	9.2	9.1	9.0	9.0	9.1	9.3
新　疆	10.8	10.1	9.3	9.2	9.4	8.9	8.8	8.9

5-3-4　各地区中医医院医师日均担负诊疗人次

单位：人次

地　区	2012	2015	2018	2019	2020	2021	2022	2023
全　国	**7.9**	**7.8**	**7.3**	**7.3**	**6.1**	**6.6**	**6.4**	**6.7**
北　京	13.9	13.8	11.5	11.3	7.8	9.9	9.0	10.3
天　津	13.4	13.3	10.6	10.8	8.0	8.7	8.1	8.8
河　北	5.0	5.0	4.9	5.6	4.6	4.9	4.7	5.1
山　西	3.7	4.4	4.8	4.7	4.3	4.8	4.7	5.0
内蒙古	5.2	5.4	4.8	4.8	4.4	4.8	4.6	5.2
辽　宁	4.7	5.1	4.7	4.6	4.0	4.4	5.2	5.0
吉　林	5.5	5.3	5.0	5.1	4.7	5.6	4.7	6.4
黑龙江	5.2	5.0	4.5	4.4	3.3	4.0	4.0	4.7
上　海	21.0	20.4	20.2	19.4	16.2	17.9	14.7	17.0
江　苏	10.0	10.3	9.5	9.7	7.8	7.8	7.8	9.0
浙　江	13.6	13.1	12.3	12.0	9.9	10.4	10.2	10.3
安　徽	5.8	6.8	6.6	6.7	5.7	6.3	6.3	6.0
福　建	10.7	9.7	9.2	9.2	7.7	8.5	8.5	8.2
江　西	6.6	6.0	5.7	5.7	5.2	5.5	5.6	5.3
山　东	5.3	5.2	5.0	5.0	4.3	4.8	4.6	5.0
河　南	6.5	6.1	6.3	6.4	5.3	5.6	5.4	6.0
湖　北	6.2	6.6	6.3	6.3	5.0	6.0	5.7	5.7
湖　南	4.9	4.5	4.1	3.9	3.7	4.2	4.3	4.3
广　东	13.1	12.2	10.8	10.6	8.6	9.4	8.7	9.4
广　西	8.2	7.9	7.6	7.3	6.0	6.5	6.4	6.3
海　南	7.7	6.5	6.9	6.9	6.2	6.0	5.8	6.5
重　庆	7.5	8.3	6.8	7.0	6.4	7.1	6.9	6.5
四　川	7.6	7.4	7.4	7.6	6.6	7.2	7.1	7.3
贵　州	5.5	5.6	5.9	5.6	5.0	5.2	5.1	4.9
云　南	9.6	9.4	8.4	7.8	6.9	7.0	6.9	6.9
西　藏								
陕　西	5.9	6.1	6.0	6.0	5.1	5.5	5.3	5.9
甘　肃	7.4	6.7	6.9	6.7	5.7	5.7	4.8	5.5
青　海	5.6	7.1	7.9	6.9	5.0	5.3	4.2	4.7
宁　夏	10.5	9.5	8.9	8.1	6.5	6.9	7.2	8.1
新　疆	7.4	7.4	6.0	6.3	4.3	5.6	4.9	6.4

5-3-5　各地区中医医院医师日均担负住院床日

单位：床日

地　区	2012	2015	2018	2019	2020	2021	2022	2023
全　国	**2.3**	**2.4**	**2.4**	**2.3**	**2.0**	**2.0**	**2.7**	**2.2**
北　京	1.2	1.1	1.0	0.9	0.6	0.7	1.3	0.8
天　津	1.4	1.3	1.2	1.3	0.9	1.0	1.5	1.2
河　北	1.8	1.8	1.9	1.9	1.6	1.6	2.4	1.7
山　西	1.4	1.6	1.8	1.8	1.5	1.5	2.6	1.6
内蒙古	1.8	1.8	1.9	1.7	1.5	1.4	2.9	1.7
辽　宁	2.0	2.3	2.2	1.9	1.6	1.6	2.9	1.9
吉　林	1.5	1.6	1.7	1.8	1.5	1.6	2.6	2.0
黑龙江	1.7	2.0	2.2	2.3	1.4	1.7	3.4	2.6
上　海	2.0	1.9	1.8	1.7	1.3	1.4	1.7	1.7
江　苏	2.2	2.3	2.1	2.1	1.8	1.7	2.2	1.9
浙　江	2.0	1.9	2.1	2.0	1.7	1.6	2.1	1.7
安　徽	2.3	2.9	2.8	2.7	2.2	2.1	2.9	2.2
福　建	2.2	2.0	2.0	2.0	1.7	1.7	2.4	1.8
江　西	2.4	2.7	2.7	2.6	2.3	2.3	3.0	2.2
山　东	2.0	2.2	2.0	1.9	1.7	1.8	2.3	2.1
河　南	2.5	2.4	2.6	2.6	2.2	2.2	2.9	2.4
湖　北	2.7	3.0	3.0	3.0	2.3	2.4	3.2	2.5
湖　南	2.9	2.7	2.6	2.7	2.6	2.6	3.2	2.5
广　东	2.0	2.1	2.1	2.1	1.8	1.8	2.3	1.9
广　西	2.4	2.4	2.5	2.5	2.3	2.2	2.7	2.3
海　南	2.1	1.8	1.8	1.7	1.5	1.4	2.4	1.5
重　庆	3.0	3.4	2.9	3.0	2.7	2.8	3.5	3.0
四　川	3.0	3.1	3.1	3.2	2.7	2.7	3.2	2.8
贵　州	3.0	3.2	3.2	2.9	2.6	2.6	3.2	2.3
云　南	3.3	3.3	3.2	2.9	2.8	2.8	3.3	2.6
西　藏								
陕　西	2.8	3.0	2.9	2.8	2.3	2.3	3.2	2.7
甘　肃	3.2	3.2	3.1	3.1	2.6	2.5	3.2	2.6
青　海	2.8	2.5	2.6	2.4	2.2	2.1	2.7	2.0
宁　夏	2.6	2.5	2.4	2.3	1.9	1.8	2.6	2.4
新　疆	3.2	3.4	2.9	2.8	2.1	2.3	2.9	3.1

5-3-6 各地区每千人口中医类医疗卫生机构床位数

单位：张

地 区	2012	2015	2018	2019	2020	2021	2022	2023
全 国	**0.52**	**0.70**	**0.88**	**0.95**	**1.02**	**1.07**	**1.13**	**1.23**
北 京	0.83	0.98	1.22	1.25	1.24	1.35	1.40	1.47
天 津	0.51	0.64	0.70	0.72	0.78	0.82	0.83	0.89
河 北	0.47	0.58	0.80	0.84	0.97	1.01	1.11	1.31
山 西	0.49	0.59	0.73	0.81	0.92	0.98	0.95	1.01
内蒙古	0.57	0.93	1.38	1.46	1.59	1.66	1.66	1.79
辽 宁	0.50	0.65	0.86	0.88	0.95	0.99	1.01	1.10
吉 林	0.52	0.64	0.83	0.88	1.05	1.15	1.27	1.33
黑龙江	0.48	0.67	0.88	0.94	1.13	1.20	1.30	1.48
上 海	0.40	0.48	0.53	0.54	0.54	0.55	0.57	0.60
江 苏	0.49	0.65	0.77	0.83	0.81	0.79	0.82	0.85
浙 江	0.57	0.76	0.90	0.94	0.89	0.88	0.88	0.94
安 徽	0.40	0.54	0.70	0.76	1.01	1.03	1.15	1.20
福 建	0.48	0.59	0.65	0.67	0.70	0.73	0.76	0.82
江 西	0.47	0.61	0.76	0.82	0.93	1.05	1.09	1.23
山 东	0.55	0.69	0.86	0.92	0.97	1.04	1.09	1.24
河 南	0.52	0.70	0.93	1.02	1.09	1.21	1.35	1.47
湖 北	0.57	0.83	0.98	0.99	1.07	1.11	1.17	1.27
湖 南	0.63	0.83	1.04	1.08	1.23	1.24	1.29	1.35
广 东	0.37	0.49	0.59	0.62	0.61	0.64	0.66	0.72
广 西	0.48	0.69	0.88	0.95	1.04	1.13	1.23	1.31
海 南	0.39	0.51	0.57	0.66	0.72	0.72	0.72	0.79
重 庆	0.50	0.83	1.28	1.41	1.47	1.53	1.61	1.72
四 川	0.66	0.87	1.12	1.23	1.31	1.40	1.48	1.62
贵 州	0.46	0.73	0.96	1.09	1.17	1.30	1.37	1.48
云 南	0.49	0.66	0.85	0.96	1.08	1.16	1.25	1.34
西 藏	0.31	0.60	0.78	0.83	0.98	1.03	1.02	1.15
陕 西	0.61	0.81	1.02	1.06	1.11	1.15	1.20	1.35
甘 肃	0.78	1.09	1.45	1.64	1.78	1.85	1.88	2.15
青 海	0.66	1.03	1.18	1.22	1.38	1.41	1.41	1.74
宁 夏	0.66	0.82	0.99	1.07	1.04	1.10	1.14	1.27
新 疆	0.76	0.92	1.05	1.18	1.22	1.18	1.23	1.49

5-3-7 各地区每千人口中医类别执业(助理)医师数

单位：人

地 区	2012	2015	2018	2019	2020	2021	2022	2023
全 国	**0.22**	**0.33**	**0.41**	**0.45**	**0.48**	**0.52**	**0.54**	**0.62**
北 京	0.54	0.73	0.91	0.98	0.99	1.02	1.06	1.14
天 津	0.34	0.44	0.58	0.62	0.77	0.84	0.86	0.96
河 北	0.22	0.34	0.45	0.48	0.55	0.61	0.63	0.73
山 西	0.30	0.39	0.45	0.48	0.54	0.56	0.57	0.62
内蒙古	0.33	0.51	0.61	0.65	0.73	0.78	0.80	0.89
辽 宁	0.21	0.28	0.37	0.39	0.42	0.45	0.46	0.48
吉 林	0.27	0.33	0.45	0.46	0.56	0.58	0.59	0.66
黑龙江	0.20	0.26	0.31	0.34	0.42	0.45	0.46	0.52
上 海	0.24	0.31	0.37	0.40	0.42	0.45	0.46	0.49
江 苏	0.17	0.27	0.36	0.40	0.41	0.43	0.44	0.48
浙 江	0.24	0.41	0.50	0.55	0.53	0.55	0.59	0.66
安 徽	0.14	0.19	0.24	0.27	0.43	0.45	0.49	0.57
福 建	0.23	0.34	0.41	0.44	0.45	0.49	0.51	0.56
江 西	0.17	0.24	0.28	0.31	0.37	0.40	0.41	0.52
山 东	0.19	0.32	0.43	0.47	0.52	0.54	0.58	0.68
河 南	0.21	0.31	0.39	0.42	0.46	0.52	0.55	0.63
湖 北	0.18	0.27	0.31	0.32	0.35	0.38	0.40	0.46
湖 南	0.21	0.31	0.40	0.41	0.45	0.47	0.49	0.61
广 东	0.21	0.31	0.38	0.41	0.39	0.41	0.44	0.50
广 西	0.17	0.27	0.35	0.39	0.43	0.47	0.51	0.55
海 南	0.13	0.21	0.25	0.29	0.32	0.37	0.39	0.40
重 庆	0.31	0.42	0.53	0.58	0.62	0.64	0.66	0.75
四 川	0.33	0.55	0.62	0.67	0.71	0.77	0.80	0.92
贵 州	0.14	0.24	0.34	0.39	0.39	0.45	0.47	0.57
云 南	0.15	0.21	0.28	0.34	0.39	0.41	0.44	0.51
西 藏	0.24	0.36	0.63	0.62	0.74	0.79	0.81	0.92
陕 西	0.24	0.30	0.38	0.41	0.43	0.45	0.47	0.52
甘 肃	0.31	0.46	0.54	0.55	0.62	0.67	0.69	0.78
青 海	0.22	0.42	0.51	0.56	0.63	0.65	0.66	0.86
宁 夏	0.21	0.30	0.40	0.42	0.44	0.46	0.47	0.53
新 疆	0.19	0.29	0.36	0.39	0.39	0.41	0.42	0.50

5-4-1　全国医疗卫生服务费用情况

年　份	卫生总费用(亿元)				卫生总费用构成(%)			卫生总费用与GDP之比(%)	基本公共卫生服务项目人均财政补助标准(元)
	总计	政府卫生支出	社会卫生支出	个人卫生支出	政府卫生支出	社会卫生支出	个人卫生支出		
2000	4586.6	709.5	1171.9	2705.2	15.5	25.6	59.0	4.6	
2001	5025.9	800.6	1211.4	3013.9	15.9	24.1	60.0	4.5	
2002	5790.0	908.5	1539.4	3342.1	15.7	26.6	57.7	4.8	
2003	6584.1	1116.9	1788.5	3678.7	17.0	27.2	55.9	4.8	
2004	7590.3	1293.6	2225.4	4071.4	17.0	29.3	53.6	4.7	
2005	8659.9	1552.5	2586.4	4521.0	17.9	29.9	52.2	4.6	
2006	9843.3	1778.9	3210.9	4853.6	18.1	32.6	49.3	4.5	
2007	11574.0	2581.6	3893.7	5098.7	22.3	33.6	44.1	4.3	
2008	14535.4	3593.9	5065.6	5875.9	24.7	34.9	40.4	4.6	
2009	17541.9	4816.3	6154.5	6571.2	27.5	35.1	37.5	5.0	15
2010	19980.4	5732.5	7196.6	7051.3	28.7	36.0	35.3	4.8	20
2011	24345.9	7464.2	8416.5	8465.3	30.7	34.6	34.8	5.0	25
2012	28119.0	8432.0	10030.7	9656.3	30.0	35.7	34.3	5.2	25
2013	31668.9	9545.8	11393.8	10729.3	30.1	36.0	33.9	5.3	30
2014	35312.4	10579.2	13437.8	11295.4	30.0	38.1	32.0	5.5	35
2015	40974.6	12475.3	16506.7	11992.6	30.4	40.3	29.3	5.9	40
2016	46344.9	13910.3	19096.7	13337.9	30.0	41.2	28.8	6.2	45
2017	52598.3	15205.9	22258.8	15133.6	28.9	42.3	28.8	6.3	50
2018	59121.9	16399.1	25810.8	16912.0	27.7	43.7	28.6	6.4	55
2019	65841.4	18017.0	29150.6	18673.9	27.4	44.3	28.4	6.6	69
2020	72175.0	21941.9	30273.7	19959.4	30.4	41.9	27.7	7.1	74
2021	76845.0	20676.1	34963.3	21205.7	26.9	45.5	27.6	6.7	79
2022	85327.5	24040.9	38345.7	22940.9	28.2	44.9	26.9	7.1	84
2023	90575.8	24147.9	41676.8	24751.1	26.7	46.0	27.3	7.2	89

注：1.本表系按当年价格核算数，2023年为初步测算数。以下相关表同。
2.2001年起卫生总费用不含高等医学教育经费，2006年起包括城乡医疗救助经费。

5-4-2 各地区卫生总费用

单位：亿元

地区	2015	2017	2019	2020	2021	2022	2023
全国	**40974.6**	**52598.3**	**65841.4**	**72175.0**	**76845.0**	**85327.5**	**90575.8**
北京	1834.8	2193.8	2964.8	3031.3	3351.9	3649.4	3891.0
天津	752.8	864.7	973.5	907.6	1072.4	1110.2	1214.6
河北	1861.5	2197.1	2939.9	3069.1	3308.6	3573.0	3769.8
山西	922.9	1087.8	1292.3	1484.5	1569.4	1705.6	1868.8
内蒙古	829.3	1010.4	1169.4	1266.6	1330.5	1484.6	1608.2
辽宁	1411.9	1605.7	1810.6	1913.9	1950.2	2056.5	2166.1
吉林	833.1	1007.5	1172.3	1167.0	1164.5	1237.8	1300.0
黑龙江	1043.2	1342.3	1510.7	1776.7	1748.7	1826.9	1847.3
上海	1536.6	2087.1	2532.7	2634.2	3326.6	4005.3	4276.9
江苏	2974.4	3691.2	4459.2	4917.3	5779.4	6548.7	6763.1
浙江	2250.2	2826.0	3440.5	3815.6	4290.4	5047.1	5220.3
安徽	1460.4	1812.2	2240.1	2437.6	2516.1	2812.3	2991.6
福建	1130.6	1407.5	1699.1	1926.8	2077.7	2262.1	2511.0
江西	978.7	1256.2	1667.6	1795.5	1860.7	2011.9	2252.1
山东	2844.0	3570.8	4285.8	4823.4	5374.7	5785.7	6102.4
河南	2258.5	2747.7	3608.8	3936.5	4083.7	4457.0	4637.0
湖北	1649.2	2183.1	2581.0	3449.8	3051.0	3386.5	3590.5
湖南	1629.3	2147.3	2771.7	2821.4	3051.5	3379.2	3550.5
广东	3301.7	4619.2	6126.4	7073.1	8064.0	8804.9	9193.8
广西	1008.9	1393.0	1668.3	1876.7	1941.6	2081.8	2166.3
海南	262.6	369.5	454.4	529.8	555.9	585.9	620.1
重庆	1000.2	1179.7	1415.4	1566.7	1692.4	1876.2	2026.1
四川	2164.3	3055.6	3705.4	4041.9	4254.7	4690.6	4936.1
贵州	754.2	1044.1	1390.8	1490.4	1536.9	1584.8	1841.6
云南	1095.2	1511.9	1801.9	1909.9	2065.1	2195.7	2298.2
西藏	104.0	139.3	189.1	204.9	254.7	276.5	290.2
陕西	1254.4	1538.1	1824.5	1984.8	2145.5	2408.4	2609.0
甘肃	654.1	812.7	933.8	1073.6	1110.7	1127.1	1278.4
青海	215.8	270.1	355.2	382.1	388.1	398.8	425.7
宁夏	227.9	298.9	341.1	380.1	372.9	453.5	474.9
新疆	871.0	1088.8	1355.0	1510.2	1584.7	1682.2	1758.3

5-4-3 各地区政府卫生支出

单位：亿元

地 区	2015	2018	2019	2020	2021	2022	2023
全 国	**12475.3**	**16399.1**	**18017.0**	**21941.9**	**20676.1**	**24040.9**	**24147.9**
北 京	445.8	580.0	703.2	809.8	784.0	940.0	882.3
天 津	202.2	216.3	218.0	191.6	200.1	196.7	232.2
河 北	552.6	706.1	721.6	848.4	849.9	970.9	977.4
山 西	298.1	364.8	385.6	469.5	437.1	519.4	539.7
内蒙古	271.5	324.6	342.6	395.1	389.8	460.6	505.3
辽 宁	292.8	357.1	378.8	447.1	415.9	482.8	441.6
吉 林	252.1	299.2	295.7	366.7	310.0	410.6	392.6
黑龙江	284.3	308.3	329.6	524.3	455.2	458.7	488.2
上 海	319.9	507.9	564.2	633.7	720.3	1388.5	965.5
江 苏	674.7	869.0	962.9	1133.8	1255.9	1520.4	1488.1
浙 江	500.1	640.0	795.5	913.1	974.3	1320.3	1282.4
安 徽	497.3	634.7	702.4	801.8	759.5	838.0	855.4
福 建	357.4	448.4	481.6	660.8	568.5	641.5	649.8
江 西	421.8	590.9	644.2	673.6	656.7	736.7	752.1
山 东	722.2	917.1	961.4	1169.8	1172.5	1274.8	1323.0
河 南	729.7	935.6	1021.4	1163.0	1091.6	1200.0	1170.1
湖 北	530.7	586.9	638.6	1314.9	759.2	862.4	899.3
湖 南	506.8	698.4	709.8	795.6	819.1	832.2	892.7
广 东	956.0	1435.9	1666.1	1950.2	1966.4	2185.5	2127.3
广 西	387.0	554.1	587.2	731.7	635.1	658.0	747.2
海 南	102.7	147.6	182.5	239.7	207.6	267.0	265.4
重 庆	323.7	380.7	391.9	482.4	457.3	507.0	519.9
四 川	696.2	893.5	1020.7	1220.7	1110.3	1245.2	1316.8
贵 州	371.7	485.6	550.1	615.3	569.5	611.1	668.8
云 南	425.8	583.7	646.5	774.5	762.9	761.0	810.0
西 藏	72.4	111.3	126.5	141.6	173.0	196.4	194.6
陕 西	377.8	463.0	483.7	552.6	593.3	690.3	715.6
甘 肃	259.1	318.0	342.5	450.1	412.9	418.3	469.5
青 海	107.1	141.6	158.0	186.5	191.0	184.4	212.1
宁 夏	77.1	108.4	112.5	128.4	118.1	147.8	156.9
新 疆	262.9	342.8	373.1	605.5	535.7	640.5	639.2

5-4-4 各地区社会卫生支出

单位：亿元

地区	2015	2018	2019	2020	2021	2022	2023
全国	**16506.7**	**25810.8**	**29150.6**	**30273.7**	**34963.3**	**38345.7**	**41676.8**
北京	1069.9	1530.0	1850.5	1815.8	2127.2	2214.6	2478.1
天津	317.4	405.4	465.8	452.1	571.3	623.3	665.5
河北	622.1	1070.9	1256.8	1271.4	1466.6	1569.5	1747.1
山西	319.4	473.4	497.1	554.9	643.3	693.1	793.4
内蒙古	255.6	424.7	469.4	493.6	543.7	599.0	638.7
辽宁	610.7	784.8	843.2	874.5	949.5	985.7	1104.0
吉林	275.0	443.2	504.4	457.5	505.5	481.4	538.6
黑龙江	383.5	642.7	703.5	719.8	769.6	840.6	825.8
上海	882.4	1326.4	1439.7	1492.0	2001.8	2059.8	2573.3
江苏	1496.0	2209.8	2426.1	2609.3	3122.3	3493.8	3640.2
浙江	1086.5	1646.8	1777.2	1961.7	2278.0	2627.4	2754.9
安徽	527.7	779.7	886.1	924.8	1021.6	1172.3	1278.6
福建	478.0	728.8	807.1	790.3	989.9	1059.5	1222.0
江西	287.4	503.7	588.2	635.6	684.4	719.4	858.5
山东	1213.0	1982.6	2061.4	2236.0	2685.9	2923.8	3113.0
河南	734.7	1170.3	1429.5	1569.4	1767.3	1958.5	2111.7
湖北	565.7	970.6	1097.8	1233.3	1379.9	1554.2	1687.9
湖南	573.1	969.9	1184.4	1180.1	1383.6	1627.9	1686.2
广东	1485.9	2427.4	2907.6	3293.6	4014.1	4504.1	4756.3
广西	353.2	603.7	620.8	634.7	766.5	853.7	827.9
海南	93.6	171.8	179.2	174.9	228.1	199.1	224.0
重庆	393.8	599.3	623.2	641.3	763.7	863.0	965.0
四川	826.0	1450.8	1651.9	1702.6	1970.8	2183.4	2295.1
贵州	206.1	428.0	513.8	517.8	588.8	591.2	707.7
云南	338.2	614.9	663.6	618.3	743.9	843.3	869.8
西藏	25.6	47.1	50.8	49.4	59.2	56.5	71.1
陕西	465.2	756.4	781.8	836.9	919.7	1032.6	1164.3
甘肃	199.6	300.8	321.4	319.6	382.5	394.2	454.2
青海	57.2	88.2	108.7	103.8	111.4	130.3	131.6
宁夏	75.9	138.2	131.3	145.7	150.5	193.0	196.4
新疆	390.8	553.8	624.9	537.0	668.1	679.7	743.7

5-4-5　各地区个人卫生支出

单位：亿元

地区	2015	2018	2019	2020	2021	2022	2023
全国	**11992.6**	**16912.0**	**18673.9**	**19959.4**	**21205.7**	**22940.9**	**24751.1**
北京	319.1	390.9	411.1	405.6	440.7	494.8	530.6
天津	233.2	266.9	289.8	263.8	301.0	290.2	316.9
河北	686.8	913.9	961.5	949.3	992.1	1032.7	1045.2
山西	305.4	382.1	409.6	460.2	489.1	493.2	535.8
内蒙古	302.3	333.4	357.3	377.9	397.0	424.9	464.1
辽宁	508.5	587.1	588.7	592.3	584.8	587.9	620.5
吉林	306.0	358.9	372.2	342.8	349.0	345.7	368.9
黑龙江	375.3	455.8	477.6	532.6	523.9	527.6	533.3
上海	334.3	467.3	528.9	508.6	604.4	557.0	738.1
江苏	803.7	956.3	1070.2	1174.3	1401.2	1534.4	1634.8
浙江	663.6	830.3	867.8	940.8	1038.0	1099.5	1182.9
安徽	435.5	583.7	651.6	711.0	735.0	802.0	857.7
福建	295.2	376.3	410.5	475.7	519.3	561.2	639.2
江西	269.5	379.3	435.2	486.4	519.6	555.8	641.6
山东	908.8	1241.1	1263.0	1417.6	1516.3	1587.2	1666.3
河南	794.1	994.3	1157.9	1204.1	1224.8	1298.5	1355.2
湖北	552.8	780.4	844.6	901.6	912.0	969.9	1003.3
湖南	549.4	816.2	877.5	845.7	848.8	919.0	971.6
广东	859.8	1335.4	1552.7	1829.4	2083.5	2115.3	2310.2
广西	268.8	457.2	460.4	510.3	540.0	570.2	591.2
海南	66.3	83.1	92.8	115.2	120.2	119.9	130.7
重庆	282.7	394.4	400.4	443.1	471.4	506.2	541.2
四川	642.1	908.8	1032.8	1118.6	1173.6	1262.1	1324.2
贵州	176.4	293.1	326.9	357.3	378.7	382.5	465.0
云南	331.2	455.7	491.8	517.1	558.3	591.4	618.4
西藏	5.9	9.4	11.9	13.9	22.5	23.5	24.5
陕西	411.4	522.8	558.9	595.3	632.5	685.5	729.2
甘肃	195.4	252.4	270.0	304.0	315.3	314.6	354.7
青海	51.6	78.3	88.4	91.9	85.7	84.2	82.0
宁夏	74.8	97.0	97.2	106.0	104.2	112.7	121.6
新疆	217.2	307.9	357.0	367.7	381.0	362.0	375.4

5-5-1 全国基本医疗保险情况

年 份	参保人数(万人)	基金收入(亿元)	基金支出(亿元)
2000	3786.9	170.0	124.5
2001	7285.9	383.6	244.1
2002	9401.2	607.8	409.4
2003	10901.7	890.0	653.9
2004	12403.6	1140.5	862.2
2005	13782.9	1405.3	1078.7
2006	15731.8	1747.1	1276.7
2007	22311.1	2257.2	1561.8
2008	31821.6	3040.4	2083.6
2009	40147.0	3671.9	2797.4
2010	43262.9	4308.9	3538.1
2011	47343.2	5539.2	4431.4
2012	53641.3	6938.7	5543.6
2013	57072.6	8248.3	6801.0
2014	59746.9	9687.2	8133.6
2015	66581.6	11192.9	9312.1
2016	74391.6	13084.3	10767.1
2017	117681.4	17931.3	14421.8
2018	134458.6	21384.4	17823.0
2019	135407.4	24420.9	20854.2
2020	136131.1	24846.1	21032.1
2021	136296.7	28732.0	24048.2
2022	134592.5	30922.2	24597.2
2023	133389.0	33504.9	28210.5

注：2007年起，基本医疗保险基金中包括职工基本医疗保险和城乡居民基本医疗保险；2019年起，包含生育保险基金。以下相关表同。

5-5-2 各地区职工基本医疗保险参保人数

单位：万人

地 区	2010	2015	2018	2019	2020	2021	2022	2023
全 国	**23734.7**	**28893.1**	**31680.8**	**32924.7**	**34455.1**	**35430.9**	**36243.4**	**37094.6**
北 京	1063.7	1475.7	1628.9	1682.5	1741.6	1486.0	1496.2	1504.7
天 津	470.0	522.0	575.3	595.0	618.4	637.6	642.6	659.2
河 北	848.0	957.0	1030.2	1079.2	1135.5	1212.0	1238.3	1288.3
山 西	562.0	650.5	686.6	702.0	716.4	731.1	739.2	753.9
内蒙古	433.5	477.4	505.3	530.7	553.0	564.7	586.8	606.6
辽 宁	1408.7	1651.4	1567.9	1552.1	1588.4	1571.0	1580.9	1596.5
吉 林	550.1	575.9	576.0	525.9	529.8	537.5	545.2	553.1
黑龙江	873.7	873.7	856.2	873.6	876.4	884.9	890.2	891.7
上 海	1405.9	1446.4	1523.3	1539.3	1587.2	1613.4	1623.7	1623.2
江 苏	1848.3	2429.0	2752.6	2954.0	3102.3	3246.0	3388.5	3476.6
浙 江	1344.4	1992.7	2277.0	2426.6	2579.5	2736.0	2855.8	2954.0
安 徽	598.5	763.3	854.6	888.1	951.6	1010.8	1063.3	1103.5
福 建	546.6	759.4	853.1	841.4	893.1	933.0	972.2	978.7
江 西	532.1	585.0	573.7	579.0	599.0	610.1	646.1	642.3
山 东	1541.3	1904.4	2072.1	2173.8	2323.3	2435.6	2498.3	2598.2
河 南	957.4	1200.7	1265.1	1281.6	1336.5	1351.8	1395.7	1433.8
湖 北	847.8	949.4	1054.0	1093.2	1136.9	1196.1	1240.4	1342.6
湖 南	777.4	818.8	898.5	930.6	989.8	1025.2	1052.6	1046.7
广 东	3000.0	3711.8	4170.7	4375.7	4578.1	4757.1	4856.0	4848.2
广 西	413.5	505.5	588.5	620.5	656.2	714.8	730.4	742.4
海 南	166.9	196.3	225.7	236.1	250.1	245.8	250.5	267.2
重 庆	406.2	588.5	678.3	720.6	767.0	795.9	808.5	813.0
四 川	1051.9	1378.6	1667.7	1778.1	1875.9	1945.8	1967.2	1999.3
贵 州	293.5	372.7	432.0	462.0	475.5	479.4	494.1	504.8
云 南	414.8	468.3	506.9	528.0	548.4	569.2	584.0	598.1
西 藏	23.5	34.3	43.9	47.7	50.4	55.1	55.6	58.7
陕 西	474.2	580.3	674.4	712.9	742.2	783.8	720.2	839.8
甘 肃	290.2	307.9	331.6	344.3	361.9	372.3	381.0	396.7
青 海	78.7	95.6	99.4	103.7	108.5	114.8	116.3	123.6
宁 夏	94.1	114.8	131.9	141.1	153.0	159.6	162.4	169.1
新 疆	417.7	505.9	579.4	605.1	629.1	654.1	661.2	680.1

5-5-3 各地区职工基本医疗保险基金收入

单位：亿元

地 区	2010	2015	2018	2019	2020	2021	2022	2023
全 国	**3955.4**	**9083.5**	**13537.8**	**15845.4**	**15731.6**	**19007.5**	**20793.3**	**22935.1**
北 京	296.8	786.3	1209.0	1483.6	1380.5	1672.4	1758.6	1947.1
天 津	105.5	235.2	308.1	333.0	324.3	386.6	424.4	480.4
河 北	145.8	304.7	416.9	504.7	511.8	608.0	666.3	713.3
山 西	80.8	178.5	246.5	269.3	278.4	322.5	354.7	409.9
内蒙古	71.4	154.1	215.6	245.5	257.0	279.9	339.4	357.5
辽 宁	205.7	383.6	492.6	548.8	544.1	608.8	654.4	725.1
吉 林	52.9	135.5	175.5	205.3	193.2	226.2	224.0	268.2
黑龙江	113.3	229.8	308.3	341.4	370.0	379.9	388.4	404.4
上 海	316.7	733.1	1119.3	1356.6	1223.1	1730.5	1719.4	2213.2
江 苏	339.8	781.9	1141.4	1336.4	1297.8	1614.6	1760.5	1874.2
浙 江	280.3	687.0	1011.2	1154.5	1221.1	1549.5	1657.8	1747.4
安 徽	81.4	193.7	309.5	351.0	326.8	417.8	463.9	548.9
福 建	101.4	243.5	325.0	373.4	377.7	447.9	499.9	576.9
江 西	52.5	126.7	214.2	237.1	248.3	268.9	296.8	321.9
山 东	248.0	563.2	873.4	1041.9	939.8	1223.6	1393.5	1406.2
河 南	119.0	268.0	414.2	487.3	520.5	614.7	631.0	700.1
湖 北	111.5	265.8	429.0	513.1	579.7	598.0	685.3	763.6
湖 南	97.2	230.7	364.0	406.4	416.2	453.2	536.6	590.6
广 东	377.9	859.3	1345.6	1656.6	1647.2	1890.5	2207.4	2464.3
广 西	70.0	147.9	234.3	276.5	282.3	321.4	365.9	388.7
海 南	24.0	48.9	78.9	98.0	95.4	123.6	137.8	159.6
重 庆	69.1	204.1	288.7	320.2	327.3	401.6	461.0	483.8
四 川	195.2	434.8	667.4	753.7	779.4	962.0	1087.4	1170.5
贵 州	44.2	112.0	185.8	219.1	220.5	261.4	287.7	305.4
云 南	89.7	179.2	289.3	324.3	341.0	388.4	394.4	399.3
西 藏	9.1	20.3	37.6	50.9	44.8	63.6	65.5	76.2
陕 西	81.6	184.2	290.3	323.0	343.8	415.0	508.4	547.1
甘 肃	44.8	91.0	125.9	148.6	159.5	201.6	197.9	220.5
青 海	24.4	46.7	72.9	80.7	83.3	94.9	103.5	112.3
宁 夏	17.3	40.4	63.9	71.5	75.1	78.2	116.3	107.9
新 疆	88.2	213.6	283.7	333.1	321.8	402.3	405.2	450.8

5-5-4 各地区职工基本医疗保险基金支出

单位：亿元

地 区	2010	2015	2018	2019	2020	2021	2022	2023
全 国	**3271.6**	**7531.5**	**10706.6**	**12663.2**	**12867.0**	**14751.8**	**15243.8**	**17752.8**
北 京	285.7	719.4	974.7	1226.1	1167.0	1358.8	1164.4	1138.7
天 津	94.4	203.9	277.9	303.7	294.7	324.1	335.3	347.3
河 北	109.9	237.0	334.1	390.0	410.6	462.1	485.7	559.8
山 西	66.4	154.0	211.8	234.4	233.6	244.2	274.1	329.1
内蒙古	58.7	129.2	175.9	197.8	197.0	209.2	238.0	318.0
辽 宁	175.6	369.6	460.0	505.6	474.6	499.1	571.7	666.9
吉 林	45.4	117.1	148.5	166.0	156.2	175.9	187.4	241.9
黑龙江	95.4	213.0	268.6	302.1	284.1	308.0	330.9	400.4
上 海	287.0	501.9	809.5	891.8	959.9	1038.0	1089.4	1255.7
江 苏	270.1	665.7	911.1	1091.8	1106.2	1315.1	1362.0	1788.9
浙 江	223.9	503.5	786.5	950.5	938.5	1174.6	1198.3	1434.0
安 徽	69.6	168.8	229.2	266.2	286.6	328.1	315.1	391.0
福 建	84.1	183.8	249.4	297.5	314.6	357.8	383.2	446.6
江 西	42.6	100.7	154.9	190.9	202.5	225.6	234.9	278.8
山 东	209.9	507.1	720.2	867.0	868.4	1118.0	1113.7	1259.8
河 南	97.7	227.5	352.6	408.5	426.7	493.4	497.8	612.9
湖 北	95.1	236.4	365.1	427.4	433.3	469.0	513.1	634.4
湖 南	94.8	187.0	274.0	325.6	339.9	347.9	398.5	452.3
广 东	275.9	653.3	997.6	1281.3	1380.0	1572.9	1674.4	1715.8
广 西	53.0	127.2	171.9	221.6	233.6	257.9	290.0	345.2
海 南	18.8	39.8	52.0	67.1	77.4	86.0	87.5	96.3
重 庆	55.2	185.4	271.0	274.5	273.8	290.7	343.3	381.8
四 川	142.6	356.1	486.9	574.8	584.9	674.3	736.3	858.1
贵 州	35.2	97.2	133.9	163.1	174.4	187.4	222.0	252.2
云 南	79.4	156.8	219.1	254.2	259.9	298.9	316.7	321.2
西 藏	5.9	14.3	19.1	21.4	22.0	25.7	27.3	45.7
陕 西	58.7	149.6	207.2	257.9	264.2	351.0	305.3	447.5
甘 肃	34.2	80.6	107.5	124.1	125.0	145.9	133.5	189.3
青 海	17.3	38.9	52.5	61.5	64.6	66.9	66.8	78.3
宁 夏	13.7	35.6	48.0	52.0	60.3	54.8	58.1	68.4
新 疆	75.6	171.1	235.8	266.9	252.8	290.3	289.1	396.6

5-5-5 各地区职工基本医疗保险统筹基金情况

单位：亿元

地 区	基金收入			基金支出		
	2021	2022	2023	2021	2022	2023
全 国	**19007.5**	**13160.2**	**16582.4**	**9322.5**	**9558.4**	**11654.1**
北 京	1672.4	1338.7	1589.8	901.4	868.1	981.8
天 津	386.6	354.9	403.4	237.5	297.5	284.3
河 北	608.0	504.0	536.4	302.3	289.4	363.0
山 西	322.5	172.6	284.5	138.1	143.0	183.1
内蒙古	279.9	212.6	261.8	120.9	129.1	193.0
辽 宁	608.8	383.2	493.4	303.9	344.0	419.0
吉 林	226.2	146.1	193.6	117.5	122.2	149.9
黑龙江	379.9	222.5	291.2	184.5	200.4	258.2
上 海	1730.5	1254.4	1761.1	789.6	852.4	949.1
江 苏	1614.6	1020.4	1290.8	813.5	826.7	1191.2
浙 江	1549.5	1085.7	1105.0	779.3	763.8	869.7
安 徽	417.8	304.5	403.9	191.4	188.6	236.4
福 建	447.9	296.3	406.1	212.7	229.8	265.1
江 西	268.9	181.1	231.0	149.2	154.4	179.1
山 东	1223.6	801.8	929.1	734.4	659.2	795.1
河 南	614.7	390.9	496.0	303.6	321.9	403.7
湖 北	598.0	385.4	530.2	273.2	297.1	407.6
湖 南	453.2	307.9	436.3	200.5	241.4	286.8
广 东	1890.5	1262.4	1859.2	976.1	984.0	1192.0
广 西	321.4	223.3	268.7	148.3	169.4	202.2
海 南	123.6	108.1	126.5	58.5	61.3	65.1
重 庆	401.6	257.9	268.1	157.7	187.4	187.0
四 川	962.0	690.3	860.0	393.8	417.1	513.3
贵 州	261.4	165.6	214.2	109.8	126.8	146.2
云 南	388.4	231.2	271.3	168.6	169.3	186.7
西 藏	63.6	45.6	59.3	12.8	12.9	24.4
陕 西	415.0	311.0	376.1	224.9	195.8	266.5
甘 肃	201.6	113.8	154.4	81.9	68.6	112.1
青 海	94.9	53.2	67.8	24.9	29.1	38.7
宁 夏	78.2	54.4	71.0	28.1	27.1	33.9
新 疆	402.3	280.5	342.3	183.8	180.6	269.9

5-5-6 各地区城乡居民基本医疗保险参保人数

单位：万人

地 区	2010	2015	2018	2019	2020	2021	2022	2023
全 国	**19528.3**	**37688.5**	**102777.8**	**102482.7**	**101676.0**	**100865.9**	**98349.1**	**96294.4**
北 京	143.7	181.0	389.2	400.1	398.3	400.8	404.3	403.9
天 津	490.9	532.1	541.5	541.9	545.7	537.4	533.8	524.5
河 北	670.0	706.7	5884.1	5858.5	5803.3	5879.0	5782.0	5637.6
山 西	361.5	463.3	2580.3	2564.3	2528.7	2515.0	2483.5	2432.1
内蒙古	452.8	530.6	1659.0	1647.7	1630.9	1627.5	1583.1	1552.1
辽 宁	647.5	744.8	2400.9	2342.6	2279.1	2237.3	2167.7	2125.2
吉 林	783.7	804.7	2031.4	2022.2	1932.1	1752.8	1717.5	1685.4
黑龙江	687.1	721.1	2052.3	1963.5	1950.6	1936.2	1877.5	1861.5
上 海	259.2	272.9	342.8	349.8	356.0	365.0	365.8	380.9
江 苏	1401.2	1585.3	4969.1	4894.8	4865.5	4817.8	4731.0	4656.7
浙 江	619.4	2971.4	3091.7	3034.9	2977.0	2918.5	2721.4	2667.1
安 徽	930.9	974.3	5250.5	5843.3	5753.0	5651.0	5443.4	5274.4
福 建	654.0	541.9	2951.7	2946.7	2947.3	2939.0	2891.3	2854.8
江 西	794.3	945.5	4223.7	4203.4	4180.9	4079.0	4002.2	3885.1
山 东	1229.3	7331.4	7364.9	7395.8	7374.5	7296.7	7134.8	7056.2
河 南	1086.4	1144.2	9170.6	9008.1	9013.0	8987.4	8698.2	8497.7
湖 北	1012.3	1022.7	4532.2	4469.4	4446.0	4423.6	4352.6	4222.1
湖 南	1117.2	1843.6	5939.5	5785.4	5742.0	5723.5	5470.6	5309.0
广 东	2043.2	6424.2	6445.1	6407.7	6413.3	6514.8	6297.2	6192.7
广 西	521.7	572.1	4548.2	4586.6	4561.0	4534.5	4471.5	4419.5
海 南	156.4	193.4	689.7	684.5	683.9	693.0	670.3	669.7
重 庆	424.6	2677.8	2587.0	2551.4	2499.8	2465.9	2398.2	2329.4
四 川	1011.2	1272.1	6969.5	6838.8	6715.7	6640.4	6426.7	6133.5
贵 州	309.0	582.7	3801.6	3724.7	3718.9	3735.0	3727.2	3676.5
云 南	405.7	672.5	4014.0	4005.5	4032.8	3952.6	3975.8	3965.2
西 藏	15.1	27.5	298.8	299.3	292.3	291.0	284.0	282.8
陕 西	473.1	667.0	3211.5	3248.0	3157.5	3107.8	2948.1	2890.8
甘 肃	298.6	327.0	2215.1	2228.6	2228.5	2214.8	2174.2	2113.9
青 海	61.6	99.6	455.9	454.2	454.7	452.1	443.3	443.4
宁 夏	94.2	470.0	494.3	492.6	505.8	503.8	500.4	497.5
新 疆	372.7	385.2	1671.5	1688.1	1687.6	1672.3	1671.7	1653.0

5-5-7 各地区城乡居民基本医疗保险基金收入

单位：亿元

地 区	2010	2015	2018	2019	2020	2021	2022	2023
全 国	**353.5**	**2109.4**	**7846.4**	**8575.5**	**9114.5**	**9724.5**	**10128.9**	**10569.7**
北 京	1.6	25.0	111.7	70.1	110.8	113.6	114.3	115.5
天 津	9.8	42.8	59.7	59.2	46.1	53.3	55.5	58.8
河 北	13.2	32.8	421.7	475.9	486.5	522.5	550.4	555.6
山 西	6.2	21.1	181.9	203.1	219.4	243.5	238.2	253.2
内蒙古	7.1	24.9	125.1	137.2	139.8	152.6	171.7	172.3
辽 宁	10.0	31.2	166.7	186.8	213.6	201.6	211.3	206.4
吉 林	10.8	26.5	129.3	147.0	159.9	141.2	149.7	177.1
黑龙江	14.0	36.8	152.9	167.5	175.6	171.5	201.7	201.2
上 海	13.0	24.0	80.2	88.6	95.0	98.6	100.9	104.0
江 苏	23.0	93.8	435.3	464.6	500.8	561.6	555.5	582.1
浙 江	21.0	255.5	402.5	470.6	476.7	483.1	498.3	508.2
安 徽	17.8	45.1	355.0	436.8	476.3	488.9	505.2	538.2
福 建	7.5	22.5	213.0	234.1	247.1	267.5	289.7	290.8
江 西	12.0	41.1	302.6	351.8	375.5	403.3	401.4	397.3
山 东	16.2	379.4	658.0	613.7	645.3	697.9	708.5	733.4
河 南	13.1	49.1	582.8	655.5	703.8	784.2	824.9	879.3
湖 北	16.5	50.7	325.0	363.6	364.1	403.9	422.2	442.7
湖 南	15.8	83.6	408.4	437.2	478.7	502.8	537.0	543.3
广 东	41.3	345.1	452.9	521.1	558.4	682.6	700.4	734.4
广 西	7.9	23.4	345.7	361.8	398.7	409.6	419.4	475.2
海 南	2.9	9.4	45.1	54.9	57.1	73.6	66.0	70.3
重 庆	6.9	128.6	228.1	201.8	212.6	203.9	246.8	249.5
四 川	31.7	152.6	536.6	557.6	577.2	592.6	627.0	647.1
贵 州	3.6	23.8	215.5	311.2	313.7	326.6	362.1	378.2
云 南	8.2	34.8	285.5	328.5	344.2	372.0	388.0	413.7
西 藏	0.9	1.2	23.1	18.8	21.6	23.9	25.0	32.0
陕 西	7.5	35.5	225.5	257.1	286.9	280.6	290.0	301.7
甘 肃	4.4	14.5	148.1	169.0	183.9	201.1	204.2	216.6
青 海	1.5	6.1	40.6	45.0	42.8	44.2	47.4	46.9
宁 夏	1.9	27.8	43.0	45.8	46.3	49.7	51.3	55.6
新 疆	6.2	20.5	145.0	139.5	156.1	172.2	165.0	189.0

5-5-8 各地区城乡居民基本医疗保险基金支出

单位：亿元

地 区	2010	2015	2018	2019	2020	2021	2022	2023
全 国	**266.5**	**1780.6**	**7115.9**	**8191.0**	**8165.1**	**9296.4**	**9353.4**	**10457.7**
北 京	4.7	14.6	103.0	93.9	79.3	106.8	99.0	112.0
天 津	9.1	29.4	42.5	47.8	45.7	61.3	70.4	71.5
河 北	7.4	24.8	405.4	443.7	458.3	469.3	506.4	563.1
山 西	3.3	17.1	181.8	215.1	204.6	216.0	203.7	221.8
内蒙古	5.5	19.3	125.7	128.1	113.0	133.3	131.3	175.4
辽 宁	6.2	24.6	154.1	171.4	152.3	199.7	200.8	234.2
吉 林	7.4	24.7	114.2	154.0	117.6	130.9	146.5	165.3
黑龙江	8.3	30.6	126.4	155.2	130.6	169.4	172.4	220.5
上 海	13.2	26.6	84.7	79.4	81.9	95.2	94.7	118.4
江 苏	17.6	85.8	388.0	464.2	478.7	538.9	550.3	603.9
浙 江	18.8	242.4	371.3	420.0	404.5	457.8	466.2	517.3
安 徽	12.7	37.1	333.6	444.0	448.8	489.7	478.3	533.8
福 建	7.0	21.0	205.7	242.0	239.9	260.9	269.2	294.5
江 西	7.0	26.5	272.8	331.5	353.3	391.2	357.5	411.2
山 东	12.4	313.1	533.5	559.2	588.7	709.6	696.4	749.2
河 南	10.3	41.1	601.2	682.7	679.9	781.7	795.2	841.8
湖 北	9.3	36.4	303.1	356.6	346.8	392.6	393.7	436.4
湖 南	11.0	71.9	381.8	427.9	460.2	458.3	475.4	507.0
广 东	35.0	278.1	443.1	483.0	490.0	626.4	641.2	706.7
广 西	3.6	15.1	249.1	340.2	373.8	419.4	412.8	450.4
海 南	1.9	7.7	35.5	50.5	52.9	55.4	59.2	76.1
重 庆	6.0	116.5	173.2	186.9	196.0	214.0	244.3	249.4
四 川	22.4	134.6	439.2	496.4	522.6	573.1	592.5	633.8
贵 州	2.8	17.1	214.9	264.2	256.6	301.6	313.3	345.8
云 南	6.5	31.8	258.4	311.7	311.2	341.3	361.8	383.1
西 藏	0.5	2.8	18.7	25.9	10.9	15.2	16.7	26.8
陕 西	4.9	30.0	230.6	247.5	205.4	278.7	233.3	324.2
甘 肃	3.7	12.1	150.9	163.2	159.0	172.9	149.2	203.2
青 海	1.0	6.4	29.3	31.9	32.2	43.2	36.5	45.5
宁 夏	1.9	25.8	38.1	39.6	39.2	46.7	41.4	45.0
新 疆	5.4	15.7	105.9	133.4	130.9	145.5	144.1	190.7

6 老有所养

6-1-1　全国养老服务情况

年　份	养老机构和设施数（万个）	养老服务床位数（万张）	每千老年人口养老床位数（张）
2005			11.0
2006			12.1
2007			15.8
2008			16.7
2009			17.6
2010			17.8
2011			20.0
2012			21.5
2013			24.4
2014	9.4	577.8	27.2
2015	11.6	672.7	30.3
2016	14.0	730.2	31.6
2017	15.5	744.8	30.9
2018	16.8	727.1	29.1
2019	20.4	775.0	30.5
2020	32.9	821.0	31.1
2021	35.8	815.9	30.5
2022	38.7	829.4	29.6
2023	40.4	823.0	27.7

注：1.养老机构和设施包括养老机构、社区养老服务机构和设施。其中，养老机构包括社会福利院、供养特困人员供养机构、其他各类养老机构，社区养老服务机构和设施包括未登记的特困人员机构、全托服务社区养老服务机构和设施、日间照料社区养老服务机构和设施、社区互助型养老设施、其他社区养老服务设施。以下相关表同。

2.养老服务床位数和每千老年人口养老床位数中的床位为养老机构和设施床位总和。以下相关表同。

6-1-2 各地区养老机构和设施数

单位：个

地　区	2015	2018	2019	2020	2021	2022	2023
全　国	**115846**	**168277**	**203575**	**329437**	**357656**	**387410**	**403629**
北　京	846	782	1458	1781	1839	2118	2271
天　津	401	489	692	1438	1653	1835	1954
河　北	26379	34247	33124	30661	31478	32511	35070
山　西	1125	3649	5047	6921	7623	8142	8599
内蒙古	2382	2720	2967	3215	3252	3473	3792
辽　宁	1788	2578	3006	9954	10501	10656	10683
吉　林	681	1284	5477	5616	5447	5494	5597
黑龙江	1341	1966	2185	3315	3695	5957	6479
上　海	700	750	745	7085	12300	14015	14320
江　苏	6379	7757	9110	21617	20802	20224	20286
浙　江	5223	9981	11394	17548	25220	29465	30378
安　徽	2511	3280	3463	6051	8304	10640	11117
福　建	2628	6034	7460	16316	17230	18556	19457
江　西	1786	1913	2928	22637	23491	24160	24057
山　东	8266	13567	15299	15765	19240	29091	35411
河　南	2862	3411	5994	11989	14161	18098	18622
湖　北	5122	10794	15107	21685	21678	22442	25136
湖　南	7485	12087	14165	32152	31731	31316	31429
广　东	2045	5268	14515	24255	23404	23694	23303
广　西	12440	11526	11721	12736	12891	12769	12815
海　南	130	205	171	338	335	346	519
重　庆	3154	3331	3921	5678	6560	6820	7046
四　川	6736	10191	10692	14373	14781	14670	13491
贵　州	3433	4794	5211	10626	11115	10263	9424
云　南	1503	2445	2889	3271	4152	4833	5856
西　藏	81	47	69	109	86	85	91
陕　西	3937	6326	7641	9673	10278	11236	11497
甘　肃	2969	4589	4829	9025	9821	9794	9816
青　海	678	1268	1290	1372	1379	1380	1608
宁　夏	228	526	520	809	1563	1633	1734
新　疆	607	472	485	1426	1646	1694	1771

6-1-3 各地区养老服务床位数

单位：万张

地 区	2015	2018	2019	2020	2021	2022	2023
全 国	**672.7**	**727.1**	**775.0**	**821.0**	**815.9**	**829.4**	**823.0**
北 京	14.3	11.4	12.4	13.0	12.5	12.7	12.8
天 津	6.5	6.1	6.7	7.3	7.1	6.9	7.2
河 北	50.2	45.0	44.2	44.9	45.9	44.4	45.2
山 西	8.9	12.2	14.7	16.2	16.9	17.6	16.8
内蒙古	21.4	22.1	22.3	21.0	21.5	21.8	21.2
辽 宁	20.6	20.3	22.8	24.4	25.1	25.2	25.9
吉 林	7.0	12.6	15.5	16.6	15.7	15.9	16.1
黑龙江	18.1	20.5	21.5	21.3	21.6	22.2	21.2
上 海	12.8	15.5	15.6	17.1	17.2	17.0	18.4
江 苏	61.2	66.4	70.0	75.5	74.0	74.0	74.4
浙 江	47.8	60.9	64.8	64.2	41.8	38.5	36.5
安 徽	34.9	40.3	40.9	42.8	44.4	43.2	38.6
福 建	13.0	15.1	16.9	24.5	27.3	29.1	29.6
江 西	17.5	18.8	21.1	26.3	26.2	27.4	27.1
山 东	64.6	61.7	64.6	60.4	64.9	69.3	72.3
河 南	35.8	34.2	35.4	40.0	44.7	54.1	53.0
湖 北	30.0	37.2	43.1	47.3	47.8	48.8	50.8
湖 南	21.9	30.4	32.3	40.3	43.8	42.8	40.4
广 东	22.3	45.7	48.8	47.0	45.7	45.3	44.0
广 西	16.0	17.5	22.2	26.9	25.2	26.3	25.9
海 南	1.9	1.3	1.4	1.5	1.3	1.4	1.5
重 庆	17.9	16.1	16.8	17.8	20.1	20.6	21.0
四 川	49.0	50.1	49.5	48.0	45.3	44.8	41.8
贵 州	15.1	17.6	17.9	16.3	16.2	15.3	14.5
云 南	10.7	10.3	11.4	12.2	12.7	13.2	13.9
西 藏	1.5	0.2	0.8	0.6	1.1	1.2	1.2
陕 西	14.1	15.7	18.3	19.9	20.6	21.4	21.9
甘 肃	12.2	13.2	13.6	14.9	15.5	15.0	15.1
青 海	1.9	2.1	2.1	1.9	1.9	1.9	2.2
宁 夏	1.8	2.3	2.6	2.7	3.3	3.5	3.4
新 疆	5.4	8.1	4.7	7.9	8.6	8.8	9.0

6-1-4 各地区每千老年人口养老床位数

单位：张

地 区	2010	2015	2018	2019	2020	2021	2022	2023
全 国	**17.8**	**30.3**	**29.1**	**30.5**	**31.1**	**30.5**	**29.6**	**27.7**
北 京	27.1	29.0	31.1	33.5	30.3	28.3	27.2	25.9
天 津	15.0	23.7	22.2	23.4	24.4	23.3	21.5	21.2
河 北	16.0	40.9	30.1	29.1	30.3	30.4	28.5	27.5
山 西	13.2	16.3	20.2	23.6	24.6	25.2	24.7	22.4
内蒙古	13.9	56.7	54.7	53.2	44.2	44.2	42.3	38.9
辽 宁	16.0	21.1	19.4	21.2	22.3	22.6	21.8	21.0
吉 林	19.0	14.3	23.7	28.1	30.0	27.8	26.8	25.7
黑龙江	13.5	27.0	27.4	27.0	28.8	28.5	28.0	25.4
上 海	28.9	27.2	27.9	26.9	29.4	28.7	27.4	28.2
江 苏	19.6	41.0	39.5	40.9	40.8	39.3	37.5	35.6
浙 江	25.6	51.7	54.2	53.7	53.2	33.4	29.0	25.6
安 徽	23.8	36.1	34.8	34.9	37.3	38.7	35.5	30.0
福 建	5.3	24.9	26.4	28.9	36.9	40.9	41.3	39.6
江 西	29.1	30.9	26.8	29.1	34.5	34.0	33.9	32.0
山 东	22.0	37.1	27.5	27.8	28.5	30.2	30.8	30.2
河 南	21.9	24.2	21.4	21.8	22.2	25.1	29.1	27.0
湖 北	27.5	30.1	32.8	37.3	40.1	39.0	37.5	36.9
湖 南	13.6	19.2	23.9	25.1	30.5	33.4	31.1	27.6
广 东	11.7	19.9	31.0	31.9	30.2	28.3	26.6	24.3
广 西	8.3	25.8	24.0	30.1	32.1	30.1	29.8	27.6
海 南	3.9	17.6	11.9	11.1	9.9	8.5	8.3	8.7
重 庆	17.3	33.2	25.1	26.2	25.5	28.8	28.9	27.4
四 川	21.1	30.7	28.4	27.9	26.4	25.2	24.3	21.3
贵 州	5.6	35.3	30.4	30.8	27.6	28.1	25.4	21.9
云 南	8.1	19.9	15.0	16.5	17.3	17.9	17.6	17.6
西 藏	20.8	61.9	8.2	23.0	19.4	35.6	36.3	35.5
陕 西	12.1	23.6	23.3	26.0	26.2	26.6	26.4	25.7
甘 肃	7.4	33.8	30.4	30.5	35.0	36.4	33.5	32.0
青 海	10.2	31.6	30.6	28.6	26.4	24.6	23.0	24.4
宁 夏	10.5	30.4	24.5	26.9	27.9	33.2	33.8	31.5
新 疆	16.6	24.8	16.5	15.5	27.3	28.8	27.8	26.8

6-1-5 各地区养老机构和设施收留抚养人数

单位：万人

地 区	2015	2018	2019	2020	2021	2022	2023
全 国	**309.2**	**302.9**	**373.8**	**269.0**	**261.0**	**250.3**	**253.0**
北 京	7.9	4.8	5.1	5.0	4.8	4.4	4.9
天 津	2.9	2.7	2.7	2.6	2.5	2.3	2.3
河 北	12.0	13.3	18.9	12.3	12.8	12.3	13.3
山 西	4.2	5.5	8.3	4.2	4.1	4.0	4.0
内蒙古	12.0	11.7	12.7	10.5	10.2	9.9	9.6
辽 宁	11.0	9.7	11.8	10.4	10.7	10.6	11.0
吉 林	4.1	7.1	9.1	7.7	7.2	7.3	7.3
黑龙江	10.9	11.3	11.7	9.8	9.5	9.1	8.9
上 海	7.5	8.4	8.7	8.8	8.8	8.1	7.9
江 苏	24.7	23.4	28.4	21.8	19.9	17.8	17.5
浙 江	14.9	17.9	24.4	16.4	12.5	11.2	11.0
安 徽	14.6	16.7	14.4	13.5	13.6	14.1	14.1
福 建	3.4	3.3	8.0	4.3	6.1	6.0	6.3
江 西	11.9	12.7	14.4	9.5	10.8	10.1	10.2
山 东	31.0	29.0	33.7	18.7	17.3	15.9	18.1
河 南	22.1	19.3	20.1	16.5	17.3	17.3	17.7
湖 北	16.7	16.1	23.4	13.4	12.7	12.4	12.3
湖 南	14.0	16.1	19.7	14.8	14.4	13.7	13.0
广 东	8.6	11.6	19.9	10.4	10.5	10.1	10.8
广 西	7.2	6.2	6.1	5.1	4.8	4.7	4.9
海 南	0.8	0.4	0.6	0.5	0.4	0.5	0.5
重 庆	11.6	9.4	9.8	8.5	8.6	8.5	8.7
四 川	29.6	23.7	27.0	20.9	19.0	18.1	16.1
贵 州	5.0	5.8	8.2	5.2	4.5	4.0	4.6
云 南	5.0	3.1	3.5	3.6	3.2	3.2	3.2
西 藏	1.2	0.2	0.6	0.3	0.5	0.6	0.7
陕 西	8.0	7.5	10.9	7.8	7.3	7.2	7.2
甘 肃	2.1	2.2	6.6	2.0	2.0	2.1	2.1
青 海	0.4	0.5	1.1	0.5	0.5	0.5	0.5
宁 夏	0.9	0.8	1.0	0.9	0.9	0.9	0.9
新 疆	3.4	2.5	3.0	3.3	3.5	3.6	3.7

6-1-6 各地区养老机构数

单位：个

地区	2010	2015	2018	2019	2020	2021	2022	2023
全国	**39904**	**27753**	**28671**	**34369**	**38158**	**39961**	**40587**	**40786**
北京	403	597	533	560	584	578	584	590
天津	288	275	306	360	399	409	405	438
河北	1563	1051	1224	1432	1726	1782	1805	1908
山西	1017	712	496	554	665	774	782	761
内蒙古	654	674	693	691	677	665	628	652
辽宁	1258	1487	1581	1836	2035	2190	2311	2359
吉林	797	681	1281	1455	1498	1520	1553	1612
黑龙江	644	779	1201	1478	1709	2073	2013	1924
上海	626	630	669	673	669	684	687	697
江苏	2012	2329	2191	2412	2470	2494	2469	2430
浙江	1675	1269	1464	1675	1752	1677	1671	1645
安徽	2334	1076	1585	1828	2452	2593	2619	2633
福建	813	355	290	535	640	759	861	929
江西	1912	1537	1386	1580	1808	1854	1895	1798
山东	2282	1944	1688	1950	2190	2271	2417	2588
河南	2824	1075	1394	2549	3244	3397	3559	3680
湖北	2483	1658	1577	1710	1841	1967	2000	2010
湖南	2595	1751	1510	2236	2381	2417	2337	2092
广东	2465	1424	1571	1768	1891	1954	1886	1889
广西	1422	476	375	477	567	583	642	622
海南	212	83	22	22	48	59	73	83
重庆	2174	615	756	903	927	1145	1197	1223
四川	3226	2547	2248	2436	2541	2504	2553	2587
贵州	933	804	885	939	988	1002	938	896
云南	730	398	518	837	880	903	899	904
西藏	207	81	5	8	23	59	70	73
陕西	881	575	522	687	735	765	789	781
甘肃	660	348	212	235	268	283	308	305
青海	141	35	40	70	64	68	62	90
宁夏	78	98	91	105	112	131	137	134
新疆	595	388	357	368	374	401	437	453

注：1.2014年起，养老机构不包括没有在工商部门、编制部门、民政部门等部门办理登记手续的机构。以下相关表同。
2.2018年起，养老机构及其床位统计范围不再包括荣誉军人康复医院、复员军人疗养院、军休所。以下相关表同。

6-1-7 各地区养老机构床位数

单位：万张

地区	2010	2017	2018	2019	2020	2021	2022	2023
全国	**314.9**	**383.5**	**379.4**	**438.8**	**488.2**	**503.6**	**518.3**	**517.2**
北京	6.6	14.9	10.5	10.9	11.3	10.9	11.0	11.4
天津	2.5	5.1	4.9	5.7	6.3	6.0	5.6	5.9
河北	14.9	16.9	16.9	20.1	23.2	23.8	23.3	24.4
山西	5.4	5.0	4.6	5.7	7.2	8.6	9.1	8.5
内蒙古	3.9	8.8	8.5	8.3	7.8	7.8	8.1	8.3
辽宁	10.8	16.1	14.7	16.8	17.8	18.6	18.9	19.8
吉林	6.9	11.8	12.2	13.5	13.6	14.2	14.3	14.6
黑龙江	6.8	13.3	13.8	15.6	16.6	18.2	19.0	18.1
上海	9.8	12.8	13.2	13.6	13.9	14.7	14.6	15.9
江苏	24.6	41.5	39.9	42.7	44.3	44.1	44.3	45.8
浙江	19.1	27.1	28.9	31.2	33.6	26.5	25.9	23.8
安徽	21.1	18.4	21.4	24.6	36.1	37.7	36.6	32.0
福建	2.2	4.9	4.6	6.6	8.4	10.6	12.0	12.6
江西	14.8	14.6	14.7	17.4	16.7	17.7	18.7	18.5
山东	30.9	29.1	28.6	33.2	35.9	38.0	41.4	43.7
河南	26.1	11.6	13.9	23.7	31.1	34.1	39.8	38.5
湖北	21.9	23.6	22.9	25.5	28.0	28.4	28.8	29.5
湖南	13.0	13.3	13.4	19.3	22.5	26.2	25.4	23.0
广东	11.8	20.2	20.3	22.8	25.2	24.7	24.7	24.3
广西	5.0	4.4	5.2	7.2	9.1	8.6	9.4	9.1
海南	0.4	0.9	0.4	0.5	0.9	0.8	0.9	1.0
重庆	8.7	8.2	8.6	9.7	10.3	12.2	12.5	12.8
四川	27.7	31.0	28.3	29.4	29.8	29.7	31.6	32.4
贵州	2.5	6.9	7.2	7.6	8.4	8.5	8.3	8.2
云南	4.1	5.0	5.6	8.1	8.9	9.2	9.4	9.8
西藏	0.5	0.3	0.1	0.3	0.4	0.9	1.1	1.2
陕西	5.8	9.0	8.5	10.1	10.5	10.8	10.9	11.3
甘肃	2.2	2.4	2.0	2.2	2.9	3.1	3.4	3.4
青海	0.5	0.6	0.6	0.6	0.7	0.8	0.7	0.9
宁夏	0.6	1.5	1.4	1.7	2.0	2.5	2.7	2.7
新疆	3.5	4.4	7.4	3.9	5.0	5.4	5.7	5.9

6-1-8　各地区养老机构收住人数

单位：万人

地　区	2010	2015	2018	2019	2020	2021	2022	2023
全　国	**247.0**	**214.8**	**197.6**	**217.5**	**222.4**	**225.5**	**217.9**	**223.5**
北　京	2.9	7.6	4.5	4.7	4.7	4.6	4.2	4.7
天　津	1.7	2.7	2.5	2.6	2.6	2.4	2.3	2.3
河　北	11.7	7.4	7.6	9.2	10.4	11.0	10.7	11.7
山　西	3.2	3.3	2.4	2.8	3.1	3.7	3.6	3.5
内蒙古	3.2	4.3	4.2	4.2	4.2	4.3	4.1	4.2
辽　宁	7.2	10.4	8.4	9.1	9.5	9.8	9.7	10.1
吉　林	5.4	4.1	7.1	7.1	7.2	7.2	7.2	7.2
黑龙江	5.7	7.9	8.1	8.5	8.3	8.9	8.5	8.3
上　海	6.3	7.4	8.3	8.4	8.6	8.6	7.8	7.6
江　苏	19.0	21.0	18.9	19.6	19.8	19.0	16.8	16.7
浙　江	10.6	9.9	12.4	12.8	12.5	11.5	10.6	10.4
安　徽	16.8	8.1	10.7	10.4	12.6	12.7	13.2	13.2
福　建	1.3	1.9	1.8	2.7	3.3	3.9	3.9	4.3
江　西	14.3	10.2	11.4	11.7	8.3	9.7	9.1	9.1
山　东	24.4	19.0	13.4	14.6	15.6	16.4	15.5	17.6
河　南	23.2	8.1	8.1	13.1	15.6	16.1	16.4	16.8
湖　北	18.4	14.8	12.0	12.9	12.1	11.4	10.9	11.8
湖　南	11.0	9.3	8.1	11.3	12.0	11.6	11.2	10.8
广　东	8.5	7.9	8.3	9.1	9.6	9.5	9.2	9.8
广　西	3.4	2.2	2.3	2.7	2.8	2.9	3.0	3.3
海　南	0.2	0.6	0.2	0.2	0.4	0.4	0.4	0.4
重　庆	6.1	5.2	4.8	5.5	5.6	6.2	6.2	6.5
四　川	23.7	22.7	17.1	17.3	16.3	15.4	15.3	14.8
贵　州	1.4	3.6	3.7	3.7	3.6	3.3	3.0	3.0
云　南	3.1	3.2	2.3	2.9	3.0	3.2	3.1	3.1
西　藏	0.3	1.2	0.1	0.3	0.2	0.5	0.6	0.6
陕　西	4.8	5.6	4.6	5.6	5.8	6.0	5.8	5.8
甘　肃	1.4	1.5	1.1	1.2	1.3	1.4	1.5	1.5
青　海	0.3	0.2	0.2	0.3	0.3	0.4	0.3	0.4
宁　夏	0.5	0.9	0.6	0.7	0.8	0.8	0.8	0.8
新　疆	2.7	2.4	2.4	2.5	2.5	2.8	2.9	3.0

6-1-9 各地区养老机构年末职工人数

单位：人

地 区	养老机构年末职工人数						
	2015	2018	2019	2020	2021	2022	2023
全 国	**318240**	**375857**	**451979**	**518185**	**549391**	**563248**	**597251**
北 京	14180	16784	18999	20283	20069	18744	20461
天 津	6360	6184	6965	7401	7197	6888	7265
河 北	17368	20155	25652	29535	30418	28974	32246
山 西	6903	5793	7423	8807	10879	11131	11246
内蒙古	6657	7285	8123	8185	8495	8444	9218
辽 宁	16432	17749	17556	19241	20342	21606	22621
吉 林	6053	16030	18063	17686	16338	16307	17028
黑龙江	9065	11911	13209	16584	15120	14543	14830
上 海	22725	26519	26833	29193	31302	30571	29800
江 苏	30717	36330	43687	46882	48959	48522	52326
浙 江	16118	23688	25757	26607	29686	31622	31989
安 徽	10435	15197	17984	24169	25749	26315	27590
福 建	4165	4677	6736	8759	10722	11327	12972
江 西	8710	10582	11833	16476	17191	17682	19403
山 东	26563	25994	33270	38359	41041	44744	49030
河 南	11919	14532	26147	34404	37472	39537	43355
湖 北	15627	16427	19892	25095	23778	24757	26006
湖 南	13179	12966	18660	22584	23341	23892	23437
广 东	21445	24834	29182	32041	33628	33467	34950
广 西	6364	8182	9132	12883	14453	16460	14505
海 南	1137	740	1002	1136	1337	1431	1456
重 庆	6791	8867	11210	12083	14678	14874	15910
四 川	14608	17060	19764	21202	23759	26253	31928
贵 州	4000	5457	6061	6731	7105	7676	8676
云 南	3892	4592	6647	7667	9293	9576	9814
西 藏	796	82	136	433	929	1321	1487
陕 西	7180	8851	11844	12276	12479	12612	13183
甘 肃	2677	2169	2643	3301	4259	4108	4109
青 海	381	410	730	702	769	751	1274
宁 夏	1124	1223	1518	1792	2516	2606	2548
新 疆	4669	4587	5321	5688	6087	6507	6588

6-1-9 续表1　　单位：人

地区	其中：管理人员						
	2015	2018	2019	2020	2021	2022	2023
全　国	**122672**	**112304**	**131250**	**139288**	**133586**	**139517**	**140677**
北　京	4539	2659	3053	3156	3797	3295	3136
天　津	1965	1334	1400	1506	1698	1577	1575
河　北	4741	4573	5256	6041	5770	5517	5517
山　西	2967	2202	2716	3014	2908	2905	2679
内蒙古	2711	2561	2361	2311	2228	2226	2233
辽　宁	7801	6153	6248	6288	7060	7071	6655
吉　林	3290	5861	6203	6142	5200	5494	5177
黑龙江	4314	4745	5513	4154	4702	4671	4873
上　海	8695	8758	8429	6643	5718	5598	3867
江　苏	8024	7949	8860	9464	8903	9072	9701
浙　江	4874	6411	6888	6711	2008	2196	3505
安　徽	5001	5407	6696	8444	8737	8812	8646
福　建	1746	1383	2172	2455	2727	2947	2998
江　西	4757	3716	4457	5489	5370	5566	5917
山　东	7756	6289	7434	7723	10216	13132	14723
河　南	5361	5264	9205	10445	9174	10811	10889
湖　北	6508	5827	6460	9659	6668	6619	6204
湖　南	5193	3551	5639	6220	6458	6288	5644
广　东	7691	6632	7048	7135	7029	7274	6757
广　西	1944	1764	2134	2703	2803	3246	3121
海　南	371	120	197	286	350	399	379
重　庆	3530	2415	3153	3278	3994	3914	4263
四　川	8333	8232	9094	9197	8819	9049	10067
贵　州	2749	2452	3205	3139	2527	2753	2782
云　南	1717	1364	1655	1776	2156	2321	2383
西　藏	426	23	27	84	256	360	335
陕　西	2591	2508	3037	3097	3286	3394	3524
甘　肃	1444	791	974	1046	1211	1193	1134
青　海	205	158	328	228	243	224	295
宁　夏	274	358	388	448	528	533	541
新　疆	1154	844	1020	1006	1042	1060	1157

6-1-9 续表2

单位：人

地 区	其中：专业技能人员						
	2015	2018	2019	2020	2021	2022	2023
全 国	**195568**	**263553**	**320729**	**378897**	**415805**	**423731**	**456574**
北 京	9641	14125	15946	17127	16272	15449	17325
天 津	4395	4850	5565	5895	5499	5311	5690
河 北	12627	15582	20396	23494	24648	23457	26729
山 西	3936	3591	4707	5793	7971	8226	8567
内蒙古	3946	4724	5762	5874	6267	6218	6985
辽 宁	8631	11596	11308	12953	13282	14535	15966
吉 林	2763	10169	11860	11544	11138	10813	11851
黑龙江	4751	7166	7696	12430	10418	9872	9957
上 海	14030	17761	18404	22550	25584	24973	25933
江 苏	22693	28381	34827	37418	40056	39450	42625
浙 江	11244	17277	18869	19896	27678	29426	28484
安 徽	5434	9790	11288	15725	17012	17503	18944
福 建	2419	3294	4564	6304	7995	8380	9974
江 西	3953	6866	7376	10987	11821	12116	13486
山 东	18807	19705	25836	30636	30825	31612	34307
河 南	6558	9268	16942	23959	28298	28726	32466
湖 北	9119	10600	13432	15436	17110	18138	19802
湖 南	7986	9415	13021	16364	16883	17604	17793
广 东	13754	18202	22134	24906	26599	26193	28193
广 西	4420	6418	6998	10180	11650	13214	11384
海 南	766	620	805	850	987	1032	1077
重 庆	3261	6452	8057	8805	10684	10960	11647
四 川	6275	8828	10670	12005	14940	17204	21861
贵 州	1251	3005	2856	3592	4578	4923	5894
云 南	2175	3228	4992	5891	7137	7255	7431
西 藏	370	59	109	349	673	961	1152
陕 西	4589	6343	8807	9179	9193	9218	9659
甘 肃	1233	1378	1669	2255	3048	2915	2975
青 海	176	252	402	474	526	527	979
宁 夏	850	865	1130	1344	1988	2073	2007
新 疆	3515	3743	4301	4682	5045	5447	5431

6-1-10 全国老年人福利补贴情况

单位：万人

年 份	高龄补贴人数	护理补贴人数	养老服务补贴人数	老龄综合补贴人数
2006	233.5			
2007	247.1			
2008	349.3			
2009	430.9			
2010	576.4			
2011	883.1			
2012	1257.7			
2013	1557.9	11.7	101.9	
2014	1719.6	20.0	154.7	
2015	2155.1	26.5	257.9	
2016	2355.4	40.5	282.9	
2017	2682.2	61.3	354.4	
2018	2972.3	74.8	521.7	3.0
2019	2963.0	66.3	516.3	33.5
2020	3104.4	81.3	535.0	132.9
2021	3246.6	90.3	573.6	84.2
2022	3406.4	94.4	574.9	67.4
2023	3547.8	98.5	621.4	66.7

6-1-11 各地区老年人福利补贴人数

单位：人

地区	高龄补贴人数		护理补贴人数		养老服务补贴人数		老龄综合补贴人数	
	2022	2023	2022	2023	2022	2023	2022	2023
全国	**34063650**	**35477669**	**943654**	**985446**	**5748715**	**6213844**	**673890**	**666950**
北京	618336	597945	285595	298030	48839	52505		
天津	17490	53172					35751	42616
河北	1306048	1343521	53776	68081	109825	117115		
山西	208067	249752	24663	20547	13321	14764	191	
内蒙古	601866	592779		16282	225331	340883	3689	
辽宁	294842	345241	25905	28702	29337	48403		
吉林	91264	127290	10614	6636	24994	23312		
黑龙江	214815	224789	12827	12701	2502	69		
上海	4328746	4369856	4328	4081	85253	67435		
江苏	3263926	3487760	136535	130244	2425313	2519521		
浙江	1005172	1811367	29964	9410	421077	557424		
安徽	1909943	1983789	103234	139223	653465	468246		
福建	699278	773508	7017	7422	540858	479521		
江西	998718	1007024	50393	41953	87096	88584		
山东		7344					630273	622263
河南	2367376	2313353	10918	8437	12189	366	1208	1350
湖北	1469638	1474423	32916	32595	86073	129632		
湖南	630488	657274			126918	115646		
广东	3113753	3096990	20418	14892	59442	89533		
广西	1244782	1226936	3	1	15540	18122		
海南	183109	177801	3998	4258	2196	50784	11	
重庆	455805	515659	67913	69635	53991	57698		
四川	2912589	2667608		570	431054	430677		
贵州	836818	870724	4382	3603	4004	3399		
云南	1123994	1169462	7413	7437	106901	241895		220
西藏	6685	6854	5003	4664	61	56		
陕西	3350707	3497984	5518	4882	5615	4385		
甘肃	7733	23081	30975	43005	92657	179589	2767	501
青海	349218	357950	4053	3380	84247	113416		
宁夏	36940	60725	5108	4603	270	263		
新疆	415504	385708	185	172	346	601		

6-1-12 各地区老年人福利支出

单位：亿元

地 区	2010	2015	2018	2019	2020	2021	2022	2023
全 国	**16.6**	**192.7**	**370.1**	**453.0**	**385.7**	**386.2**	**423.0**	**421.7**
北 京	1.3	13.3	16.5	15.1	23.7	30.5	33.2	33.7
天 津	0.7	2.6	4.8	4.3	3.9	4.0	3.6	3.8
河 北	0.6	7.9	11.5	13.1	11.2	11.9	11.4	12.2
山 西	0.3	2.8	4.9	7.4	3.7	3.6	3.3	4.0
内蒙古	0.2	7.0	8.9	9.8	9.9	8.5	10.7	12.2
辽 宁	1.0	3.4	5.7	5.4	4.7	4.7	4.8	5.0
吉 林	0.1	1.2	2.4	3.2	2.8	2.2	2.6	2.3
黑龙江	0.3	1.7	4.5	4.0	3.9	3.3	4.2	3.4
上 海	1.1	5.7	68.4	81.5	77.2	73.6	76.6	79.8
江 苏	1.4	19.2	31.1	37.8	30.8	35.1	42.2	41.4
浙 江	0.7	12.1	19.5	23.8	14.9	15.7	17.8	24.7
安 徽	1.5	5.4	10.9	14.6	13.3	14.4	18.7	18.7
福 建	0.2	3.7	7.6	9.7	8.4	7.3	9.8	8.7
江 西	0.6	4.5	9.8	12.5	10.5	12.5	14.2	13.3
山 东	0.5	16.6	17.0	21.6	13.6	12.6	12.3	10.0
河 南	0.3	3.2	12.4	23.5	24.4	21.3	24.2	21.1
湖 北	0.1	6.6	12.4	15.0	11.8	13.8	15.2	14.6
湖 南	0.4	5.5	10.4	13.2	9.3	9.5	9.3	9.1
广 东	1.7	13.9	24.1	28.5	27.0	28.1	31.1	29.2
广 西	0.7	7.1	10.7	9.7	9.6	9.9	10.2	9.7
海 南	0.1	2.4	2.5	3.5	3.4	3.0	2.6	3.8
重 庆	0.6	3.3	5.3	7.1	5.3	5.4	5.3	5.0
四 川	0.7	10.4	18.9	25.9	17.6	20.2	22.8	20.3
贵 州	0.1	4.6	4.9	9.0	7.7	8.3	7.7	7.2
云 南	0.9	3.5	7.3	8.0	8.6	9.0	9.0	9.8
西 藏	0.0	0.2	0.8	0.9	0.4	0.2	0.5	0.2
陕 西	0.1	10.5	21.0	25.7	12.9	2.2	3.2	2.5
甘 肃	0.1	2.7	4.1	5.2	2.3	2.7	2.8	2.3
青 海	0.0	3.5	5.6	6.7	6.2	6.0	6.0	5.8
宁 夏	0.3	1.1	2.6	3.0	2.2	2.2	2.3	2.8
新 疆	0.4	7.3	3.6	4.0	4.7	4.5	5.7	5.1

6-2-1 全国基本养老保险情况

年 份	参保人数(万人)	基金收入(亿元)	基金支出(亿元)
2000	13617.4	2278.5	2115.5
2001	14182.5	2489.0	2321.3
2002	14736.6	3171.5	2842.9
2003	15506.7	3680.0	3122.1
2004	16352.9	4258.4	3502.1
2005	17487.9	5093.3	4040.3
2006	18766.3	6309.8	4896.7
2007	20136.9	7834.2	5964.9
2008	21891.1	9740.2	7389.6
2009	23549.9	11490.8	8894.4
2010	35984.1	13872.9	10755.3
2011	61573.3	18004.8	13363.2
2012	78796.3	21830.2	16711.5
2013	81968.4	24732.6	19818.7
2014	84231.9	27619.9	23325.8
2015	85833.4	32195.5	27929.4
2016	88776.8	37990.8	34004.3
2017	91548.3	46613.8	40423.8
2018	94293.3	55005.3	47550.4
2019	96753.9	57025.9	52342.3
2020	99864.9	49228.6	54656.5
2021	102871.4	65793.3	60196.5
2022	105307.3	68933.2	63079.0
2023	106643.3	76691.2	68369.4

注：2010年及以后基本养老保险基金中包括城镇职工基本养老保险和城乡居民基本养老保险。

6-2-2 各地区城镇职工基本养老保险参保人数

单位：万人

地　区	城镇职工基本养老保险参保人数							
	2010	2015	2018	2019	2020	2021	2022	2023
全　国	**25707.3**	**35361.2**	**41901.7**	**43487.9**	**45621.1**	**48074.0**	**50355.0**	**52120.8**
北　京	981.3	1424.2	1685.8	1748.2	1777.8	1826.8	1867.8	1904.9
天　津	431.5	565.2	683.2	695.6	730.8	765.1	800.1	826.2
河　北	988.4	1320.5	1586.1	1654.5	1737.9	1805.5	1867.7	1949.8
山　西	591.0	714.3	837.6	871.5	932.9	1002.3	1065.8	1102.1
内蒙古	430.7	579.0	733.5	763.4	785.9	823.1	895.2	932.2
辽　宁	1496.9	1780.2	1994.8	2026.2	2049.0	2084.6	2114.4	2150.4
吉　林	599.5	693.6	862.4	882.1	898.2	922.0	941.1	953.8
黑龙江	952.2	1118.0	1308.5	1364.9	1411.4	1446.6	1507.3	1523.9
上　海	1049.5	1493.8	1573.4	1589.6	1616.7	1654.4	1659.4	1689.4
江　苏	2033.0	2779.9	3225.6	3417.4	3557.9	3609.3	3690.3	3752.0
浙　江	1702.2	2504.3	2883.4	3031.7	3211.1	3367.5	3472.8	3573.6
安　徽	669.5	857.5	1141.7	1217.0	1283.5	1384.2	1580.9	1688.0
福　建	635.5	883.7	1074.3	1137.3	1200.6	1330.0	1673.8	1788.9
江　西	607.6	823.1	1052.8	1096.9	1167.4	1246.9	1362.0	1435.6
山　东	1773.0	2477.5	2762.7	2868.0	3046.3	3226.7	3333.6	3424.1
河　南	1079.3	1508.7	2006.5	2133.8	2248.5	2377.2	2484.9	2578.2
湖　北	1039.8	1315.5	1601.6	1684.8	1744.7	1834.7	1959.7	2048.0
湖　南	938.9	1160.1	1402.4	1557.8	1724.8	1849.5	1892.9	2018.6
广　东	3215.2	5086.5	4919.7	4633.4	4873.1	5079.5	5229.2	5368.9
广　西	449.3	576.6	825.9	869.5	919.5	985.3	1032.6	1069.6
海　南	180.8	249.8	258.0	281.0	305.3	329.0	352.8	373.6
重　庆	584.4	849.3	1051.2	1127.7	1203.4	1354.2	1431.8	1475.4
四　川	1300.9	1939.0	2543.7	2700.3	2830.1	3178.5	3327.2	3426.3
贵　州	257.3	392.1	639.8	677.5	714.0	755.8	770.1	794.3
云　南	317.4	412.9	616.2	649.9	701.3	739.3	807.0	883.6
西　藏	9.9	16.2	46.2	48.2	52.6	59.5	61.9	67.3
陕　西	550.4	751.7	992.0	1080.7	1157.6	1229.4	1285.4	1346.8
甘　肃	242.5	306.2	454.7	469.4	484.5	502.5	517.6	532.5
青　海	74.4	100.1	145.1	152.8	158.2	169.0	175.8	188.0
宁　夏	107.8	157.5	216.1	226.6	240.1	252.1	283.8	292.0
新　疆	393.8	499.4	695.3	744.2	767.1	791.5	816.9	867.9

注：城镇职工基本养老保险相关数据全国总计中包含中央国家机关事业单位、中国人民银行、中国农业发展银行和中央调剂金账户等不分地区数据。以下相关表同。

6-2-2 续表1 单位：万人

地区	其中：职工							
	2010	2015	2018	2019	2020	2021	2022	2023
全国	**19402.3**	**26219.2**	**30104.0**	**31177.5**	**32858.7**	**34917.1**	**36711.0**	**37925.2**
北京	785.9	1187.5	1392.2	1445.6	1466.4	1507.7	1539.6	1567.2
天津	287.9	384.2	462.2	469.3	496.5	527.2	556.4	576.7
河北	728.9	952.0	1130.7	1187.8	1257.8	1313.8	1364.4	1428.9
山西	443.7	512.9	575.5	597.9	654.7	710.5	751.2	777.9
内蒙古	311.5	370.8	448.9	464.7	474.6	503.1	559.8	584.9
辽宁	1024.2	1139.7	1205.2	1210.3	1209.3	1227.6	1240.6	1252.6
吉林	392.9	420.0	505.8	506.2	512.4	526.6	535.3	541.0
黑龙江	589.2	646.9	731.7	765.1	790.3	811.8	851.1	850.2
上海	657.3	1028.4	1071.4	1077.6	1094.9	1126.0	1123.7	1146.5
江苏	1583.9	2098.8	2354.4	2499.3	2593.4	2607.5	2639.0	2646.0
浙江	1478.6	1934.0	2076.6	2174.9	2313.9	2455.6	2525.3	2584.0
安徽	492.0	610.9	798.8	860.3	914.4	1003.2	1183.0	1271.4
福建	522.0	736.6	883.7	938.2	991.6	1110.3	1442.4	1543.6
江西	462.1	587.9	719.7	748.5	806.7	875.5	976.9	1027.7
山东	1427.9	1923.1	2085.6	2156.8	2292.1	2437.7	2511.0	2559.8
河南	809.0	1149.0	1520.1	1628.2	1724.1	1841.2	1919.9	1987.7
湖北	738.2	874.9	1047.5	1100.5	1147.9	1217.5	1318.8	1379.1
湖南	673.5	791.1	947.9	1071.8	1222.1	1327.7	1352.3	1454.0
广东	2875.6	4613.3	4283.0	3962.2	4161.9	4327.1	4431.9	4518.2
广西	311.2	389.8	565.5	601.2	644.9	704.2	746.0	775.3
海南	135.4	187.9	187.5	208.3	231.1	252.9	274.0	292.0
重庆	391.9	544.4	662.5	721.1	781.5	911.5	980.1	1003.9
四川	861.9	1250.1	1662.1	1784.6	1882.6	2201.5	2320.7	2379.2
贵州	190.3	297.3	490.1	521.7	553.5	591.0	598.9	617.0
云南	225.1	291.1	440.2	468.4	515.8	550.5	611.1	681.0
西藏	6.8	12.4	36.6	38.2	42.2	48.6	50.8	55.9
陕西	400.1	544.2	733.7	816.7	884.7	946.8	991.7	1044.4
甘肃	171.1	197.0	299.3	309.8	319.8	334.0	343.1	352.4
青海	54.4	69.9	100.3	106.1	109.7	119.0	124.0	133.8
宁夏	77.3	111.1	152.5	160.6	171.6	181.7	210.6	216.1
新疆	274.5	344.7	484.3	525.2	542.8	561.6	581.5	621.8

6-2-2 续表2 单位：万人

地 区	其中：离退休(职)							
	2010	2015	2018	2019	2020	2021	2022	2023
全 国	**6305.0**	**9141.9**	**11797.7**	**12310.4**	**12762.3**	**13157.0**	**13644.0**	**14195.6**
北 京	195.5	236.7	293.5	302.6	311.4	319.0	328.2	337.8
天 津	143.6	180.9	221.0	226.3	234.4	237.9	243.6	249.5
河 北	259.5	368.5	455.4	466.7	480.1	491.7	503.3	520.9
山 西	147.3	201.4	262.2	273.6	278.2	291.8	314.7	324.2
内蒙古	119.2	208.1	284.6	298.8	311.3	320.0	335.3	347.2
辽 宁	472.7	640.5	789.6	816.0	839.7	857.0	873.9	897.8
吉 林	206.6	273.7	356.6	375.9	385.8	395.4	405.8	412.8
黑龙江	363.0	471.1	576.7	599.8	621.0	634.8	656.2	673.7
上 海	392.2	465.4	502.0	511.9	521.8	528.4	535.6	542.8
江 苏	449.1	681.1	871.2	918.1	964.5	1001.8	1051.3	1106.0
浙 江	223.6	570.3	806.8	856.9	897.2	911.9	947.5	989.6
安 徽	177.5	246.7	342.9	356.7	369.1	381.0	397.9	416.6
福 建	113.5	147.1	190.6	199.1	209.0	219.6	231.4	245.3
江 西	145.5	235.2	333.1	348.4	360.7	371.4	385.1	407.9
山 东	345.1	554.4	677.1	711.2	754.1	789.0	822.6	864.4
河 南	270.3	359.8	486.4	505.6	524.4	536.0	565.0	590.5
湖 北	301.6	440.6	554.1	584.3	596.8	617.1	640.9	668.9
湖 南	265.4	369.0	454.5	486.0	502.7	521.8	540.6	564.6
广 东	339.6	473.3	636.6	671.2	711.1	752.4	797.3	850.7
广 西	138.1	186.9	260.3	268.4	274.6	281.1	286.6	294.3
海 南	45.4	62.0	70.5	72.7	74.3	76.1	78.8	81.7
重 庆	192.5	304.9	388.7	406.6	421.9	442.7	451.7	471.4
四 川	439.0	688.9	881.6	915.7	947.5	977.1	1006.6	1047.1
贵 州	67.0	94.8	149.7	155.8	160.5	164.9	171.2	177.4
云 南	92.3	121.8	176.0	181.5	185.6	188.8	195.9	202.6
西 藏	3.2	3.8	9.6	10.0	10.4	10.9	11.1	11.4
陕 西	150.3	207.5	258.2	264.1	272.9	282.6	293.7	302.4
甘 肃	71.3	109.2	155.4	159.6	164.7	168.5	174.5	180.1
青 海	20.0	30.1	44.7	46.7	48.5	50.0	51.9	54.2
宁 夏	30.5	46.4	63.6	66.0	68.6	70.4	73.2	75.9
新 疆	119.2	154.8	211.0	219.0	224.3	229.9	235.4	246.1

6-2-3　各地区城镇职工基本养老保险基金收入

单位：亿元

地　区	2010	2015	2018	2019	2020	2021	2022	2023
全　国	**13419.5**	**29340.9**	**51167.6**	**52918.8**	**44375.7**	**60454.7**	**63323.8**	**70506.3**
北　京	658.9	1601.2	2553.9	2760.6	2160.6	3265.9	3435.8	4009.4
天　津	278.9	594.3	1120.3	1021.2	854.5	1159.9	1225.0	1311.4
河　北	584.6	1073.9	2125.7	2437.4	1683.6	2076.3	2293.8	2434.9
山　西	404.4	688.6	1223.4	1232.5	1111.9	1429.2	1413.0	1680.5
内蒙古	266.9	567.6	1094.6	1060.9	997.4	1195.2	1248.3	1421.8
辽　宁	834.1	1630.2	2343.6	2486.4	2149.9	2593.9	2761.0	3101.0
吉　林	289.8	569.2	1055.4	1142.8	957.3	1316.8	1216.2	1651.9
黑龙江	524.1	1030.7	1630.2	1785.4	1629.3	1824.5	1851.8	2029.7
上　海	889.9	2226.1	2808.9	2933.7	2036.7	3379.5	3705.5	4226.2
江　苏	1018.7	2153.9	3923.2	3759.2	3018.2	4391.1	4846.9	5183.4
浙　江	605.1	1958.5	3011.8	3040.0	2397.4	3488.7	3796.8	3907.6
安　徽	341.6	765.9	2005.6	1514.6	1313.6	1731.6	1883.8	2173.6
福　建	204.1	519.9	886.4	931.8	790.8	1065.1	1220.7	1366.7
江　西	231.6	605.6	1169.8	1047.2	1032.5	1334.2	1389.9	1522.7
山　东	942.4	2105.6	2728.1	2784.7	2491.2	3454.3	3558.8	3994.6
河　南	519.8	1027.1	1901.8	2053.0	1689.5	2136.7	2292.0	2565.8
湖　北	501.9	1132.4	1941.7	2418.0	2024.7	2441.9	2549.7	3158.5
湖　南	452.3	910.1	2129.2	1767.5	1733.8	1859.6	2019.5	2209.8
广　东	1139.1	2563.6	4571.3	5593.2	3858.1	6112.5	6419.7	7036.5
广　西	287.9	479.1	1248.9	1128.7	982.5	1278.0	1313.1	1468.1
海　南	80.2	168.0	326.1	324.5	266.3	387.9	428.7	499.2
重　庆	310.8	758.1	1202.3	1238.3	1212.5	1737.8	1688.2	1638.7
四　川	804.0	1680.6	2884.2	2754.9	2662.3	3596.7	3701.9	4049.8
贵　州	144.6	315.4	799.3	725.6	668.0	864.4	928.6	1014.4
云　南	194.0	406.5	878.0	951.3	819.9	1076.5	1153.9	1246.3
西　藏	14.1	28.2	110.5	139.1	132.1	159.7	171.5	215.3
陕　西	302.8	604.9	1173.3	1254.1	1221.5	1604.6	1696.2	1911.0
甘　肃	166.1	312.2	552.6	598.5	558.6	694.1	718.2	844.6
青　海	51.8	103.3	217.7	300.5	237.6	272.4	291.0	336.5
宁　夏	84.7	143.9	268.8	269.1	264.7	302.3	347.7	390.7
新　疆	287.5	607.0	1041.7	1137.1	1087.9	1336.5	1407.8	1567.2

6-2-4 各地区城镇职工基本养老保险基金支出

单位：亿元

地 区	2010	2015	2018	2019	2020	2021	2022	2023
全 国	**10554.9**	**25812.7**	**44644.9**	**49228.0**	**51301.4**	**56481.5**	**59034.7**	**63756.6**
北 京	482.4	965.5	1519.2	1698.3	1953.3	2074.8	2341.8	2377.9
天 津	271.8	559.5	1059.9	1000.5	1061.2	1196.0	1257.5	1288.2
河 北	451.8	1137.0	2020.3	2425.7	1981.6	2142.2	2319.9	2428.4
山 西	269.4	657.0	1138.6	1168.8	1290.6	1400.5	1480.9	1650.0
内蒙古	212.6	565.0	1073.8	1201.4	1271.2	1379.8	1454.1	1538.3
辽 宁	755.8	1743.2	2714.7	2950.0	3072.9	3329.5	3513.5	3858.4
吉 林	252.8	609.9	940.3	1263.6	1263.2	1510.3	1544.1	1880.7
黑龙江	500.1	1223.2	1793.1	2094.8	2240.1	2456.8	2492.9	2743.6
上 海	847.5	2035.2	2584.1	2779.7	2982.4	3222.0	3470.4	3680.0
江 苏	753.3	1844.7	3401.0	3382.3	3566.4	4006.6	4206.2	4505.3
浙 江	429.1	1583.7	2870.5	3138.5	3415.6	3737.2	3952.0	4276.3
安 徽	269.2	605.5	1732.7	1298.9	1364.2	1469.6	1547.7	1714.8
福 建	187.7	434.0	724.6	782.2	888.3	927.2	1014.8	1094.4
江 西	193.0	537.1	1004.0	1083.9	1172.8	1276.4	1379.2	1474.6
山 东	748.2	1845.2	2617.1	2872.7	3162.1	3483.2	3662.2	3965.3
河 南	420.3	961.0	1816.0	1931.0	1950.0	2114.9	2193.8	2366.7
湖 北	419.8	1103.6	1996.1	2264.5	2265.5	2441.8	2710.7	2993.0
湖 南	355.1	849.4	1610.2	1620.2	1731.3	1874.2	2003.5	2151.4
广 东	627.7	1475.5	2450.6	3761.5	3313.6	3483.9	3649.0	3950.1
广 西	193.5	470.9	1126.8	1079.7	1117.9	1195.5	1222.0	1314.8
海 南	74.1	157.5	267.8	280.1	300.3	317.7	332.3	362.4
重 庆	273.6	664.6	1093.0	1192.5	1295.1	1440.1	1495.7	1596.4
四 川	608.7	1527.6	2532.1	2764.2	3105.0	3346.2	3441.1	3707.8
贵 州	107.4	242.2	636.6	613.5	683.7	711.6	749.6	801.6
云 南	144.2	329.0	690.4	764.5	804.6	891.9	939.0	1026.3
西 藏	7.6	18.8	94.7	107.4	118.2	127.6	132.9	144.3
陕 西	265.0	613.0	1045.4	1187.5	1281.8	1509.1	1487.0	1574.9
甘 肃	127.2	307.6	508.2	599.3	671.3	733.4	792.7	870.4
青 海	43.4	111.2	221.7	323.3	279.5	291.1	318.0	338.9
宁 夏	48.8	137.1	240.1	266.8	289.0	314.2	331.8	360.8
新 疆	211.8	490.4	920.2	1040.9	1083.7	1185.4	1225.5	1330.0

6-2-5 各地区城乡居民基本养老保险参保人数

单位：万人

地区	城乡居民基本养老保险参保人数							
	2010	2015	2018	2019	2020	2021	2022	2023
全国	**10276.8**	**50472.2**	**52391.7**	**53266.0**	**54243.8**	**54797.4**	**54952.3**	**54522.5**
北京	168.5	187.6	209.0	204.7	200.8	192.4	188.3	181.0
天津	79.4	121.1	161.2	164.5	169.7	172.0	171.6	172.2
河北	840.3	3440.3	3511.6	3524.1	3546.1	3552.8	3568.5	3527.3
山西	249.8	1540.3	1579.3	1627.8	1638.0	1637.9	1628.2	1623.2
内蒙古	168.8	734.1	749.9	768.2	784.7	791.7	798.7	815.5
辽宁	146.8	1034.7	1040.8	1057.7	1058.4	1040.9	1041.3	1020.4
吉林	86.7	662.7	684.3	702.1	723.8	933.7	946.7	942.7
黑龙江	131.2	827.8	896.8	916.7	908.7	889.9	889.2	892.7
上海	28.9	79.5	78.7	77.1	76.2	74.4	73.1	71.8
江苏	333.5	2339.0	2325.4	2336.9	2400.4	2355.6	2340.7	2351.9
浙江	290.8	1285.9	1197.8	1199.4	1143.9	1055.5	1047.3	1032.8
安徽	349.3	3396.6	3487.8	3501.7	3490.1	3457.6	3465.8	3408.0
福建	273.9	1480.4	1525.6	1554.1	1588.2	1597.4	1598.8	1595.0
江西	272.3	1829.9	1884.1	1888.9	2078.0	2074.3	2081.0	1951.5
山东	919.2	4534.3	4551.9	4560.3	4590.4	4614.1	4636.2	4566.3
河南	1211.8	4855.2	5082.5	5196.6	5255.9	5306.3	5296.0	5280.1
湖北	380.0	2215.0	2282.8	2345.4	2368.6	2612.9	2600.5	2507.4
湖南	581.8	3280.1	3405.0	3413.6	3471.1	3435.1	3421.5	3413.0
广东	157.6	2499.7	2661.1	2646.2	2655.3	2681.4	2764.3	2760.0
广西	220.4	1741.5	1889.6	1983.7	2437.7	2671.8	2671.8	2671.8
海南	62.4	281.1	298.2	305.0	324.8	329.2	336.4	341.8
重庆	807.4	1111.1	1119.6	1162.7	1166.8	1139.9	1140.3	1175.0
四川	669.6	3020.4	3222.4	3368.7	3224.2	3181.1	3185.3	3150.1
贵州	223.9	1649.0	1802.7	1855.8	1904.5	1928.6	1935.5	1941.8
云南	469.4	2253.3	2361.0	2410.0	2450.2	2460.3	2479.7	2491.1
西藏	80.5	157.7	165.9	166.0	168.4	174.9	174.8	176.2
陕西	439.7	1714.5	1741.7	1765.6	1785.2	1799.5	1822.6	1812.4
甘肃	185.5	1236.7	1317.0	1372.6	1388.2	1387.9	1386.6	1379.0
青海	65.1	233.5	245.6	261.1	262.3	262.6	263.0	263.4
宁夏	24.7	183.1	181.4	194.7	238.6	230.7	235.9	232.1
新疆	357.9	546.1	731.1	734.1	744.7	754.8	762.8	775.1

6-2-5 续表 单位：万人

地区	其中：实际领取待遇							
	2010	2015	2018	2019	2020	2021	2022	2023
全 国	**2862.6**	**14800.3**	**15898.1**	**16031.9**	**16068.2**	**16213.3**	**16464.2**	**17268.3**
北 京	17.7	39.5	88.9	90.8	92.4	90.8	61.5	63.8
天 津	65.6	74.9	81.8	82.2	84.1	82.8	84.6	88.7
河 北	179.5	927.3	1024.1	1052.1	1078.0	1086.9	1123.7	1184.3
山 西	68.8	371.0	415.8	422.5	422.3	420.9	422.2	450.9
内蒙古	41.8	204.9	223.7	233.9	245.2	249.3	256.3	263.2
辽 宁	33.6	374.3	406.6	414.7	428.3	426.6	434.1	445.6
吉 林	32.2	218.0	251.7	264.4	261.9	281.7	283.5	285.7
黑龙江	27.7	258.1	294.9	296.3	256.1	244.1	231.8	273.6
上 海	14.1	48.7	51.0	51.6	52.3	52.0	52.2	52.6
江 苏	132.4	1023.0	1093.6	1098.2	1095.4	1093.4	1110.0	1144.5
浙 江	134.2	550.8	533.9	531.7	529.5	535.6	547.5	563.4
安 徽	93.0	895.1	923.5	922.5	914.8	913.8	962.5	1019.2
福 建	57.7	404.1	466.3	478.1	488.6	486.5	506.7	505.6
江 西	75.2	441.3	481.8	492.6	499.0	508.4	525.7	552.4
山 东	318.0	1401.1	1512.4	1532.6	1555.3	1567.2	1623.9	1690.1
河 南	251.1	1305.2	1382.1	1406.7	1410.7	1431.7	1448.4	1544.9
湖 北	115.0	653.9	723.1	723.3	719.3	803.4	796.0	821.8
湖 南	217.8	899.6	935.4	872.1	843.4	850.3	880.0	935.6
广 东	51.8	776.3	850.7	870.9	900.6	894.9	869.5	909.9
广 西	59.6	538.1	585.7	588.7	581.3	588.8	592.8	646.1
海 南	17.7	69.3	75.7	75.9	77.1	77.9	82.6	83.6
重 庆	265.0	366.7	367.4	358.5	347.7	334.8	331.2	359.5
四 川	199.6	1095.0	1129.1	1119.5	1111.5	1099.5	1065.4	1090.6
贵 州	63.5	433.0	452.8	462.2	463.7	462.0	474.8	494.9
云 南	91.7	480.7	533.8	538.7	538.5	542.7	566.6	603.3
西 藏	23.5	24.5	3.6	25.2	25.7	26.3	27.3	28.9
陕 西	97.0	441.4	500.0	514.6	535.2	540.5	558.5	587.6
甘 肃	38.0	300.1	311.9	312.1	312.7	315.7	331.1	351.4
青 海	16.8	43.3	46.5	45.9	38.3	42.0	43.7	48.2
宁 夏	4.7	37.5	40.9	40.9	41.5	42.5	45.2	46.6
新 疆	58.0	103.9	109.3	112.7	117.7	120.5	124.9	131.5

6-2-6　各地区城乡居民基本养老保险基金收入

单位：亿元

地　区	2015	2018	2019	2020	2021	2022	2023
全　国	**2854.6**	**3837.7**	**4107.0**	**4852.9**	**5338.6**	**5609.3**	**6184.9**
北　京	37.3	55.9	68.1	68.9	113.6	101.4	127.5
天　津	46.5	61.0	60.7	66.2	76.7	47.0	57.6
河　北	140.3	194.8	222.6	238.5	263.8	248.5	295.9
山　西	67.9	87.5	95.7	103.7	121.7	159.4	175.3
内蒙古	41.4	59.1	63.7	82.5	88.9	84.6	94.2
辽　宁	63.1	71.7	77.7	84.8	82.9	84.4	91.3
吉　林	29.6	41.6	47.3	51.8	57.6	50.9	59.1
黑龙江	30.8	53.1	65.1	63.2	68.6	65.0	85.6
上　海	48.1	75.3	75.9	92.9	92.4	97.5	104.8
江　苏	274.8	348.6	357.3	452.6	503.6	548.8	661.7
浙　江	148.3	176.6	176.4	296.3	342.6	343.7	411.9
安　徽	139.6	215.6	224.9	254.0	294.8	389.5	397.5
福　建	73.8	103.6	120.1	130.8	132.9	144.9	153.5
江　西	69.3	110.5	107.8	130.6	146.4	161.3	191.6
山　东	289.6	437.5	435.8	505.5	598.1	560.3	581.7
河　南	204.7	265.8	283.7	300.3	320.7	335.6	360.5
湖　北	103.6	182.4	198.0	205.9	229.9	293.8	252.1
湖　南	136.4	175.8	188.1	190.1	235.2	248.8	264.3
广　东	206.7	215.8	284.3	283.1	304.9	366.4	331.8
广　西	87.6	105.6	123.8	138.6	146.2	145.1	147.7
海　南	21.8	35.4	38.2	32.2	39.1	35.9	42.7
重　庆	53.8	77.4	83.2	79.6	89.6	96.2	128.0
四　川	192.0	246.5	246.7	313.9	384.1	390.3	502.3
贵　州	62.2	70.2	71.2	80.4	97.7	107.8	117.5
云　南	83.5	104.7	107.6	276.1	155.9	152.3	148.2
西　藏	6.5	8.4	9.3	11.7	12.8	12.8	14.4
陕　西	91.7	115.5	122.2	137.4	143.5	146.5	164.7
甘　肃	54.3	73.5	75.0	94.1	103.7	95.7	116.2
青　海	12.8	17.5	19.4	24.5	19.0	22.7	23.8
宁　夏	10.0	15.3	15.3	17.2	20.3	20.0	21.7
新　疆	26.7	35.5	41.8	45.7	51.4	52.5	59.8

6-2-7 各地区城乡居民基本养老保险基金支出

单位：亿元

地　区	2015	2018	2019	2020	2021	2022	2023
全　国	**2116.7**	**2905.5**	**3114.3**	**3355.1**	**3715.0**	**4044.3**	**4612.9**
北　京	26.5	47.3	58.5	64.3	103.7	107.0	113.7
天　津	26.9	41.3	45.3	49.1	50.0	52.4	56.2
河　北	98.5	146.5	153.3	162.2	172.7	187.5	236.6
山　西	44.8	60.8	64.0	67.8	72.7	81.4	97.2
内蒙古	36.8	53.7	56.3	59.6	64.1	67.6	74.0
辽　宁	56.3	67.5	71.4	76.5	78.2	79.3	91.4
吉　林	25.0	34.1	37.1	38.6	43.8	45.2	49.4
黑龙江	27.0	42.3	46.3	46.6	48.2	49.4	64.5
上　海	48.4	70.4	76.9	84.0	90.2	97.2	104.2
江　苏	213.5	276.7	305.5	354.2	398.4	440.0	489.1
浙　江	143.3	171.5	178.9	200.3	242.7	284.7	318.9
安　徽	95.7	139.3	141.1	147.1	157.2	183.6	219.4
福　建	53.6	82.0	90.2	95.3	102.3	115.0	129.5
江　西	49.3	65.9	73.9	78.5	100.7	120.5	135.8
山　东	189.8	274.2	296.1	340.3	383.0	409.8	452.7
河　南	154.0	193.6	203.6	214.8	222.0	239.2	287.0
湖　北	73.4	125.3	129.7	134.5	149.3	166.4	192.1
湖　南	95.9	135.6	135.8	142.9	152.8	162.9	186.2
广　东	146.9	201.9	250.1	265.3	273.6	293.4	308.8
广　西	66.4	85.3	92.5	94.8	103.7	109.3	127.4
海　南	13.2	18.1	19.1	20.3	21.9	24.1	27.5
重　庆	52.4	61.6	62.1	61.7	69.5	64.1	76.6
四　川	144.1	200.3	204.0	212.5	231.0	243.8	289.6
贵　州	46.1	56.3	59.7	62.1	64.4	77.2	92.4
云　南	51.1	74.5	75.9	82.6	99.7	104.3	120.7
西　藏	4.1	5.2	5.8	6.7	7.5	8.6	9.6
陕　西	65.3	86.1	87.8	94.4	102.8	114.8	128.1
甘　肃	36.7	45.4	47.9	49.4	55.2	59.1	68.6
青　海	7.6	11.3	11.7	11.7	12.7	13.3	15.3
宁　夏	6.9	10.2	10.6	11.3	12.1	13.5	15.6
新　疆	17.1	21.4	23.3	25.5	28.7	29.9	34.8

7 住有所居

7-1-1 供水普及率

单位：%

地区	城市				农村			
	2020	2021	2022	2023	2020	2021	2022	2023
全国	**99.0**	**99.4**	**99.4**	**99.4**	**83.4**	**85.3**	**86.0**	**87.5**
北京	98.4	98.8	99.8	100.0	92.8	91.1	94.5	95.7
天津	100.0	100.0	100.0	100.0	93.2	96.9	96.6	97.1
河北	100.0	100.0	100.0	100.0	92.3	93.6	93.7	94.1
山西	99.6	99.5	98.7	98.4	88.7	89.3	88.1	88.3
内蒙古	99.5	99.6	99.7	99.1	71.8	74.0	74.4	80.3
辽宁	99.7	99.7	99.0	97.2	69.9	72.1	72.5	74.4
吉林	95.6	95.9	96.5	96.3	74.3	82.4	83.7	85.2
黑龙江	99.0	99.2	99.1	99.4	85.3	86.2	86.9	89.5
上海	100.0	100.0	100.0	100.0	95.4	93.5	93.6	91.6
江苏	100.0	100.0	100.0	100.0	97.5	97.6	98.4	98.3
浙江	100.0	100.0	100.0	100.0	84.9	84.3	88.1	92.0
安徽	99.6	99.8	99.8	98.4	79.2	80.7	81.5	82.9
福建	99.9	99.9	100.0	100.0	92.9	92.3	92.5	93.1
江西	98.6	99.2	99.4	99.5	66.2	68.2	70.5	73.3
山东	99.8	99.9	99.9	99.9	95.6	95.0	96.2	95.6
河南	98.2	99.3	99.3	99.4	80.3	83.2	84.4	87.7
湖北	99.6	99.9	99.9	100.0	76.5	79.3	81.0	83.0
湖南	98.9	99.0	99.0	99.9	64.7	68.1	68.1	68.8
广东	98.5	100.0	99.7	99.7	86.2	90.3	92.2	92.0
广西	99.7	99.8	99.9	99.9	79.9	86.0	86.1	86.8
海南	98.0	95.7	100.0	99.9	91.2	92.5	92.0	92.8
重庆	94.7	96.3	98.6	99.9	83.4	86.2	87.9	89.7
四川	98.3	98.7	97.2	99.0	74.6	76.9	77.8	80.3
贵州	98.9	98.4	98.9	98.1	82.6	86.3	84.8	87.6
云南	98.1	99.0	99.0	98.9	88.0	89.2	88.5	91.9
西藏	98.8	98.9	99.7	100.0	91.2	86.6	86.4	86.6
陕西	97.9	98.2	98.3	98.5	89.6	90.7	88.8	91.9
甘肃	98.2	99.5	99.5	99.7	87.3	88.2	88.8	90.0
青海	98.7	98.8	99.6	99.5	96.9	97.1	96.4	94.5
宁夏	98.9	99.7	100.0	99.3	97.5	97.3	96.9	97.7
新疆	99.5	99.4	99.5	99.6	93.3	93.1	94.0	93.4

7-1-2 燃气普及率

单位：%

地区	城市				农村			
	2020	2021	2022	2023	2020	2021	2022	2023
全国	**97.9**	**98.0**	**98.1**	**98.3**	**35.1**	**38.2**	**39.9**	**42.1**
北京	100.0	100.0	100.0	100.0	38.8	42.7	53.5	54.7
天津	100.0	100.0	100.0	99.5	71.0	78.5	82.4	84.0
河北	99.7	99.8	99.5	99.6	51.4	70.5	71.6	72.1
山西	98.7	97.9	97.6	97.3	19.5	20.7	20.9	21.9
内蒙古	97.3	97.9	98.0	97.8	11.1	11.9	13.5	13.9
辽宁	98.7	97.9	97.7	97.0	14.8	14.9	17.5	17.8
吉林	92.9	94.9	96.5	96.8	8.5	11.5	13.7	14.5
黑龙江	90.8	92.2	93.2	93.4	4.9	5.4	5.8	7.7
上海	100.0	100.0	100.0	100.0	74.5	74.8	78.4	76.3
江苏	99.9	99.9	99.9	99.9	85.8	86.4	87.5	87.8
浙江	100.0	100.0	100.0	100.0	50.9	47.3	51.2	51.5
安徽	99.2	99.5	99.4	99.7	34.3	39.8	42.3	44.3
福建	99.2	99.3	99.7	99.8	63.0	61.4	62.0	63.9
江西	97.6	98.8	98.8	99.4	27.7	29.7	31.4	34.9
山东	99.3	99.3	99.5	99.7	53.5	55.1	57.8	58.6
河南	96.8	97.7	98.2	99.3	21.3	24.0	27.4	35.1
湖北	98.4	98.9	99.5	96.1	31.1	33.3	34.3	37.4
湖南	97.3	97.5	97.7	98.6	22.9	26.8	28.4	30.0
广东	99.0	98.3	98.6	98.6	66.1	68.4	71.0	71.3
广西	99.4	99.5	99.4	99.2	52.8	59.8	60.6	62.6
海南	98.9	99.4	99.5	99.8	73.5	72.0	74.3	73.8
重庆	96.2	98.2	98.8	99.7	28.1	31.7	33.2	36.7
四川	97.4	98.1	96.6	98.0	31.9	35.2	36.7	39.5
贵州	94.6	90.2	93.3	94.8	3.7	4.5	5.2	5.8
云南	78.7	78.5	71.8	76.7	4.1	4.5	5.0	5.6
西藏	63.2	68.1	74.3	86.9	8.4	11.5	12.3	12.7
陕西	98.6	98.8	99.0	99.1	15.9	17.4	18.1	20.0
甘肃	94.8	96.9	96.9	98.0	4.3	5.3	6.0	6.3
青海	93.8	94.5	94.7	97.0	3.3	4.0	4.6	6.1
宁夏	97.5	97.8	98.5	96.8	10.7	11.0	11.9	13.1
新疆	98.4	98.8	98.6	98.5	6.8	7.0	7.2	8.1

7-2-1 人均城市道路面积

单位：平方米

地区	2020	2021	2022	2023
全国	**18.0**	**18.8**	**19.3**	**19.7**
北京	7.7	7.7	8.0	8.9
天津	14.9	15.4	16.1	16.4
河北	21.1	21.0	21.2	20.1
山西	18.4	18.3	18.7	17.5
内蒙古	23.9	25.5	24.6	23.9
辽宁	16.2	19.8	19.4	20.0
吉林	15.7	16.2	17.2	17.5
黑龙江	15.6	16.5	16.6	16.6
上海	4.8	4.8	5.0	5.0
江苏	25.6	25.6	25.7	25.8
浙江	19.1	18.0	19.6	21.7
安徽	24.3	23.7	24.6	24.8
福建	18.8	21.0	22.0	23.3
江西	19.8	23.9	25.9	26.9
山东	25.6	26.5	26.5	26.5
河南	15.3	16.4	16.9	17.6
湖北	18.9	18.7	19.7	21.2
湖南	19.7	20.2	20.4	21.5
广东	13.3	15.4	15.0	15.0
广西	23.8	23.9	24.4	24.5
海南	17.9	26.0	25.3	25.4
重庆	14.7	16.0	16.6	17.4
四川	18.1	17.9	18.3	19.9
贵州	21.2	22.1	26.7	25.8
云南	16.6	18.1	17.4	19.1
西藏	20.7	21.5	22.0	21.8
陕西	16.7	17.6	18.1	18.1
甘肃	20.2	22.2	22.2	21.8
青海	18.9	18.9	19.6	19.8
宁夏	26.8	26.2	28.0	27.2
新疆	25.3	21.7	23.9	24.5

7-2-2 人均公园绿地面积

单位：平方米

地 区	2020	2021	2022	2023
全 国	**14.8**	**14.9**	**15.3**	**15.7**
北 京	16.6	16.6	16.6	16.9
天 津	10.3	9.7	10.0	10.0
河 北	15.3	15.1	15.4	14.7
山 西	13.5	13.7	13.7	13.5
内蒙古	19.2	20.0	19.5	19.2
辽 宁	13.4	13.4	13.4	14.2
吉 林	12.9	13.5	14.4	14.7
黑龙江	12.8	13.6	14.0	14.8
上 海	9.1	9.0	9.3	9.5
江 苏	15.3	15.6	16.0	16.2
浙 江	13.6	12.9	13.8	15.5
安 徽	14.9	14.5	17.0	17.1
福 建	14.9	15.0	15.3	15.7
江 西	14.8	16.2	17.0	18.0
山 东	17.7	17.9	18.2	18.5
河 南	14.4	15.1	15.6	16.1
湖 北	13.8	14.6	15.4	15.6
湖 南	12.2	12.6	13.1	13.9
广 东	18.1	17.7	17.9	18.1
广 西	12.9	13.8	11.7	12.3
海 南	11.6	13.0	12.2	12.7
重 庆	16.5	16.7	17.6	18.2
四 川	14.4	13.7	14.0	14.6
贵 州	17.0	16.0	16.4	16.6
云 南	12.3	12.9	13.9	13.8
西 藏	12.0	13.3	16.2	17.4
陕 西	12.8	12.9	13.2	13.2
甘 肃	15.2	14.9	16.4	16.0
青 海	12.5	12.8	13.2	12.9
宁 夏	21.0	20.5	22.8	22.0
新 疆	14.0	15.4	16.2	16.4

7-2-3　每万人拥有公共厕所

单位：座

地　区	2020	2021	2022	2023
全　国	**3.1**	**3.3**	**3.4**	**3.5**
北　京	3.2	3.3	3.4	3.7
天　津	3.6	3.7	3.9	4.3
河　北	3.4	3.7	4.1	4.0
山　西	2.5	3.4	3.5	3.5
内蒙古	7.8	7.6	7.4	7.0
辽　宁	2.1	2.4	2.5	2.5
吉　林	3.6	3.9	4.0	4.0
黑龙江	4.3	4.3	4.4	4.3
上　海	2.3	2.5	2.5	3.0
江　苏	4.2	4.2	3.9	3.9
浙　江	3.0	3.0	3.1	2.9
安　徽	2.7	3.4	3.6	3.6
福　建	4.6	4.7	4.6	5.1
江　西	3.3	4.3	5.0	5.7
山　东	2.0	2.2	2.6	2.5
河　南	4.1	4.5	4.4	4.4
湖　北	2.7	2.6	3.2	3.5
湖　南	2.5	2.6	2.7	3.0
广　东	1.9	2.1	2.0	2.1
广　西	1.5	1.5	2.3	2.7
海　南	3.7	2.8	4.4	4.4
重　庆	3.0	3.0	3.1	3.0
四　川	2.7	3.0	3.1	3.3
贵　州	2.9	4.4	4.7	6.0
云　南	5.0	5.7	6.0	6.6
西　藏	7.8	9.0	9.4	9.6
陕　西	4.9	4.6	4.7	4.8
甘　肃	3.3	4.4	4.5	4.6
青　海	3.4	3.5	3.9	3.9
宁　夏	3.0	3.0	3.1	3.3
新　疆	2.7	2.9	2.8	2.9

7-3-1 集中供水的行政村个数、比例

地区	2020		2021		2022		2023	
	个数（个）	比例（%）	个数（个）	比例（%）	个数（个）	比例（%）	个数（个）	比例（%）
全　国	**370423**	**82.5**	**366460**	**83.6**	**366772**	**84.8**	**370642**	**86.1**
北　京	2777	87.2	2632	84.0	2584	82.1	2570	83.2
天　津	2298	90.7	2326	93.8	2321	95.6	2328	96.0
河　北	34477	84.8	34943	85.9	35108	86.7	35496	87.5
山　西	16018	81.0	15247	82.9	14553	84.1	14431	84.0
内蒙古	7416	72.6	7576	73.5	7591	74.2	7648	75.0
辽　宁	6257	64.5	6159	64.5	6198	65.4	6280	66.0
吉　林	6843	82.1	7567	91.0	7585	91.7	7803	94.7
黑龙江	7154	90.7	7294	92.4	7349	94.0	7432	94.6
上　海	1267	91.9	1280	94.3	1261	93.8	1267	93.0
江　苏	12477	98.9	12386	98.9	12233	99.0	12257	99.4
浙　江	11837	83.1	11391	81.5	11220	84.4	11724	86.6
安　徽	11102	82.1	11149	85.5	11478	88.9	11693	90.3
福　建	10676	92.6	10493	91.6	10580	91.6	10626	91.7
江　西	10983	71.1	10847	70.8	11284	73.6	11669	76.5
山　东	55403	97.0	50804	96.9	48607	96.2	48215	96.6
河　南	31215	80.7	32639	85.2	33904	88.4	34920	92.3
湖　北	16686	81.4	15907	81.7	15934	82.8	15477	84.1
湖　南	12471	61.3	14001	65.2	14447	67.6	14545	69.0
广　东	13615	81.4	14328	86.2	14603	87.6	14806	88.7
广　西	9220	68.9	9625	72.3	9853	74.2	10213	77.2
海　南	2569	94.8	2462	93.8	2464	93.9	2482	94.6
重　庆	6556	85.8	6623	86.2	6774	87.6	6967	90.1
四　川	19868	76.3	18467	76.9	18703	79.3	19121	81.3
贵　州	9302	72.9	9251	76.1	9167	76.9	9343	76.7
云　南	9956	82.1	9808	83.2	9952	85.1	10182	86.4
西　藏	2251	47.2	2280	44.5	2188	44.7	2033	40.2
陕　西	13362	90.4	13114	90.9	13146	92.9	13079	92.5
甘　肃	12402	83.8	12136	82.6	12107	82.8	12277	84.4
青　海	3082	78.4	3117	79.3	3085	79.6	3095	81.6
宁　夏	1928	99.6	1915	99.6	1909	99.4	1908	99.3
新　疆	7556	92.5	7289	89.7	7283	88.9	7411	89.7

7-3-2　农村集中供热面积

单位：万平方米

地　区	2020	2021	2022	2023
全　国	**32263.4**	**35324.6**	**38130.4**	**37891.1**
北　京	1184.9	1422.3	1404.0	1442.6
天　津	1417.2	1508.2	1611.9	1514.3
河　北	6298.7	7153.5	7323.0	7340.2
山　西	5428.3	5841.5	5949.3	5644.8
内蒙古	1497.7	1302.4	1156.9	1046.9
辽　宁	1294.5	1248.4	1397.6	1342.7
吉　林	446.0	557.4	654.9	823.6
黑龙江	431.9	446.1	603.6	557.0
上　海	16.7	20.7	133.2	20.8
江　苏	7.1	11.7	11.7	23.1
浙　江	9.9	11.7	202.8	112.7
安　徽				
福　建				
江　西	208.5	696.9	612.6	610.4
山　东	9099.6	9767.4	11485.2	11769.7
河　南	723.9	884.4	1139.7	1014.2
湖　北	704.2	459.3	281.3	237.3
湖　南	34.0	138.6	37.0	47.1
广　东				
广　西	23.0	7.1	124.2	49.2
海　南				
重　庆	19.5	21.3		
四　川				
贵　州	5.6	5.6	5.6	3.0
云　南	60.0			
西　藏	9.1	8.7	24.7	36.2
陕　西	436.8	632.5	689.1	637.9
甘　肃	992.7	1231.3	1291.8	1255.9
青　海	150.0	152.7	222.5	229.4
宁　夏	342.1	373.5	434.7	695.2
新　疆	1252.5	1297.7	1212.3	1223.9

7-3-3 村庄内道路长度

单位：公里

地 区	2020	2021	2022	2023
全 国	**3358041.4**	**3486668.3**	**3573922.5**	**3623183.5**
北 京	18241.3	18193.3	19381.8	19170.8
天 津	16169.6	16280.3	16431.6	16571.6
河 北	217660.7	255251.1	250654.4	251950.5
山 西	81016.6	86592.1	86068.4	90381.2
内蒙古	84317.0	84925.0	85215.1	85906.9
辽 宁	75172.3	76952.1	78467.7	79392.4
吉 林	84200.4	87821.2	86619.8	86863.5
黑龙江	82367.9	81852.8	82037.0	83024.7
上 海	11139.8	11236.9	11453.6	11381.8
江 苏	143693.3	143441.0	142715.6	145016.9
浙 江	80023.7	82375.7	84214.7	90245.6
安 徽	157957.8	163321.1	170173.9	166252.2
福 建	75224.1	73975.7	75817.2	76807.2
江 西	97570.7	99106.7	103116.5	106033.8
山 东	340607.9	339835.7	350582.4	353354.3
河 南	197900.9	203542.9	209248.7	218543.5
湖 北	207324.0	212307.1	215526.5	211390.4
湖 南	160259.2	174496.1	177922.6	177913.9
广 东	155013.2	165117.1	174620.0	183771.6
广 西	116092.5	118998.7	120843.6	124741.3
海 南	28104.1	29578.1	30513.2	31359.5
重 庆	31355.9	34482.6	39719.8	45173.2
四 川	280641.5	295517.8	305436.2	297926.8
贵 州	127129.9	130895.9	133642.8	131710.4
云 南	148812.0	155842.6	164261.0	170658.4
西 藏	18945.5	18384.3	17680.1	18172.3
陕 西	100201.5	102482.1	105140.5	102868.8
甘 肃	89423.1	92311.4	102700.5	104824.3
青 海	30633.9	30029.9	29989.3	30061.5
宁 夏	26117.7	26557.2	27456.9	28682.6
新 疆	65621.8	65527.9	67266.0	73488.9

8 弱有所扶

8-1-1 全国最低生活保障情况

年 份	城市最低生活保障人数（万人）	城市最低生活保障平均标准（元/人月）	农村最低生活保障人数（万人）	农村最低生活保障平均标准（元/人月）
2000	402.6			
2001	1170.7		304.6	
2002	2064.7		407.8	
2003	2246.8		367.1	
2004	2205.0	152.0	488.0	
2005	2234.2	156.0	825.0	
2006	2240.1	169.6	1593.1	70.9
2007	2272.1	182.4	3566.3	70.0
2008	2334.8	205.3	4305.5	82.3
2009	2345.6	227.8	4760.2	100.8
2010	2310.5	251.2	5214.0	117.0
2011	2276.8	287.6	5305.7	143.2
2012	2143.5	330.1	5344.5	172.3
2013	2064.2	373.3	5388.0	202.8
2014	1877.0	410.5	5207.2	231.4
2015	1701.1	451.1	4903.6	264.8
2016	1480.2	494.6	4586.5	312.0
2017	1261.0	540.6	4045.2	358.4
2018	1007.0	579.7	3519.1	402.8
2019	860.9	624.0	3455.4	444.6
2020	805.1	677.6	3620.8	496.9
2021	737.8	711.4	3474.5	530.2
2022	682.4	752.3	3349.6	582.1
2023	663.6	785.9	3399.7	621.3

8-1-2　各地区城市居民最低生活保障人数

单位：万人

地　区	2010	2015	2018	2019	2020	2021	2022	2023
全　国	**2310.5**	**1701.1**	**1007.0**	**860.9**	**805.1**	**737.8**	**682.4**	**663.6**
北　京	13.7	8.5	6.7	6.5	7.0	7.1	7.0	6.9
天　津	19.8	13.1	8.0	7.6	7.3	6.7	6.5	6.2
河　北	88.3	55.0	23.7	19.5	18.2	15.7	14.7	13.8
山　西	91.5	59.9	35.8	28.0	26.1	23.8	19.5	16.0
内蒙古	85.4	60.3	38.8	33.9	31.4	28.3	25.4	24.2
辽　宁	124.6	71.8	45.5	39.2	34.9	30.9	27.6	25.4
吉　林	115.5	72.5	50.9	43.8	39.8	35.0	30.7	28.0
黑龙江	151.2	120.0	74.1	59.8	54.4	49.0	45.1	42.4
上　海	35.3	17.6	15.4	14.8	14.3	13.6	13.1	12.4
江　苏	42.8	28.0	14.5	12.3	11.0	10.0	8.4	8.2
浙　江	9.0	7.3	22.0	19.4	6.2	6.0	5.7	5.6
安　徽	88.4	64.7	42.7	36.7	34.4	31.7	27.6	26.2
福　建	18.2	12.9	6.1	6.2	6.2	6.5	6.8	7.1
江　西	98.1	92.4	69.0	35.9	33.6	31.1	29.4	29.1
山　东	67.6	37.2	15.9	13.3	12.3	10.9	9.3	9.0
河　南	148.2	107.9	50.1	44.1	39.4	35.8	32.1	30.6
湖　北	137.5	84.6	37.8	31.8	30.7	28.3	25.7	23.7
湖　南	145.2	127.2	59.7	50.7	44.6	39.0	34.5	32.3
广　东	40.7	29.7	17.3	15.7	15.2	15.0	14.8	14.6
广　西	60.2	38.5	12.0	30.5	34.9	34.4	38.5	40.7
海　南	17.0	8.4	4.8	3.7	3.6	3.4	3.2	3.2
重　庆	60.8	37.5	31.1	28.1	26.5	23.9	21.8	21.1
四　川	187.0	156.4	93.7	76.8	67.7	58.9	52.1	51.4
贵　州	54.0	40.2	34.1	48.8	64.4	60.8	57.9	57.7
云　南	92.6	98.1	48.3	43.8	41.0	39.2	37.0	37.5
西　藏	4.2	4.6	2.9	2.5	2.5	2.3	2.3	2.3
陕　西	86.0	50.9	25.9	21.6	20.1	18.6	16.5	15.7
甘　肃	87.8	76.2	49.7	39.7	35.5	32.6	31.6	30.9
青　海	22.4	17.6	7.7	6.5	6.3	5.9	6.7	7.2
宁　夏	20.7	15.4	9.7	9.3	8.4	7.6	6.9	7.5
新　疆	97.1	86.5	53.0	30.5	26.9	25.8	24.0	26.5

8-1-3 各地区城市居民最低生活保障平均标准

单位：元/人月

地 区	2010	2015	2018	2019	2020	2021	2022	2023
全 国	**251.2**	**451.1**	**579.7**	**624.0**	**677.6**	**711.4**	**752.3**	**785.9**
北 京	430.0	710.0	1000.0	1100.0	1170.0	1245.0	1320.0	1395.0
天 津	450.0	705.0	920.0	980.0	1010.0	1010.0	1010.0	1010.0
河 北	265.3	441.4	601.3	663.4	705.3	710.6	710.6	757.6
山 西	231.3	413.2	495.8	550.5	592.6	615.0	629.0	651.5
内蒙古	299.0	508.0	640.5	689.0	726.2	762.5	801.7	835.6
辽 宁	296.1	493.5	590.2	635.8	669.2	705.9	725.6	750.7
吉 林	227.9	401.6	506.9	525.3	546.5	612.4	612.4	612.4
黑龙江	240.1	506.4	564.8	584.0	613.2	650.2	683.5	710.6
上 海	450.0	790.0	1070.0	1160.0	1240.0	1330.0	1420.0	1510.0
江 苏	342.3	581.7	682.4	718.3	765.6	803.2	824.8	847.3
浙 江	367.0	640.5	762.6	811.5	882.3	935.3	1083.2	1148.2
安 徽	254.1	455.0	569.7	597.1	641.1	686.3	738.3	786.9
福 建	218.3	478.1	605.6	615.2	686.3	714.6	832.5	841.6
江 西	243.9	452.0	577.4	635.5	708.2	768.6	830.7	881.0
山 东	285.7	470.1	532.4	576.6	733.1	814.5	898.6	944.0
河 南	202.5	374.1	492.9	539.1	583.9	604.6	638.2	641.2
湖 北	252.2	447.1	605.0	636.3	666.0	674.2	703.1	739.6
湖 南	213.9	359.8	468.8	516.9	588.0	591.0	618.7	657.0
广 东	254.4	513.8	748.6	806.6	874.2	914.8	950.8	983.4
广 西	228.0	404.4	589.6	665.8	754.2	772.7	785.3	785.7
海 南	250.2	466.8	485.6	562.8	562.8	576.8	628.0	685.4
重 庆	255.9	419.1	546.0	580.0	620.0	636.0	717.0	735.0
四 川	210.0	367.0	507.2	552.0	613.5	623.8	690.7	762.1
贵 州	211.6	453.4	591.7	613.4	645.1	651.1	678.7	733.3
云 南	206.4	395.9	566.8	619.8	644.7	667.9	702.7	730.7
西 藏	305.8	591.3	805.0	834.1	871.2	970.9	987.8	971.7
陕 西	283.6	460.7	568.1	607.8	633.4	651.1	652.4	702.7
甘 肃	189.2	378.1	489.1	530.2	577.6	650.6	691.5	723.2
青 海	232.0	370.4	503.2	575.4	637.5	665.2	700.8	719.1
宁 夏	211.9	361.8	570.0	574.6	605.6	609.2	649.1	649.1
新 疆	183.2	349.2	433.5	467.2	513.5	586.0	637.9	676.1

8-1-4 各地区农村居民最低生活保障人数

单位：万人

地 区	2010	2015	2018	2019	2020	2021	2022	2023
全 国	**5214.0**	**4903.6**	**3519.1**	**3455.4**	**3620.8**	**3474.5**	**3349.6**	**3399.7**
北 京	7.7	4.9	3.8	3.8	4.0	3.9	3.7	3.5
天 津	8.6	10.4	6.2	6.5	6.8	6.1	5.9	5.7
河 北	191.3	205.8	122.2	157.4	161.3	152.1	148.1	147.9
山 西	132.1	122.5	100.5	96.1	99.7	96.5	90.8	86.3
内蒙古	115.6	116.4	125.2	128.9	133.4	130.6	128.9	132.5
辽 宁	93.4	79.5	59.9	60.3	69.6	68.1	64.2	61.0
吉 林	97.5	82.2	59.4	51.6	54.3	54.2	51.9	51.7
黑龙江	112.7	118.2	89.3	80.2	81.0	81.1	82.5	87.3
上 海	8.1	3.1	3.5	3.1	3.0	3.4	3.2	3.0
江 苏	139.4	114.8	74.8	68.9	66.6	62.4	55.7	56.4
浙 江	57.4	56.8	50.6	46.1	55.2	53.3	50.7	50.0
安 徽	214.6	196.3	180.6	178.4	183.7	176.9	169.9	167.8
福 建	71.3	71.7	37.8	41.5	45.2	48.4	50.5	52.7
江 西	149.7	169.3	167.8	142.3	146.9	142.6	144.0	144.3
山 东	242.6	237.4	117.1	117.8	135.3	134.9	128.9	130.7
河 南	369.2	392.9	257.8	272.6	292.5	289.1	274.2	275.8
湖 北	212.9	159.5	133.8	139.3	144.6	137.7	130.6	125.1
湖 南	261.1	317.9	126.8	134.2	149.5	145.3	142.1	147.1
广 东	184.0	153.6	123.8	124.7	127.8	127.3	115.8	109.9
广 西	315.7	292.1	182.2	246.9	267.9	243.0	238.4	242.8
海 南	23.1	18.8	14.7	14.7	15.3	14.7	14.3	14.6
重 庆	116.9	50.3	58.1	57.9	62.3	58.6	55.8	56.7
四 川	394.5	405.5	339.9	353.7	373.3	359.6	342.6	358.2
贵 州	534.7	332.7	226.8	207.3	210.9	188.4	170.2	171.5
云 南	378.0	455.3	254.9	251.1	244.9	226.0	225.5	232.5
西 藏	23.0	32.0	17.3	13.2	13.2	13.1	13.1	14.2
陕 西	227.6	161.7	85.7	85.7	115.4	115.9	110.6	109.2
甘 肃	326.7	336.9	233.6	138.1	142.0	143.7	149.5	159.1
青 海	38.0	31.8	30.9	28.2	30.2	28.7	28.4	28.5
宁 夏	33.2	41.7	36.6	38.3	39.6	37.3	35.3	36.7
新 疆	133.4	131.8	197.6	166.6	145.7	131.7	124.5	137.0

8-1-5 各地区农村居民最低生活保障平均标准

单位：元/人月

地 区	2010	2015	2018	2019	2020	2021	2022	2023
全 国	**117.0**	**264.8**	**402.8**	**444.6**	**496.9**	**530.2**	**582.1**	**621.3**
北 京	273.1	710.0	1000.0	1100.0	1170.0	1245.0	1320.0	1395.0
天 津	302.8	599.5	920.0	980.0	1010.0	1010.0	1010.0	1010.0
河 北	110.0	222.6	360.1	408.9	458.0	463.4	501.3	569.6
山 西	93.5	229.8	339.4	396.6	442.7	473.5	517.4	545.6
内蒙古	161.4	324.3	454.5	486.8	520.8	555.1	595.0	660.6
辽 宁	144.2	295.7	385.8	423.5	459.8	505.3	551.8	590.0
吉 林	112.2	226.8	323.4	338.8	364.3	444.6	444.6	444.6
黑龙江	115.4	297.8	331.2	343.7	387.9	441.0	494.7	534.9
上 海	300.0	790.0	1070.0	1160.0	1240.0	1330.0	1420.0	1510.0
江 苏	244.8	502.5	648.1	704.8	752.5	790.9	810.2	832.2
浙 江	240.1	557.0	756.9	811.7	879.3	935.3	1083.2	1148.2
安 徽	111.6	260.1	491.0	571.7	634.5	684.9	727.5	761.8
福 建	122.6	283.8	593.9	610.1	681.0	711.3	828.2	834.8
江 西	111.7	247.1	342.6	386.5	475.6	543.3	628.4	680.1
山 东	116.8	278.3	373.5	424.4	558.2	633.9	721.0	769.3
河 南	84.9	186.0	301.5	340.8	379.6	398.5	442.7	458.7
湖 北	93.6	269.6	439.6	474.4	497.3	504.8	546.3	594.0
湖 南	82.3	203.9	341.5	375.4	417.3	438.0	466.1	487.4
广 东	168.9	374.2	592.9	635.4	694.8	733.8	765.8	796.7
广 西	96.6	213.0	317.7	372.8	444.0	451.5	514.4	520.2
海 南	169.5	347.4	359.2	436.4	436.4	501.2	577.2	643.3
重 庆	135.8	236.8	415.4	444.7	503.0	524.3	591.2	610.1
四 川	85.5	200.8	334.1	373.0	434.6	443.5	514.0	578.0
贵 州	106.9	218.3	349.3	367.5	385.0	389.9	473.8	539.8
云 南	76.1	195.2	304.3	362.8	382.6	411.3	454.1	513.2
西 藏	64.2	194.8	333.8	361.1	378.7	422.0	430.0	448.0
陕 西	112.6	221.2	351.7	388.8	425.9	444.1	448.7	500.8
甘 肃	76.9	218.1	331.6	347.3	375.5	409.1	448.2	476.6
青 海	113.0	207.9	309.4	343.3	390.7	410.3	469.4	471.6
宁 夏	70.7	217.2	330.5	336.7	388.3	431.1	492.4	492.4
新 疆	77.9	190.6	320.2	354.2	396.5	456.4	503.3	540.8

8-1-6 各地区最低生活保障支出

单位：亿元

地 区	最低生活保障支出							
	2010	2015	2018	2019	2020	2021	2022	2023
全 国	**969.8**	**1650.8**	**1632.1**	**1646.7**	**1963.6**	**1833.0**	**1946.9**	**1948.6**
北 京	7.7	10.7	12.7	14.2	15.4	16.7	18.2	18.2
天 津	10.7	16.3	17.8	17.2	16.5	16.7	17.3	16.9
河 北	32.4	51.1	48.2	55.7	78.0	64.3	64.2	63.8
山 西	29.2	48.8	50.9	54.1	60.0	56.7	56.8	54.4
内蒙古	42.7	64.4	64.0	66.3	71.1	71.0	74.0	75.2
辽 宁	37.8	57.3	53.6	47.6	52.9	50.5	53.9	52.5
吉 林	36.7	52.6	45.2	46.3	45.4	45.0	44.6	41.4
黑龙江	47.0	86.9	61.9	53.7	55.9	57.6	62.4	65.7
上 海	14.3	15.6	21.5	22.8	23.9	25.4	26.7	25.0
江 苏	31.3	49.7	49.7	49.1	52.3	48.5	47.0	44.7
浙 江	14.7	26.4	45.7	48.4	58.5	55.4	61.5	63.1
安 徽	39.3	66.9	86.2	100.1	117.6	113.0	122.4	116.1
福 建	9.6	20.6	21.3	22.5	27.5	29.5	35.8	39.0
江 西	35.3	69.8	89.5	79.6	85.2	83.9	92.6	98.4
山 东	36.7	67.9	50.9	50.1	70.2	84.3	89.8	88.7
河 南	55.0	90.2	76.8	77.5	93.6	85.6	95.8	89.6
湖 北	48.0	77.9	68.4	73.4	97.0	74.6	82.4	74.1
湖 南	47.6	87.3	61.6	61.5	69.4	69.2	69.5	65.6
广 东	24.5	55.3	62.4	64.6	82.7	79.5	83.2	81.9
广 西	34.5	58.5	56.1	63.9	113.5	77.4	88.7	91.8
海 南	6.7	7.7	8.1	7.8	8.4	8.0	9.4	11.0
重 庆	24.1	24.5	45.4	44.5	51.3	49.1	50.1	51.8
四 川	71.4	108.0	113.6	112.5	139.8	122.5	129.1	134.1
贵 州	41.9	78.6	84.1	86.8	109.9	92.7	95.2	99.9
云 南	47.7	114.8	97.1	97.4	116.0	102.4	103.3	106.8
西 藏	2.8	6.6	7.3	7.1	7.3	5.8	5.6	6.0
陕 西	49.1	63.1	51.1	54.4	66.7	70.9	71.4	73.5
甘 肃	43.2	80.2	70.4	59.1	65.6	65.9	75.1	79.4
青 海	9.8	17.4	16.1	18.7	23.1	22.5	22.3	22.6
宁 夏	6.5	15.7	20.8	18.9	21.7	20.5	23.1	22.2
新 疆	32.0	60.1	73.8	71.1	67.3	67.9	75.5	75.4

8-1-6 续表1

单位：亿元

地区	其中：城市							
	2010	2015	2018	2019	2020	2021	2022	2023
全 国	**524.7**	**719.3**	**575.2**	**519.5**	**537.3**	**484.1**	**483.3**	**464.7**
北 京	6.2	7.2	8.7	9.5	10.1	11.1	12.0	12.2
天 津	9.3	11.4	11.2	10.9	10.1	9.9	9.9	9.8
河 北	17.4	20.8	13.1	11.2	12.3	9.5	8.5	8.0
山 西	18.3	22.8	17.9	16.4	15.6	13.9	12.5	10.4
内蒙古	27.1	33.2	24.5	22.6	21.5	20.0	18.9	18.0
辽 宁	29.2	39.4	31.9	26.8	27.1	23.2	22.9	22.3
吉 林	28.6	36.6	29.9	29.3	27.1	25.1	23.7	21.7
黑龙江	36.4	60.1	40.7	34.8	33.4	32.4	32.1	30.9
上 海	13.1	13.9	18.4	19.6	21.2	21.7	22.6	21.3
江 苏	10.8	13.6	11.4	9.8	9.6	8.6	8.0	7.2
浙 江	3.4	4.5	14.6	15.1	7.1	6.5	6.8	6.8
安 徽	19.7	28.2	23.9	22.3	23.2	21.0	21.6	19.5
福 建	3.4	5.4	3.7	3.6	4.2	4.5	5.1	5.7
江 西	21.0	35.5	35.9	24.7	22.6	20.5	20.2	20.1
山 东	14.7	16.4	9.5	8.2	9.3	9.5	9.0	8.3
河 南	27.2	32.9	20.0	17.5	18.0	14.7	14.9	13.2
湖 北	31.3	39.2	21.6	21.2	24.9	18.3	19.6	17.2
湖 南	30.3	43.1	29.4	25.6	23.8	21.9	19.7	17.4
广 东	8.0	16.0	14.5	13.5	15.2	14.5	15.0	15.2
广 西	11.4	14.4	6.7	7.9	20.1	14.7	18.5	19.9
海 南	3.9	3.4	2.8	2.4	2.5	2.2	2.0	2.2
重 庆	13.9	14.8	19.2	18.2	19.4	17.3	17.0	17.0
四 川	40.4	49.0	38.7	30.7	31.3	24.6	24.2	23.2
贵 州	10.2	16.8	17.4	20.8	34.2	30.6	31.8	31.7
云 南	16.4	38.6	29.2	26.9	27.5	24.0	21.1	21.2
西 藏	1.2	2.6	2.2	2.0	2.2	1.9	2.2	1.9
陕 西	23.5	24.5	17.5	15.8	14.9	14.0	13.6	13.4
甘 肃	19.0	25.1	26.0	22.5	22.1	21.4	22.5	22.3
青 海	5.5	9.6	5.6	5.3	6.3	6.6	6.3	6.2
宁 夏	3.9	6.3	5.9	5.7	5.6	5.1	5.2	5.1
新 疆	20.2	34.0	23.1	18.8	14.8	14.8	15.8	15.5

8-1-6 续表2

单位：亿元

地区	其中：农村							
	2010	2015	2018	2019	2020	2021	2022	2023
全 国	**445.0**	**931.5**	**1056.9**	**1127.2**	**1426.3**	**1349.0**	**1463.6**	**1483.9**
北 京	1.5	3.5	4.0	4.6	5.2	5.6	6.1	6.0
天 津	1.4	4.9	6.6	6.3	6.5	6.8	7.4	7.1
河 北	15.0	30.2	35.1	44.5	65.7	54.8	55.7	55.8
山 西	10.9	26.0	33.1	37.7	44.4	42.8	44.4	44.0
内蒙古	15.6	31.2	39.5	43.7	49.6	50.9	55.2	57.2
辽 宁	8.6	17.9	21.7	20.8	25.9	27.3	31.0	30.2
吉 林	8.1	16.0	15.3	16.9	18.4	19.9	21.0	19.8
黑龙江	10.6	26.7	21.2	18.9	22.5	25.2	30.3	34.7
上 海	1.1	1.7	3.0	3.1	2.7	3.8	4.1	3.7
江 苏	20.5	36.1	38.3	39.3	42.8	40.0	39.0	37.5
浙 江	11.3	22.0	31.2	33.3	51.4	49.0	54.7	56.2
安 徽	19.5	38.8	62.4	77.8	94.4	92.0	100.7	96.6
福 建	6.2	15.3	17.6	18.9	23.2	25.0	30.7	33.3
江 西	14.2	34.3	53.6	54.9	62.6	63.3	72.4	78.3
山 东	21.9	51.5	41.4	41.8	60.8	74.8	80.8	80.4
河 南	27.8	57.3	56.8	60.0	75.6	70.8	80.9	76.4
湖 北	16.7	38.7	46.8	52.3	72.1	56.3	62.8	56.9
湖 南	17.3	44.1	32.2	35.9	45.6	47.4	49.8	48.2
广 东	16.5	39.4	47.8	51.2	67.5	64.9	68.1	66.7
广 西	23.2	44.0	49.5	55.9	93.4	62.7	70.3	72.0
海 南	2.7	4.3	5.3	5.5	5.9	5.8	7.3	8.8
重 庆	10.3	9.8	26.1	26.3	31.9	31.8	33.1	34.7
四 川	31.0	59.0	74.9	81.8	108.4	98.0	104.9	110.9
贵 州	31.8	61.8	66.7	66.0	75.7	62.1	63.4	68.3
云 南	31.2	76.1	67.8	70.6	88.5	78.4	82.2	85.6
西 藏	1.5	4.0	5.1	5.1	5.1	3.9	3.4	4.1
陕 西	25.7	38.6	33.6	38.6	51.8	56.8	57.8	60.0
甘 肃	24.3	55.0	44.4	36.7	43.4	44.5	52.6	57.1
青 海	4.3	7.8	10.5	13.4	16.7	15.9	16.0	16.5
宁 夏	2.6	9.5	14.9	13.2	16.1	15.3	17.9	17.1
新 疆	11.8	26.1	50.7	52.3	52.5	53.1	59.7	59.9

8-1-7 各地区城市特困人员救助供养情况

单位：人

地 区	城市特困人员救助供养人数							
	2016	2017	2018	2019	2020	2021	2022	2023
全 国	**90575**	**253693**	**276863**	**294645**	**311670**	**327522**	**350202**	**373414**
北 京	682	978	1036	1310	1325	1378	1434	1532
天 津	3	1711	1521	1552	1604	1687	1753	1941
河 北	284	2365	2735	3602	4311	4864	5256	5493
山 西	259	876	1206	1425	1802	3158	3844	4318
内蒙古	12665	11855	11370	11343	11551	11686	12009	12487
辽 宁	1973	4062	5495	8625	9560	10764	12232	13816
吉 林	3672	2251	4849	7312	7988	8785	9526	10532
黑龙江	5170	8907	9554	10643	11533	12605	13664	16321
上 海		747	1094	1451	1930	2518	3040	3750
江 苏	2995	8510	7458	7175	8136	8498	9513	9892
浙 江	1987	3535	3116	2885	2205	2602	3624	3734
安 徽	1122	905	4388	10529	11224	11134	11935	14486
福 建	1301	4340	4483	5062	5868	6163	6476	6948
江 西	11357	9390	8143	6300	8726	10063	11301	11469
山 东	1831	2022	2668	3200	4388	4892	6074	6838
河 南	415	3747	5774	6537	8398	9916	10972	12240
湖 北	5988	8610	8397	9665	10333	11471	13900	15781
湖 南	3231	13633	14993	15060	15648	16928	18554	19744
广 东	4555	5944	8780	13787	14890	15965	19658	22151
广 西	501	4812	7831	9612	11843	15650	20941	24326
海 南	568	911	1073	1092	1295	1450	1670	2169
重 庆	11410	72120	88285	86055	85132	81860	78052	75093
四 川	3276	49504	40613	38904	39036	37657	36783	36371
贵 州	1724	4591	6033	7298	6948	7535	7976	9862
云 南	6957	10579	10067	9364	9390	9446	9885	10540
西 藏			128	408	471	383	375	397
陕 西	2564	3014	3366	3507	4259	4885	5150	5488
甘 肃		3201	3293	3337	4058	4687	5415	6029
青 海	36	1659	1520	1600	1645	1765	1851	2173
宁 夏	145	677	866	999	1047	1282	1268	1344
新 疆	3904	8237	6728	5306	5126	5845	6071	6149

注：2016年印发《关于进一步健全特困人员救助供养制度的意见》，在全国建立起城市特困人员救助供养制度。以下相关表同。

8-1-7 续表 单位：人

地区	其中：集中供养							
	2016	2017	2018	2019	2020	2021	2022	2023
全 国	**28147**	**88648**	**98087**	**107756**	**116131**	**122815**	**133103**	**136873**
北 京	119	336	441	600	654	764	759	719
天 津		504	605	454	375	391	400	455
河 北	105	516	601	1036	1495	1909	2115	2088
山 西	36	124	191	241	366	598	867	1014
内蒙古	3631	3368	3340	3667	3899	3971	4049	3992
辽 宁	892	1347	1592	2298	2616	2772	3397	3389
吉 林	531	341	1160	2176	2360	2467	2521	2648
黑龙江	1633	4178	4693	5141	5697	5639	5481	5767
上 海		265	315	326	351	382	385	411
江 苏	774	3647	3423	3642	4372	4449	5349	5420
浙 江	1898	2994	2635	1934	1444	1578	2403	2414
安 徽	411	64	957	4371	4723	4376	4670	4127
福 建	237	1415	1298	2026	2730	3031	3097	3227
江 西	3818	3657	3570	2274	2937	3424	4209	4294
山 东	442	639	962	1306	1911	2161	3185	3583
河 南	119	607	945	1091	1978	2700	3318	4031
湖 北	3204	4905	4599	5089	5335	5987	7363	8604
湖 南	829	4723	5755	5203	5599	6361	6740	6386
广 东	601	716	1299	3413	4405	4947	7311	8485
广 西	71	2267	4631	5659	7006	9720	12181	13476
海 南	277	32	45	211	121	125	192	245
重 庆	3289	14808	18184	18020	17615	17085	16140	15129
四 川	560	26867	24243	23814	23279	22081	20963	20074
贵 州	726	2266	2911	3988	3529	3446	2970	3524
云 南	2601	4009	3392	3450	3453	3513	3619	3874
西 藏			37	161	175	168	161	146
陕 西	299	781	1733	1659	2387	2724	2835	2941
甘 肃		683	797	919	1248	1380	1785	1850
青 海		403	413	496	511	535	546	576
宁 夏	64	172	397	469	505	775	784	832
新 疆	980	2014	2923	2622	3055	3356	3308	3152

8-1-8 各地区城市特困人员供养支出

单位：亿元

地 区	2016	2017	2018	2019	2020	2021	2022	2023
全 国	**8.4**	**21.2**	**29.5**	**37.0**	**44.6**	**49.7**	**55.9**	**59.0**
北 京	0.2	0.3	0.3	0.4	0.5	0.5	0.7	0.7
天 津		0.3	0.4	0.4	0.4	0.5	0.6	0.6
河 北	0.0	0.1	0.3	0.6	0.6	0.6	0.7	0.8
山 西	0.0	0.0	0.1	0.2	0.2	0.4	0.5	0.6
内蒙古	1.2	1.8	1.8	2.1	2.4	2.3	2.7	2.5
辽 宁	0.3	0.3	0.8	1.2	1.7	1.8	2.0	2.3
吉 林	0.3	0.2	0.5	1.0	1.1	1.1	1.4	1.6
黑龙江	0.4	1.1	1.4	1.6	2.2	2.3	2.4	2.7
上 海		0.1	0.4	0.4	0.5	0.8	0.9	1.2
江 苏	0.5	0.5	0.8	0.7	1.0	1.1	1.4	1.8
浙 江	0.1	0.3	0.4	0.5	0.5	0.6	0.9	1.1
安 徽	0.2	0.0	0.2	1.1	1.3	1.4	1.6	2.1
福 建	0.0	0.4	0.6	0.7	1.0	1.4	1.5	1.6
江 西	1.0	0.8	0.9	0.9	1.1	1.4	1.6	1.8
山 东	0.1	0.2	0.4	0.5	0.6	1.0	1.1	1.4
河 南	0.0	0.2	0.5	0.6	0.8	1.1	1.5	1.5
湖 北	0.6	0.9	1.2	1.9	2.5	2.2	3.0	3.3
湖 南	0.4	1.8	1.8	2.1	1.7	2.1	2.4	2.4
广 东	0.6	0.6	1.2	2.6	3.1	3.4	4.2	4.5
广 西	0.0	0.8	1.0	1.2	1.7	2.1	3.4	3.6
海 南	0.2	0.2	0.1	0.3	0.4	0.4	0.6	0.3
重 庆	1.4	5.2	8.0	8.2	9.1	9.1	9.5	9.5
四 川	0.0	2.1	3.1	3.5	4.6	5.1	4.7	4.8
贵 州	0.1	0.3	0.7	1.0	1.2	1.1	1.2	1.4
云 南	0.4	1.1	1.4	1.4	1.5	2.7	1.9	1.4
西 藏			0.0	0.0	0.1	0.1	0.2	0.1
陕 西	0.2	0.3	0.3	0.6	0.7	0.6	0.7	0.8
甘 肃		0.2	0.3	0.5	0.6	0.7	1.0	0.9
青 海		0.5	0.1	0.5	0.8	0.6	0.4	0.3
宁 夏	0.0	0.1	0.1	0.2	0.1	0.1	0.1	0.2
新 疆	0.1	0.5	0.4	0.4	0.6	0.8	1.0	1.1

8-1-9 各地区农村特困人员救助供养情况

单位：万人

地 区	农村特困人员救助供养人数							
	2010	2015	2018	2019	2020	2021	2022	2023
全 国	**556.3**	**516.8**	**455.0**	**439.1**	**446.3**	**437.3**	**434.5**	**435.4**
北 京	0.5	0.4	0.5	0.5	0.5	0.5	0.5	0.5
天 津	1.4	1.2	1.0	1.0	1.1	1.0	1.0	1.0
河 北	25.3	22.8	25.0	26.1	26.3	25.3	25.0	24.9
山 西	16.9	15.4	13.7	13.3	13.3	12.9	12.6	12.4
内蒙古	9.1	8.8	8.2	8.4	8.5	8.4	8.4	8.6
辽 宁	14.5	13.9	12.7	12.7	12.8	12.7	12.5	12.6
吉 林	13.4	11.5	10.5	7.6	7.7	7.6	7.6	7.6
黑龙江	14.4	13.3	10.3	9.5	9.3	9.2	9.1	9.3
上 海	0.4	0.3	0.2	0.2	0.2	0.2	0.2	0.2
江 苏	21.7	19.8	20.2	20.4	20.3	19.8	19.3	19.2
浙 江	4.3	3.5	2.6	2.6	3.3	3.3	3.2	3.1
安 徽	46.8	42.2	37.7	35.6	34.6	33.0	32.4	31.5
福 建	9.1	8.0	6.5	6.3	6.2	6.1	6.0	6.1
江 西	22.9	22.0	20.3	12.7	12.5	12.4	12.4	12.3
山 东	24.5	21.2	22.4	24.1	32.5	32.9	33.3	33.6
河 南	47.7	48.6	49.6	49.2	49.4	48.4	47.8	47.0
湖 北	24.1	25.3	24.4	24.3	24.0	23.5	23.6	23.7
湖 南	52.5	48.4	37.0	36.5	36.2	35.3	35.1	35.4
广 东	25.4	24.0	22.0	21.4	20.9	20.2	20.0	19.8
广 西	32.7	28.0	23.9	23.6	24.2	23.4	23.7	24.2
海 南	3.6	2.9	2.4	2.2	2.2	2.3	2.3	2.3
重 庆	15.9	16.7	9.7	9.9	9.9	9.8	9.7	10.1
四 川	51.3	49.5	44.5	43.7	42.8	41.8	40.5	40.1
贵 州	15.0	11.1	8.1	8.3	8.9	8.7	9.2	10.1
云 南	22.2	20.7	11.8	11.4	11.6	11.6	11.9	12.4
西 藏	1.4	1.4	1.9	1.4	1.4	1.2	1.3	1.2
陕 西	12.0	13.1	12.1	12.3	12.5	12.5	12.5	12.6
甘 肃	12.6	12.1	10.1	9.4	9.1	9.2	9.5	9.7
青 海	2.2	2.4	1.8	1.6	1.6	1.5	1.5	1.6
宁 夏	1.6	1.3	1.0	0.9	0.9	0.9	0.8	0.8
新 疆	10.8	7.1	2.9	1.9	1.8	1.7	1.7	1.6

8-1-9 续表 单位：万人

地区	其中：集中供养							
	2010	2015	2018	2019	2020	2021	2022	2023
全国	**177.4**	**162.3**	**86.2**	**75.0**	**73.9**	**69.2**	**64.4**	**61.4**
北京	0.2	0.2	0.2	0.2	0.2	0.2	0.2	0.2
天津	0.2	0.1	0.1	0.1	0.1	0.1	0.1	0.1
河北	9.7	4.8	3.0	2.9	3.0	2.9	2.7	2.6
山西	2.5	2.2	1.6	1.5	1.6	1.5	1.5	1.4
内蒙古	2.3	1.3	1.0	1.0	1.1	1.2	1.1	1.0
辽宁	3.9	3.2	2.2	2.1	1.9	1.8	1.6	1.5
吉林	3.7	2.4	1.9	1.3	1.2	1.1	1.0	1.0
黑龙江	4.7	4.3	1.8	1.5	1.4	1.3	1.3	1.1
上海	0.2	0.1	0.1	0.1	0.1	0.1	0.1	0.1
江苏	13.8	8.4	5.0	4.8	4.1	3.7	3.4	3.1
浙江	4.2	3.3	2.3	1.9	1.8	1.6	1.4	1.3
安徽	15.2	15.0	6.6	5.7	5.4	5.2	4.8	4.6
福建	0.5	0.9	0.6	0.9	1.0	1.1	1.1	1.2
江西	11.9	12.3	10.9	4.8	3.7	3.5	3.3	3.1
山东	18.6	14.3	5.6	5.6	5.8	5.7	5.5	5.2
河南	20.8	16.5	7.7	7.3	8.3	7.6	6.9	6.7
湖北	13.9	6.0	4.6	4.7	4.5	4.3	4.1	4.0
湖南	8.9	10.2	5.3	5.1	5.8	5.2	4.6	4.2
广东	4.0	2.6	1.6	1.5	1.5	1.4	1.4	1.4
广西	1.7	2.7	1.6	1.2	1.1	0.7	0.6	0.5
海南	0.2	0.2	0.2	0.2	0.2	0.2	0.2	0.2
重庆	4.4	6.3	1.1	1.2	1.2	1.1	1.1	1.0
四川	21.1	26.8	10.4	9.1	8.4	7.2	6.6	6.4
贵州	1.0	5.0	3.0	2.2	1.9	1.7	1.5	1.5
云南	2.7	4.2	1.2	1.4	1.5	1.5	1.5	1.5
西藏	0.2	1.2	1.1	0.7	0.7	0.6	0.6	0.6
陕西	3.8	4.8	3.1	3.6	3.8	3.8	3.7	3.6
甘肃	1.0	0.9	0.8	0.8	0.9	0.9	0.9	0.9
青海	0.2	0.5	0.3	0.3	0.3	0.3	0.3	0.3
宁夏	0.4	0.4	0.3	0.3	0.3	0.3	0.3	0.3
新疆	1.5	1.2	1.2	1.2	1.3	1.3	1.1	1.0

8-1-10　各地区农村特困人员供养支出

单位：亿元

地　区	2010	2015	2018	2019	2020	2021	2022	2023
全　国	**98.1**	**209.9**	**306.9**	**346.0**	**424.0**	**429.4**	**477.1**	**500.2**
北　京	0.2	0.5	1.3	1.5	1.8	1.8	1.8	1.8
天　津	0.6	1.2	2.0	2.1	2.1	2.1	2.2	2.1
河　北	4.9	8.7	14.8	18.7	23.4	22.0	22.5	23.9
山　西	2.5	5.1	8.8	10.4	12.9	12.3	12.7	13.4
内蒙古	2.0	4.0	7.0	7.4	8.2	8.4	9.1	9.8
辽　宁	3.2	5.9	7.5	8.7	11.4	12.5	13.8	14.6
吉　林	2.2	2.9	4.9	5.6	6.3	6.6	7.2	7.5
黑龙江	2.5	6.9	6.6	6.1	7.7	8.2	9.9	10.3
上　海	0.2	0.2	0.4	0.5	0.5	0.4	0.6	0.4
江　苏	6.4	12.7	17.1	19.0	22.3	23.4	25.0	25.1
浙　江	2.0	2.9	3.0	3.8	5.1	5.9	7.2	7.6
安　徽	7.3	13.6	20.8	24.3	29.4	30.3	33.8	35.5
福　建	1.8	5.3	8.3	8.2	9.1	9.6	10.9	11.1
江　西	4.0	8.2	8.5	8.4	10.7	11.9	13.3	14.9
山　东	5.9	10.4	14.7	18.8	31.9	44.1	50.3	50.6
河　南	7.9	15.6	25.1	29.9	34.0	34.2	40.0	40.8
湖　北	4.1	11.3	23.5	28.1	32.5	28.7	33.0	34.1
湖　南	6.3	16.4	22.9	25.2	27.2	28.2	29.8	30.4
广　东	5.4	17.3	23.2	25.3	28.4	27.8	30.3	30.3
广　西	4.0	8.3	13.9	14.3	21.1	15.7	18.8	21.8
海　南	0.8	1.4	1.9	2.0	2.1	2.1	2.3	3.2
重　庆	4.2	8.8	8.5	9.2	10.5	10.7	11.4	12.2
四　川	9.2	18.6	24.3	26.1	33.9	31.9	34.9	38.0
贵　州	1.0	2.6	9.1	9.5	11.8	11.8	12.6	13.9
云　南	2.5	3.8	8.2	9.6	12.6	11.6	14.0	15.3
西　藏	0.3	0.5	1.7	1.7	2.0	1.7	1.8	1.9
陕　西	2.8	8.2	8.4	10.1	12.2	12.0	12.7	13.7
甘　肃	2.4	5.1	5.9	7.4	8.0	8.7	9.5	10.0
青　海	0.4	1.0	2.4	2.3	2.6	2.2	2.6	2.5
宁　夏	0.3	0.6	0.8	0.8	0.9	0.9	1.0	1.0
新　疆	0.9	2.4	1.3	1.4	1.4	1.7	2.0	2.2

8-1-11 各地区临时救助人次数

单位：万人次

地 区	2015	2018	2019	2020	2021	2022	2023
全 国	**655.4**	**1108.0**	**993.2**	**1380.6**	**1198.6**	**1100.1**	**741.1**
北 京	2.2	2.1	1.3	1.0	0.9	0.8	1.1
天 津	8.4	10.3	8.2	7.1	6.4	6.7	7.1
河 北	18.0	44.3	31.1	26.9	23.4	17.6	16.8
山 西	19.9	41.2	32.7	28.7	30.6	17.9	18.9
内蒙古	25.2	29.9	20.6	20.0	18.5	17.7	20.2
辽 宁	30.8	18.9	14.8	17.3	15.9	10.0	7.9
吉 林	10.5	14.5	16.0	24.7	16.9	18.8	15.0
黑龙江	20.1	21.9	17.7	19.9	19.7	19.1	21.7
上 海	40.4	8.0	6.3	2.7	1.8	1.4	0.9
江 苏	42.1	26.2	27.0	37.8	20.4	18.4	16.0
浙 江	24.7	26.6	14.7	10.9	11.4	9.1	7.9
安 徽	16.7	11.8	10.3	11.1	10.2	9.6	10.2
福 建	8.2	13.4	14.9	29.4	20.1	24.9	18.5
江 西	12.5	15.8	14.0	19.0	14.8	17.9	24.5
山 东	24.0	17.0	13.1	15.4	11.9	17.8	20.6
河 南	19.0	29.2	24.6	27.1	21.7	18.0	20.0
湖 北	36.3	35.7	29.1	37.5	19.0	19.5	18.3
湖 南	46.9	108.2	75.0	78.5	73.2	56.2	52.8
广 东	19.4	13.4	13.3	14.9	9.7	10.1	9.5
广 西	6.4	12.8	14.2	17.4	57.3	55.0	12.0
海 南	3.2	5.7	5.8	4.7	4.5	6.0	5.0
重 庆	23.7	19.5	17.2	17.3	12.5	11.9	12.6
四 川	46.6	42.2	36.6	45.9	39.8	41.8	41.0
贵 州	17.3	53.3	52.7	68.9	23.6	22.6	25.5
云 南	31.5	94.0	135.1	110.0	67.7	100.2	73.2
西 藏	1.7	1.5	1.5	1.6	2.4	5.6	4.2
陕 西	25.9	62.2	63.2	81.0	71.7	53.5	46.8
甘 肃	21.1	162.1	156.1	188.6	171.8	195.4	118.0
青 海	6.4	11.0	15.1	30.2	24.5	24.1	15.1
宁 夏	11.1	26.0	15.1	14.7	15.8	10.5	9.7
新 疆	35.2	128.7	96.1	370.2	360.7	262.2	70.2

注：1.2014年印发《关于全面建立临时救助制度的通知》，在全国建立起临时救助制度。以下相关表同。
2.2015年为临时救助户次数，单位为万户次。

8-1-12　各地区临时救助支出

单位：亿元

地　区	2015	2018	2019	2020	2021	2022	2023
全　国	**106.2**	**164.9**	**171.9**	**195.3**	**164.7**	**143.3**	**124.8**
北　京	3.2	3.7	1.7	2.4	1.4	1.2	1.3
天　津	1.7	2.2	1.6	2.7	3.2	3.0	3.0
河　北	2.8	5.8	5.6	4.8	3.9	3.4	2.9
山　西	2.3	5.4	4.5	5.2	4.7	3.2	3.6
内蒙古	2.9	3.9	3.4	3.4	3.4	3.3	3.9
辽　宁	3.5	2.5	2.5	2.4	1.9	1.3	1.2
吉　林	1.4	2.0	2.7	2.7	2.0	1.8	1.8
黑龙江	4.0	2.5	2.8	2.4	2.2	2.3	2.2
上　海	3.3	1.7	1.1	1.4	0.9	0.9	1.2
江　苏	5.1	6.1	6.0	6.1	4.5	5.0	3.9
浙　江	5.3	4.6	4.5	3.8	3.8	3.5	2.7
安　徽	4.0	4.3	3.6	3.5	3.3	3.1	3.0
福　建	2.0	3.0	3.2	4.6	4.7	4.6	4.5
江　西	2.1	3.4	3.2	4.1	3.2	3.7	3.3
山　东	5.7	4.9	4.0	4.2	4.0	3.7	3.5
河　南	3.5	4.0	4.5	4.3	4.2	2.8	3.1
湖　北	5.8	7.3	6.6	7.2	5.8	5.5	4.9
湖　南	5.0	13.1	12.2	11.3	9.0	8.2	8.1
广　东	5.8	11.0	7.9	8.4	6.3	5.2	5.3
广　西	2.2	3.3	3.4	3.4	2.8	3.2	2.0
海　南	0.8	1.0	1.0	1.1	0.9	0.9	0.8
重　庆	6.3	5.9	5.3	6.7	4.4	4.1	4.5
四　川	5.7	6.2	5.9	6.8	5.8	6.1	6.0
贵　州	2.3	7.9	9.7	11.2	4.3	3.8	3.5
云　南	3.3	9.6	13.2	10.9	6.9	7.7	7.3
西　藏	0.2	0.8	0.6	3.0	1.3	2.9	1.4
陕　西	6.5	10.1	8.9	9.1	8.4	6.7	7.3
甘　肃	3.5	15.5	25.6	28.5	28.7	21.8	16.0
青　海	2.2	4.0	3.6	4.9	5.5	4.8	3.3
宁　夏	0.9	2.5	2.5	2.5	2.0	1.7	1.8
新　疆	2.9	7.0	10.6	22.3	21.3	14.0	7.6

8-2-1 各地区资助参加基本医疗保险人数

单位：万人

地 区	2010	2015	2018	2019	2020	2021	2022	2023
全 国	**6076.7**	**6213.0**	**6692.3**	**8750.8**	**9984.2**	**8815.6**	**8186.4**	**8020.4**
北 京	13.3	5.7	10.3	10.5	5.1	9.6	9.8	10.1
天 津	8.6	31.4	39.7	29.3	30.0	18.3	15.8	13.4
河 北	240.7	302.7	118.5	395.2	409.7	389.9	390.3	364.1
山 西	144.1	157.8	113.4	141.8	145.1	81.3	153.0	143.1
内蒙古	99.9	149.1	131.9	135.7	159.8	122.4	148.2	163.3
辽 宁	110.2	108.6	110.7	91.7	282.4	143.5	130.2	114.1
吉 林	239.0	152.2	161.1	136.1	137.7	115.8	122.2	87.1
黑龙江	244.5	243.4	219.0	274.8	256.2	178.7	175.1	168.4
上 海	19.5	8.7	8.4	9.9	10.1	12.9	11.8	12.5
江 苏	164.9	135.0	211.1	317.7	344.4	317.3	336.6	332.3
浙 江	58.2	28.7	129.0	123.2	119.5	105.4	67.2	60.8
安 徽	227.9	252.2	446.7	609.3	641.9	464.3	264.1	341.6
福 建	85.0	80.9	118.5	210.6	260.4	115.5	114.3	121.5
江 西	270.6	269.0	177.7	304.3	331.2	89.4	123.6	172.8
山 东	212.4	241.2	225.6	290.6	318.0	248.7	205.3	179.9
河 南	486.9	376.9	531.7	631.8	612.0	562.7	555.2	378.3
湖 北	354.3	304.2	202.0	344.6	391.3	305.0	314.0	245.2
湖 南	311.6	404.5	192.4	655.4	597.0	406.6	282.0	288.1
广 东	186.7	242.0	265.3	324.6	418.6	305.1	263.7	234.7
广 西	255.1	200.9	184.2	196.0	423.6	373.0	299.9	304.8
海 南	43.4	35.7	43.4	64.3	90.6	64.0	23.0	18.3
重 庆	229.1	152.6	175.3	165.8	155.6	154.3	141.8	135.7
四 川	473.0	576.6	361.1	468.1	492.8	895.7	841.1	798.8
贵 州	433.2	295.9	305.0	791.4	859.0	873.0	872.0	851.9
云 南	581.4	620.8	666.6	626.7	912.8	983.5	989.1	988.4
西 藏	5.2	7.1	12.8	22.5	47.9	63.2	28.5	48.2
陕 西	117.1	74.5	158.5	21.4	191.7	107.7	91.4	186.0
甘 肃	102.6	409.7	865.3	714.8	736.5	729.2	652.8	675.0
青 海	61.9	67.1	55.8	69.4	74.1	62.3	38.5	47.2
宁 夏	56.3	43.5	80.7	119.4	110.1	109.8	108.8	105.3
新 疆	240.3	234.4	370.6	454.1	419.1	407.5	417.0	429.4

注：资助参加基本医疗保险含资助参加合作医疗保险。以下相关表同。

8-2-2 各地区资助参加基本医疗保险资金数

单位：亿元

地区	2010	2015	2018	2019	2020	2021	2022	2023
全国	**21.6**	**54.5**	**102.7**	**158.9**	**189.1**	**185.1**	**180.9**	**189.1**
北京	0.0	0.4	0.2	0.2	0.2	0.4	0.4	0.4
天津	0.3	0.7	1.4	1.2	0.7	0.5	0.5	0.4
河北	0.7	2.2	2.2	5.4	7.6	8.3	9.7	10.5
山西	0.6	1.4	1.7	2.6	2.6	1.6	4.1	4.2
内蒙古	0.4	1.1	1.4	2.0	2.3	1.8	2.3	2.8
辽宁	0.8	1.7	0.0	2.0	5.7	3.6	4.3	4.1
吉林	0.6	1.2	1.7	2.1	2.1	2.0	2.9	1.4
黑龙江	1.1	2.5	4.0	5.1	4.8	3.9	4.4	4.4
上海	0.0	0.4	0.4	0.9	1.0	0.8	0.8	0.8
江苏	0.8	1.7	5.3	9.3	11.5	12.2	13.5	11.9
浙江	0.3	0.5	8.2	6.1	6.6	6.4	4.3	4.4
安徽	0.8	2.2	9.4	13.1	14.3	11.8	7.2	10.7
福建	0.3	0.8	2.2	6.0	6.6	3.3	3.7	4.3
江西	1.5	3.3	0.2	6.6	7.7	1.9	0.4	5.6
山东	0.7	3.1	4.5	5.5	6.8	5.7	5.9	5.4
河南	1.6	2.9	3.6	3.8	5.1	7.1	8.6	10.0
湖北	1.0	2.3	3.7	7.4	8.4	7.7	8.9	5.8
湖南	0.9	3.1	2.5	13.3	10.0	7.6	6.4	7.1
广东	1.2	3.3	5.0	7.7	11.0	9.6	8.9	8.7
广西	0.8	1.4	2.4	4.4	7.9	6.6	6.4	6.8
海南	0.1	0.3	0.8	3.0	2.1	1.7	0.7	0.6
重庆	0.6	1.0	3.0	3.5	3.7	4.2	4.1	4.3
四川	1.4	5.8	2.0	10.7	12.6	23.8	20.0	18.1
贵州	1.1	1.4	1.9	9.1	10.7	11.8	13.1	12.3
云南	1.7	4.4	6.5	7.5	11.3	13.5	15.8	13.4
西藏	0.0	0.1	0.0	0.1	1.0	1.1	0.6	1.6
陕西	0.4	0.7	13.0	0.4	2.3	1.9	1.4	3.5
甘肃	0.4	1.8	6.9	6.2	8.7	9.9	9.0	11.3
青海	0.3	0.6	1.3	1.2	1.5	2.0	0.7	1.0
宁夏	0.2	0.3	0.7	1.8	2.8	3.0	2.7	2.5
新疆	1.0	1.9	6.6	10.4	9.5	9.0	9.3	11.1

8-2-3 各地区门诊和住院医疗救助人次数

单位：万人次

地 区	2010	2015	2018	2019	2020	2021	2022	2023
全 国	**1479.3**	**2515.9**	**5361.0**	**7050.3**	**8404.2**	**10126.0**	**11828.6**	**15340.2**
北 京	4.3	9.8	12.5	14.3	14.8	18.9	25.6	399.1
天 津	2.5	19.7	69.3	146.9	111.0	94.4	99.7	107.2
河 北	46.6	29.1	289.7	497.8	555.5	407.4	579.7	924.9
山 西	27.1	22.4	37.1	44.4	48.8	38.8	67.4	163.5
内蒙古	39.2	27.9	66.0	74.1	86.7	105.0	185.0	261.6
辽 宁	34.1	70.0	106.8	89.3	150.1	184.5	195.3	240.0
吉 林	53.1	80.8	63.7	65.9	78.2	91.8	122.4	161.8
黑龙江	30.2	69.0	67.0	116.4	166.4	163.0	181.3	345.0
上 海	14.3	26.6	205.8	323.6	277.3	380.1	361.0	368.6
江 苏	30.1	255.9	809.6	862.4	1125.1	1761.5	1842.0	2441.5
浙 江	31.6	233.1	733.2	651.5	845.7	1121.4	1402.2	1543.2
安 徽	49.5	87.6	290.6	386.5	456.5	560.2	747.7	928.6
福 建	16.0	127.6	289.7	454.8	456.3	390.3	460.4	471.9
江 西	62.3	167.7	213.4	315.3	331.9	443.4	421.6	767.6
山 东	15.5	35.0	137.9	202.1	368.5	465.5	425.0	591.2
河 南	56.5	79.6	154.1	267.7	337.5	345.2	409.6	477.1
湖 北	36.4	106.6	169.9	278.8	268.0	287.9	306.0	562.8
湖 南	90.5	112.3	150.1	219.5	175.4	172.2	203.7	256.8
广 东	55.1	104.1	198.5	320.8	457.8	620.4	638.0	709.7
广 西	29.3	93.2	33.2	108.2	338.1	404.7	414.9	525.0
海 南	14.1	12.2	65.1	28.9	32.3	67.3	97.6	111.5
重 庆	104.6	273.5	495.3	519.9	507.2	500.6	609.0	398.0
四 川	208.2	150.3	200.1	217.8	294.5	397.9	456.0	642.1
贵 州	86.7	22.1	54.7	269.2	216.5	300.5	382.9	333.3
云 南	69.7	84.6	185.6	209.4	239.2	262.1	521.7	605.4
西 藏	3.2	4.8	6.5	4.0	3.3	8.5	7.5	33.0
陕 西	42.8	47.6	106.9	90.8	103.5	135.4	53.5	222.2
甘 肃	68.7	40.3	46.1	108.7	147.9	163.3	259.6	383.3
青 海	84.7	16.1	16.6	32.8	38.5	29.3	70.9	61.4
宁 夏	29.4	30.8	44.3	50.8	50.5	51.5	66.0	86.4
新 疆	42.9	75.6	41.8	77.8	121.2	153.2	215.7	216.3

注：2018年起，直接医疗救助修改为门诊和住院医疗救助，统计口径不变。以下相关表同。

8-2-4 各地区门诊和住院医疗救助资金数

单位：亿元

地 区	2010	2015	2018	2019	2020	2021	2022	2023
全 国	**104.2**	**214.6**	**297.0**	**334.2**	**352.4**	**388.1**	**401.0**	**511.2**
北 京	0.4	1.3	2.4	2.5	2.7	3.1	3.4	4.0
天 津	0.2	2.7	3.5	2.6	2.1	2.1	2.5	2.5
河 北	3.9	5.3	6.6	15.1	14.4	14.6	14.4	23.0
山 西	3.0	5.5	7.7	5.9	5.7	4.8	5.0	8.2
内蒙古	3.0	6.2	8.4	9.2	9.3	8.4	9.3	10.9
辽 宁	1.3	3.9	6.7	5.5	10.3	7.1	8.2	9.9
吉 林	4.4	6.1	5.3	4.6	3.1	3.5	5.5	8.9
黑龙江	7.2	11.0	9.6	10.9	9.1	10.4	10.9	20.0
上 海	2.1	2.3	4.1	5.0	4.9	6.0	5.6	6.9
江 苏	3.4	9.1	20.9	19.7	25.8	30.0	32.9	40.3
浙 江	4.2	8.5	19.8	17.0	15.6	13.2	16.1	19.8
安 徽	4.5	9.2	17.5	21.3	23.3	25.7	27.1	35.1
福 建	1.0	4.3	6.6	8.6	9.4	8.1	10.6	10.5
江 西	9.2	13.5	11.9	11.7	13.5	18.5	19.3	26.1
山 东	3.3	7.7	11.6	11.5	15.9	17.4	17.1	18.9
河 南	4.0	7.9	12.9	17.8	17.5	16.2	21.2	25.9
湖 北	2.9	12.0	13.4	19.2	19.0	21.6	18.8	22.6
湖 南	5.7	10.3	13.1	20.0	12.6	14.3	18.7	20.9
广 东	1.6	11.3	21.2	21.4	22.5	28.7	26.1	25.9
广 西	2.1	7.0	5.1	6.6	15.1	19.1	22.3	29.9
海 南	0.7	2.0	1.5	1.4	1.5	2.1	1.7	1.8
重 庆	2.7	6.6	12.9	12.9	11.9	10.6	5.1	6.1
四 川	9.4	15.6	17.6	18.8	23.8	24.6	25.4	34.0
贵 州	2.9	7.1	8.2	13.7	11.4	16.9	15.9	17.4
云 南	4.1	7.3	9.9	9.2	12.8	13.8	19.3	23.2
西 藏	0.9	1.3	2.1	2.0	0.7	0.9	1.0	0.9
陕 西	4.4	10.9	12.2	11.9	7.9	13.8	7.0	11.2
甘 肃	4.8	6.8	9.6	9.4	13.0	14.4	14.7	21.9
青 海	1.7	2.9	3.6	4.7	5.8	3.7	3.5	7.8
宁 夏	1.3	2.2	2.1	2.2	2.3	2.1	2.8	3.6
新 疆	3.9	6.7	9.0	11.7	9.4	12.3	9.9	13.1

8-3-1 各地区提供住宿的民政机构数

单位：个

地 区	2010	2015	2018	2019	2020	2021	2022	2023
全 国	**44482**	**31187**	**31291**	**37021**	**40852**	**42696**	**43410**	**43619**
北 京	582	631	563	591	616	609	617	628
天 津	325	294	321	374	413	422	435	468
河 北	1776	1160	1288	1489	1786	1852	1883	1996
山 西	1176	841	570	634	748	847	862	830
内蒙古	730	735	747	750	743	730	693	708
辽 宁	1420	1617	1678	1940	2131	2287	2389	2446
吉 林	918	767	1347	1522	1566	1590	1623	1677
黑龙江	820	926	1290	1556	1787	2155	2099	2009
上 海	686	660	697	703	696	713	724	732
江 苏	2259	2464	2308	2539	2611	2640	2626	2589
浙 江	1845	1348	1538	1765	1857	1788	1791	1767
安 徽	2496	1205	1680	1924	2545	2687	2713	2730
福 建	951	440	363	609	715	837	941	1019
江 西	2029	1667	1472	1657	1883	1930	1964	1869
山 东	2526	2047	1761	2027	2269	2355	2506	2696
河 南	3034	1232	1525	2686	3382	3539	3703	3826
湖 北	2715	1884	1715	1850	1975	2103	2146	2158
湖 南	2893	1962	1679	2405	2555	2596	2514	2253
广 东	2692	1588	1711	1909	2039	2109	2058	2076
广 西	1532	611	484	594	682	699	769	757
海 南	234	98	29	30	56	66	80	93
重 庆	2288	672	810	961	983	1202	1255	1276
四 川	3557	2928	2572	2749	2851	2801	2859	2859
贵 州	1058	936	1005	1041	1091	1102	1031	992
云 南	913	534	623	942	990	1016	1011	1018
西 藏	224	101	12	22	36	72	83	86
陕 西	1071	691	622	785	834	864	888	880
甘 肃	748	447	264	296	337	355	379	372
青 海	161	60	56	90	83	89	85	110
宁 夏	98	120	116	126	135	153	158	159
新 疆	725	520	444	454	456	487	524	539

注：1.全国合计包含部本级单位数据。
2.2018年起，民政机构统计范围不再包括荣誉军人康复医院、复员军人疗养院、军休所。

8-3-2 各地区每千人口民政服务床位数

单位：张

地 区	2010	2015	2018	2019	2020	2021	2022	2023
全 国	**2.6**	**5.3**	**5.4**	**5.7**	**6.0**	**6.0**	**6.1**	**6.0**
北 京	5.0	7.1	5.7	6.1	6.3	6.0	6.0	6.1
天 津	2.2	4.4	4.0	4.5	5.4	5.3	5.2	5.4
河 北	2.2	7.0	6.0	5.9	6.1	6.2	6.0	6.2
山 西	1.7	2.7	3.4	4.1	4.8	5.0	5.2	5.0
内蒙古	1.9	9.1	9.0	9.0	9.0	9.2	9.3	9.1
辽 宁	3.0	5.1	4.9	5.4	5.9	6.1	6.1	6.3
吉 林	2.8	3.0	5.0	6.1	7.3	7.0	7.2	7.3
黑龙江	2.0	5.3	5.7	6.0	7.0	7.2	7.5	7.2
上 海	4.7	5.7	6.7	6.7	7.1	7.1	7.1	7.6
江 苏	3.3	8.3	8.4	8.9	9.1	8.9	8.9	8.9
浙 江	3.7	9.0	10.8	11.2	10.1	6.5	6.0	5.6
安 徽	3.7	6.3	6.6	6.6	7.2	7.4	7.2	6.5
福 建	0.8	3.8	4.0	4.4	6.1	6.7	7.2	7.3
江 西	3.4	4.6	4.2	4.7	5.9	5.9	6.1	6.1
山 东	3.5	7.2	6.2	6.5	6.0	6.4	6.9	7.2
河 南	2.9	4.1	3.7	3.8	4.1	4.6	5.6	5.5
湖 北	4.1	5.7	6.5	7.5	8.4	8.4	8.5	8.9
湖 南	2.2	3.6	4.6	4.9	6.3	6.9	6.7	6.4
广 东	1.4	2.5	4.2	4.4	3.9	3.7	3.7	3.6
广 西	1.2	4.1	3.7	4.7	5.5	5.2	5.4	5.3
海 南	0.5	2.4	1.5	1.6	1.5	1.3	1.4	1.5
重 庆	3.3	7.0	5.4	5.6	5.8	6.5	6.7	6.8
四 川	3.7	6.6	6.5	6.3	6.2	5.8	5.8	5.4
贵 州	0.9	5.7	5.2	5.2	4.5	4.5	4.2	4.0
云 南	1.1	3.0	2.3	2.5	2.7	2.9	3.0	3.1
西 藏	2.0	9.7	3.7	5.1	3.2	4.5	4.7	4.8
陕 西	1.9	4.2	4.3	4.9	5.2	5.4	5.6	5.7
甘 肃	1.1	5.3	5.3	5.3	6.2	6.5	6.3	6.4
青 海	1.1	4.2	3.8	3.9	3.7	3.8	3.6	4.0
宁 夏	1.1	3.9	3.7	4.1	4.1	4.8	5.1	5.0
新 疆	2.1	3.4	2.3	2.4	3.6	3.9	4.0	4.1

8-3-3　全国民政事业费支出情况

单位：亿元

年 份	民政事业费总支出	#社会救助	#社会福利
2001	284.8	90.6	30.1
2002	392.3	138.3	29.2
2003	498.9	192.2	39.8
2004	577.4	223.6	52.1
2005	718.4	279.6	55.6
2006	915.4	372.0	65.3
2007	1215.5	509.7	87.6
2008	2146.5	806.7	103.1
2009	2181.9	1098.1	124.1
2010	2697.5	1302.0	109.9
2011	3229.1	1766.3	232.2
2012	3683.7	1866.1	319.5
2013	4276.5	2172.4	397.6
2014	4404.1	2197.5	481.0
2015	4926.4	2347.4	562.8
2016	5440.2	2492.8	753.4
2017	5932.7	2609.8	920.5
2018	4076.9	2224.0	1064.8
2019	4279.2	2281.4	1228.8
2020	4808.2	2711.9	1327.3
2021	4679.0	2549.4	1402.4
2022	5090.4	2707.9	1582.7
2023	5247.6	2707.6	1694.1

注：2018年起，由于机构改革，优抚安置、防灾减灾、医疗救助等职能调整，民政事业费支出不包含抚恤支出、退役安置支出、医疗救助支出、自然灾害生活救助支出；社会救助支出不包含医疗救助支出。

8-3-4 各地区民政事业费总支出

单位：亿元

地区	民政事业费总支出							
	2010	2015	2018	2019	2020	2021	2022	2023
全　国	**2697.5**	**4926.4**	**4076.9**	**4279.2**	**4808.2**	**4679.0**	**5090.4**	**5247.6**
北　京	98.2	222.1	141.1	163.8	171.3	162.3	181.9	183.4
天　津	31.4	76.9	72.4	69.7	65.8	63.7	63.8	66.6
河　北	96.9	180.5	126.7	145.1	183.2	158.7	161.8	171.3
山　西	63.4	120.1	96.5	106.8	114.7	116.6	132.5	129.7
内蒙古	76.9	141.0	122.9	124.3	132.9	127.5	138.7	148.3
辽　宁	106.7	184.5	134.6	113.6	120.0	120.2	131.9	140.2
吉　林	75.1	105.7	83.3	86.5	86.6	86.6	90.4	90.1
黑龙江	85.4	150.5	101.7	94.0	99.7	98.1	109.4	115.9
上　海	57.3	96.6	144.0	163.9	173.0	171.4	208.8	223.0
江　苏	126.5	260.6	254.2	251.2	269.3	267.2	281.4	284.1
浙　江	88.5	167.5	142.3	161.1	191.4	197.1	242.5	259.2
安　徽	97.2	181.2	165.4	190.7	215.2	217.1	244.7	248.7
福　建	42.2	90.3	81.3	89.6	103.6	105.2	115.2	123.7
江　西	84.8	157.2	143.6	143.4	147.5	152.6	171.2	178.4
山　东	143.7	287.1	157.1	169.1	214.8	254.3	274.3	274.6
河　南	123.1	229.3	176.2	197.9	232.4	218.6	236.6	232.2
湖　北	108.3	227.0	177.7	185.0	227.0	202.3	221.0	216.0
湖　南	116.5	230.6	170.7	173.1	180.4	179.4	189.3	189.5
广　东	115.4	259.5	263.1	282.6	311.2	324.3	354.1	363.7
广　西	73.1	149.3	130.1	143.7	205.6	163.1	180.4	188.8
海　南	19.0	29.7	30.0	25.9	25.6	24.8	26.1	31.8
重　庆	67.5	114.7	109.2	107.2	116.6	116.1	123.1	131.5
四　川	240.9	315.2	249.0	251.2	292.8	278.6	309.4	326.2
贵　州	72.8	147.2	136.3	144.5	176.8	150.9	157.9	175.0
云　南	122.4	231.1	180.0	186.6	215.1	187.3	187.5	194.6
西　藏	8.5	17.5	22.1	20.1	23.5	25.4	26.7	30.5
陕　西	113.9	184.8	138.6	148.4	153.0	144.8	148.0	157.1
甘　肃	74.1	136.8	125.4	128.4	135.8	135.9	144.7	139.4
青　海	33.1	46.3	40.5	45.9	49.2	47.0	47.0	45.1
宁　夏	16.1	41.0	37.6	38.7	39.1	39.0	41.4	41.6
新　疆	69.9	129.2	110.4	115.0	123.6	118.5	126.5	125.8

注：全国合计含部本级数据。

8-3-4 续表1 单位：亿元

地 区	其中：社会救助							
	2010	2015	2018	2019	2020	2021	2022	2023
全 国	**1302.0**	**2347.4**	**2224.0**	**2281.4**	**2711.9**	**2549.4**	**2707.9**	**2707.6**
北 京	11.0	18.9	21.5	19.9	24.4	24.5	26.6	26.4
天 津	12.9	24.0	23.7	22.7	22.6	23.3	23.8	23.7
河 北	44.9	73.0	70.9	81.3	108.7	92.0	92.3	92.2
山 西	37.0	64.1	66.0	69.9	79.6	74.8	77.7	72.7
内蒙古	51.0	84.3	79.5	80.8	86.7	86.2	90.6	92.9
辽 宁	48.2	74.7	66.3	61.5	69.6	67.9	72.2	72.0
吉 林	45.4	65.2	53.4	56.0	56.0	54.8	56.2	52.7
黑龙江	60.4	113.4	72.5	64.3	69.6	70.6	77.6	81.0
上 海	27.8	33.7	42.5	46.3	51.6	53.4	58.8	58.5
江 苏	52.0	86.1	82.7	81.5	89.0	82.3	83.7	80.8
浙 江	30.0	51.3	58.1	62.7	74.0	70.7	78.4	79.2
安 徽	54.4	98.8	113.0	130.9	153.6	149.5	162.2	158.2
福 建	14.5	34.8	34.0	35.6	43.8	46.2	54.3	57.7
江 西	52.9	101.1	106.0	94.9	102.1	101.2	112.0	119.6
山 东	52.1	99.8	73.6	74.9	108.1	135.0	146.4	145.3
河 南	71.2	123.9	108.0	114.0	134.3	127.7	141.6	136.2
湖 北	59.2	118.0	102.9	112.5	143.2	113.8	125.8	119.1
湖 南	65.1	126.2	104.5	102.3	110.7	109.7	111.3	108.1
广 东	38.3	96.8	102.5	103.3	124.3	118.7	125.5	124.2
广 西	42.7	84.3	79.9	88.5	144.0	102.2	115.3	120.6
海 南	9.0	12.5	11.2	11.3	12.5	11.7	13.2	15.3
重 庆	34.2	51.9	72.1	70.6	79.4	75.2	78.3	80.9
四 川	96.7	159.5	151.3	151.9	189.1	168.1	178.7	186.1
贵 州	48.2	94.2	102.7	107.4	134.6	110.3	113.2	119.1
云 南	64.1	136.2	118.7	123.6	144.0	124.6	127.9	131.6
西 藏	4.2	8.7	10.0	9.4	12.5	9.1	10.6	9.4
陕 西	60.2	92.5	72.3	75.0	89.4	92.3	92.0	95.6
甘 肃	52.8	98.2	93.6	97.0	105.7	105.9	111.8	106.9
青 海	12.8	25.3	23.1	25.2	31.3	31.4	30.6	28.9
宁 夏	8.7	20.3	24.2	22.5	25.4	23.7	26.0	25.5
新 疆	40.0	75.5	83.1	83.8	92.0	92.6	93.5	86.9

8-3-4 续表2 单位：亿元

地区	其中：社会福利							
	2010	2015	2018	2019	2020	2021	2022	2023
全 国	**109.9**	**562.8**	**1064.8**	**1228.8**	**1327.3**	**1402.4**	**1582.7**	**1694.1**
北 京	7.2	24.2	57.5	57.9	64.4	95.2	115.6	120.3
天 津	2.5	7.8	18.1	18.0	16.4	18.1	17.5	19.8
河 北	3.8	19.0	32.5	39.5	48.0	46.1	47.0	56.3
山 西	2.4	10.5	15.3	20.9	21.3	26.0	32.9	35.6
内蒙古	2.6	16.3	28.0	29.2	31.7	28.7	32.5	38.3
辽 宁	4.8	13.7	21.1	20.5	20.5	22.1	23.8	25.9
吉 林	2.6	6.1	16.4	17.1	18.1	18.3	19.8	20.1
黑龙江	2.6	8.7	18.4	19.9	19.8	17.1	21.1	23.9
上 海	4.9	16.8	86.0	100.9	105.1	100.9	110.5	118.2
江 苏	10.1	46.5	108.7	119.8	129.1	139.4	154.8	157.3
浙 江	6.1	39.5	52.2	60.5	71.6	78.0	112.1	123.8
安 徽	4.8	18.4	34.5	42.5	45.9	50.1	63.6	68.8
福 建	2.3	12.6	28.8	34.2	37.5	37.0	41.6	45.1
江 西	1.8	14.8	26.2	35.3	31.8	35.9	39.5	41.3
山 东	4.0	37.6	48.8	61.1	71.0	81.4	89.4	87.2
河 南	3.6	19.2	44.3	56.5	72.8	65.8	69.5	71.0
湖 北	2.0	21.5	39.2	45.5	53.3	56.7	61.6	61.5
湖 南	3.8	23.8	39.1	41.2	43.6	44.1	47.0	54.1
广 东	10.2	40.9	89.2	109.5	117.7	131.5	143.4	148.0
广 西	2.9	17.4	28.1	31.6	37.3	37.9	38.2	42.3
海 南	0.4	4.5	6.0	7.4	7.7	7.2	7.8	10.5
重 庆	3.5	15.4	22.4	22.7	22.7	25.1	26.3	32.1
四 川	5.5	37.3	61.4	72.7	76.0	80.6	95.8	101.4
贵 州	1.4	14.4	19.9	20.9	27.3	27.0	28.6	36.8
云 南	4.5	13.1	24.7	29.9	32.6	38.3	37.4	41.0
西 藏	0.2	2.1	4.5	5.1	4.9	4.3	6.1	6.9
陕 西	2.4	22.7	41.8	49.4	39.6	31.5	31.0	36.3
甘 肃	1.5	9.9	15.6	18.4	17.8	20.5	23.7	23.7
青 海	0.1	6.0	9.6	10.9	11.1	10.0	10.9	10.1
宁 夏	0.9	2.3	6.3	7.2	7.3	8.3	8.7	8.9
新 疆	4.5	17.6	20.4	22.7	23.4	19.3	25.0	27.6

8-4-1 各地区残疾人接受基本康复服务情况

单位：万人

地区	2020	2021	2022	2023
全国	**893.7**	**908.4**	**856.7**	**871.8**
北京	51.3	25.7	18.0	19.2
天津	6.1	1.5	5.2	4.8
河北	25.5	32.0	29.9	32.4
山西	13.3	11.7	9.2	8.4
内蒙古	5.4	5.9	6.5	6.9
辽宁	13.5	15.3	19.2	16.7
吉林	25.7	18.7	13.4	13.0
黑龙江	13.6	11.4	7.3	6.6
上海	54.0	51.9	13.1	10.8
江苏	34.4	26.0	23.3	30.8
浙江	91.4	98.0	67.1	60.8
安徽	39.0	41.7	36.1	36.1
福建	12.9	21.0	32.3	34.7
江西	24.3	26.5	16.2	14.5
山东	89.1	91.2	147.8	192.2
河南	45.8	46.4	34.1	32.0
湖北	32.1	48.5	45.9	48.9
湖南	28.1	32.6	31.6	24.1
广东	32.4	29.2	29.9	30.0
广西	14.9	18.4	16.6	20.6
海南	2.5	3.0	2.8	3.5
重庆	20.3	33.1	26.3	21.1
四川	118.6	101.1	97.3	65.1
贵州	18.5	25.0	12.2	10.2
云南	15.3	22.2	24.8	22.8
西藏	1.3	2.6	1.7	2.0
陕西	26.8	29.6	55.3	70.4
甘肃	18.9	17.4	13.3	13.6
青海	6.4	4.6	4.7	4.3
宁夏	2.8	5.5	6.3	6.4
新疆	9.7	10.4	9.4	9.1

8-4-2 各地区城乡居民基本养老保险残疾人参保人数

单位：万人

地 区	城乡居民基本养老保险残疾人参保人数						
	2015	2018	2019	2020	2021	2022	2023
全 国	**2229.6**	**2561.2**	**2630.7**	**2699.2**	**2733.1**	**2761.7**	**2749.0**
北 京	10.1	9.0	8.6	7.6	7.1	13.6	13.8
天 津	6.2	7.6	7.7	7.9	7.9	8.1	11.8
河 北	124.1	143.1	147.0	153.3	155.2	154.8	153.3
山 西	96.8	94.6	96.5	91.2	86.7	87.1	84.3
内蒙古	30.4	45.1	49.2	50.1	52.6	53.7	57.6
辽 宁	51.9	43.0	44.6	46.1	49.8	51.9	52.1
吉 林	26.0	32.9	36.0	49.0	51.8	55.7	54.9
黑龙江	25.8	41.9	46.2	48.9	47.3	47.8	48.6
上 海	6.4	7.5	8.0	9.8	9.9	9.7	9.5
江 苏	129.3	114.7	114.3	117.3	122.4	126.2	127.8
浙 江	49.9	66.4	72.0	73.1	79.7	81.7	81.8
安 徽	104.1	146.1	151.4	155.7	158.1	162.5	163.0
福 建	57.0	70.5	70.6	70.6	70.7	72.9	73.3
江 西	59.9	88.0	80.8	90.6	95.9	98.0	95.3
山 东	140.4	158.6	164.7	178.7	186.4	192.4	194.1
河 南	300.6	290.9	284.0	281.5	271.0	269.4	261.0
湖 北	108.9	119.4	131.9	124.4	122.2	123.5	123.6
湖 南	164.3	126.8	146.4	157.0	159.6	159.5	159.6
广 东	67.4	96.8	99.2	99.5	108.0	110.1	112.7
广 西	103.0	102.0	93.8	98.6	103.3	99.6	101.6
海 南	17.7	20.6	20.6	15.9	15.5	15.9	16.6
重 庆	47.8	56.0	54.2	56.6	58.3	56.0	53.6
四 川	184.2	229.8	242.4	247.4	233.2	232.0	222.0
贵 州	54.7	83.1	87.0	89.4	98.4	96.6	92.4
云 南	71.3	92.2	103.8	107.5	112.8	120.1	122.9
西 藏	1.8	3.8	5.0	10.2	9.6	10.2	8.1
陕 西	40.1	87.6	90.6	97.0	96.0	94.6	96.7
甘 肃	93.6	108.6	105.3	97.0	97.6	96.5	94.6
青 海	5.1	13.1	12.5	12.1	12.1	12.6	12.4
宁 夏	19.3	21.5	16.4	15.3	13.4	13.1	13.9
新 疆	31.3	40.2	40.1	39.7	40.7	35.9	36.1

8-4-2 续表 单位：万人

地 区	其中：重度残疾人参保补贴人数						
	2015	2018	2019	2020	2021	2022	2023
全 国	**422.1**	**576.0**	**618.2**	**657.9**	**686.0**	**692.3**	**700.1**
北 京	4.9	4.2	4.0	3.5	3.2	2.8	2.7
天 津	1.9	2.0	2.2	2.3	2.3	2.3	2.6
河 北	17.8	30.1	33.9	34.9	35.6	36.0	37.1
山 西	14.2	15.6	17.6	18.9	19.9	20.5	20.5
内蒙古	5.8	10.2	11.9	11.8	12.4	12.5	13.6
辽 宁	9.9	8.8	9.5	10.3	12.1	12.8	13.4
吉 林	7.8	9.9	10.6	15.4	15.6	16.6	15.9
黑龙江	3.4	7.8	9.2	10.6	10.3	9.7	10.5
上 海	3.6	4.0	4.1	4.1	4.1	4.1	4.1
江 苏	19.2	29.4	28.8	29.0	30.4	31.0	31.2
浙 江	11.3	13.2	13.5	13.6	14.4	14.3	12.9
安 徽	23.5	40.3	40.0	42.4	46.0	47.4	47.9
福 建	12.3	17.1	18.2	20.1	20.1	20.5	20.4
江 西	7.6	19.0	21.1	24.0	25.0	25.0	25.6
山 东	29.2	40.8	44.0	45.8	44.5	46.4	45.3
河 南	59.5	48.4	46.8	46.8	48.8	49.2	49.7
湖 北	18.2	32.4	37.9	35.6	37.4	36.6	37.1
湖 南	29.8	36.2	43.6	47.2	47.4	47.5	49.7
广 东	18.5	35.3	38.0	43.7	46.9	46.9	48.3
广 西	13.5	18.6	22.1	25.6	29.6	31.0	30.9
海 南	3.8	4.9	4.9	5.1	5.2	5.4	5.6
重 庆	10.7	13.3	12.6	13.0	15.1	14.7	15.2
四 川	31.7	43.7	48.3	52.2	51.9	52.8	50.3
贵 州	8.1	12.3	15.7	20.4	21.3	21.5	21.4
云 南	14.0	20.2	22.4	22.9	26.7	26.8	28.0
西 藏	0.2	0.7	0.8	2.3	2.0	1.9	1.9
陕 西	7.3	14.0	15.9	17.5	18.2	17.7	16.3
甘 肃	21.7	24.2	22.3	21.0	21.7	22.1	22.0
青 海	1.4	4.3	3.7	3.2	3.3	3.6	3.4
宁 夏	5.1	5.7	5.0	4.6	4.3	3.9	4.0
新 疆	6.0	9.4	9.5	10.4	10.2	9.0	12.5

8-4-3 各地区残疾人文化服务情况(2023年)

地区	盲文及盲人有声读物阅览室(个)	省级残疾人文化周(场次)	省级残疾人文化艺术类比赛及展览(次)
全国	**1541**	**203**	**169**
北京	8	1	9
天津	8	1	2
河北	36	8	9
山西	27	1	1
内蒙古	66		4
辽宁	56	3	3
吉林	52	10	3
黑龙江	50	1	3
上海	41	27	5
江苏	87	1	
浙江	102	1	27
安徽	67	11	3
福建	56	3	2
江西	42	25	10
山东	85	1	1
河南	86	4	6
湖北	41	2	1
湖南	34	1	
广东	75	1	1
广西	45	6	1
海南	8	4	1
重庆	41	26	25
四川	129	10	36
贵州	33	7	
云南	59	1	1
西藏	4	1	
陕西	59	1	
甘肃	58	25	5
青海	19	3	1
宁夏	31	8	4
新疆	36	9	5

8-4-4　各地区残疾人体育服务情况(2023年)

地　区	残疾人群众体育健身活动(次)		残疾人群众体育健身活动参加人次(人次)	
	省级	地市级	省级	地市级
全　国	**383**	**3976**	**177393**	**161204**
北　京	42		15630	
天　津	3		2980	
河　北	59	2804	20540	49031
山　西	2	27	200	1310
内蒙古	6	16	950	984
辽　宁	32	36	10900	2361
吉　林	3	47	9000	11308
黑龙江	2	10	300	1011
上　海	2		20000	
江　苏	2	205	1200	16364
浙　江	4	28	775	4055
安　徽	8	50	650	2905
福　建	99	25	6384	2306
江　西	11	18	1780	1843
山　东	5	74	800	6937
河　南	3	45	415	2431
湖　北	2	61	200	13644
湖　南	1	20	13874	1225
广　东	6	228	745	12863
广　西	5	41	3000	3704
海　南	1	2	100	86
重　庆	4		32000	
四　川	7	91	2461	11114
贵　州	4	16	600	6060
云　南	3	27	251	1779
西　藏	3	1	166	35
陕　西	45	11	25000	612
甘　肃	5	38	2270	2012
青　海	6	14	2700	1065
宁　夏	5	26	1300	3271
新　疆	3	15	222	888

8-4-5 各地区困难重度残疾人家庭无障碍改造户数

单位：户

地区	2020	2021	2022	2023
全国	**99565**	**188339**	**609760**	**880795**
北京	483		8902	10209
天津	502	3752	13936	10775
河北	1168	12985	25450	30026
山西	660	1113	4496	18099
内蒙古	867	10985	22946	32353
辽宁	2789	6946	17575	23553
吉林	1709	2767	7066	21049
黑龙江	1775	6141	24822	32191
上海	894		4086	6850
江苏	691	7407	14962	16864
浙江	3055	7847	15696	15576
安徽	4705	3679	25038	48594
福建	190		5782	14851
江西	6201	9871	28890	39639
山东	1813	200	50692	75816
河南	28861	14524	48413	65197
湖北	4682	10475	60438	68273
湖南	7904	12699	27114	38282
广东	1174	16523	26917	28646
广西	3662	7857	19812	29479
海南	966	1182	9220	13243
重庆	2108	8410	24447	38226
四川	271	16585	37649	52737
贵州	7916	7237	17514	25092
云南	3491	2793	15761	26997
西藏	77	534	2274	1878
陕西	5863	368	15273	34744
甘肃	1586	2972	12487	20159
青海	589	967	2987	5837
宁夏	723	5123	9142	10351
新疆	2190	6397	9973	25209

8-4-6 全国残疾人社会福利情况

单位：万人

年 份	困难残疾人生活补贴人数	重度残疾人护理补贴人数
2016	521.3	500.0
2017	1019.2	1053.7
2018	1005.8	1193.0
2019	1085.7	1368.5
2020	1214.0	1475.1
2021	1194.1	1503.2
2022	1178.5	1545.4
2023	1180.4	1584.0

注：2015年印发的《关于全面建立困难残疾人生活补贴和重度残疾人护理补贴制度的意见》要求，残疾人两项补贴制度自2016年1月1日起全面实施。

8-4-7 各地区困难残疾人生活补贴情况

地区	人数(万人)		标准(元/人年)		支出(亿元)	
	2022	2023	2022	2023	2022	2023
全国	**1178.5**	**1180.4**	**1590.7**	**1688.6**	**188.3**	**200.5**
北京	11.5	11.1	6208.3	6377.0	7.8	7.8
天津	4.7	4.9	3600.0	3600.0	1.6	1.7
河北	53.4	52.5	967.7	1174.9	5.0	6.0
山西	25.5	25.6	854.2	960.0	2.2	2.5
内蒙古	32.4	33.8	1207.7	1207.7	3.9	4.0
辽宁	28.8	28.4	1213.4	1277.0	3.4	3.5
吉林	27.9	27.1	960.0	960.0	2.7	2.7
黑龙江	32.1	33.6	963.4	974.8	2.8	3.1
上海	8.3	8.0	4200.0	4200.0	3.8	3.8
江苏	68.0	66.9	7127.2	7465.8	46.6	47.9
浙江	29.4	29.1	3815.9	4149.0	11.0	11.9
安徽	90.6	86.1	1107.5	1225.0	8.9	10.0
福建	36.5	37.2	1795.1	1850.0	5.8	6.3
江西	48.3	48.8	942.4	1151.5	4.6	5.8
山东	57.0	58.3	2140.4	2221.4	12.4	12.6
河南	93.1	92.7	938.4	958.3	7.2	8.8
湖北	48.7	48.1	915.0	917.8	4.5	4.5
湖南	60.8	60.3	996.1	1045.0	6.2	6.5
广东	42.6	42.3	2389.7	2626.9	10.4	11.2
广西	46.2	46.7	985.9	1047.7	4.5	4.8
海南	4.8	5.0	1120.8	1342.6	0.6	0.7
重庆	20.2	20.4	951.2	960.0	1.8	1.9
四川	81.7	84.9	1367.4	1382.8	10.6	10.6
贵州	34.1	34.6	1488.5	1712.5	1.5	1.6
云南	51.8	55.3	846.4	1088.8	4.5	6.0
西藏	8.6	8.6	1208.9	1208.9	1.0	1.2
陕西	66.5	64.1	1003.7	1019.4	4.7	4.7
甘肃	27.5	28.8	1376.3	1385.3	3.5	3.6
青海	8.9	6.8	1053.4	1080.0	0.8	0.7
宁夏	10.2	11.0	1734.8	1734.8	1.4	1.5
新疆	18.2	19.3	1479.0	1476.5	2.6	2.6

8-4-8 各地区重度残疾人护理补贴情况

地 区	人数(万人)		标准(元/人年)		支出(亿元)	
	2022	2023	2022	2023	2022	2023
全 国	**1545.4**	**1584.0**	**1451.4**	**1522.4**	**207.1**	**224.5**
北 京	9.3	8.8	2400.0	2400.0	1.7	1.6
天 津	14.0	13.9	2400.0	2400.0	3.1	3.0
河 北	73.7	74.9	774.6	993.0	5.6	7.3
山 西	39.0	44.8	1141.1	1268.0	4.3	5.2
内蒙古	30.2	30.8	1352.5	1352.6	3.6	4.1
辽 宁	41.9	42.7	994.8	1012.1	3.9	4.1
吉 林	33.0	32.8	960.0	960.0	3.0	3.0
黑龙江	35.5	35.9	1214.3	1228.6	4.0	4.1
上 海	21.3	20.8	2700.0	2700.0	4.8	5.1
江 苏	67.0	70.6	1727.5	1749.2	10.1	10.2
浙 江	66.6	67.6	5103.7	5209.0	17.9	18.3
安 徽	91.3	93.8	1032.6	1196.3	9.1	11.2
福 建	41.8	42.3	1647.4	1701.7	6.1	6.4
江 西	45.8	47.3	964.4	1159.3	4.0	5.5
山 东	124.0	128.1	1894.6	1955.6	22.4	23.5
河 南	118.9	118.9	931.9	950.9	9.3	10.7
湖 北	73.4	74.3	1205.0	1200.0	8.3	8.7
湖 南	84.7	85.1	967.4	1013.6	7.9	8.4
广 东	115.1	118.6	3315.8	3409.0	36.3	36.9
广 西	62.4	63.0	977.6	1038.4	5.9	6.4
海 南	10.8	10.9	2750.8	3040.7	2.1	2.9
重 庆	29.5	29.5	1042.0	1053.6	2.6	2.9
四 川	110.9	118.3	1084.3	1157.3	9.7	11.1
贵 州	38.2	38.7	1002.2	1195.7	3.0	4.0
云 南	46.3	48.4	1014.6	1217.4	4.1	5.1
西 藏	3.3	3.2	2450.3	2450.3	0.8	1.0
陕 西	42.3	43.7	1308.5	1310.2	4.4	4.6
甘 肃	37.2	37.5	1405.9	1395.4	3.9	3.9
青 海	7.0	7.0	1226.6	1213.3	0.8	0.9
宁 夏	9.9	9.9	1450.4	1455.6	1.4	1.5
新 疆	21.3	22.0	1488.7	1485.1	2.9	2.8

8-5-1 各地区特殊教育在校生数

单位：人

地 区	2010	2015	2018	2019	2020	2021	2022	2023
全 国	**425613**	**442223**	**665942**	**794612**	**880800**	**919767**	**918502**	**911981**
北 京	7981	7136	6407	6962	7308	7808	7722	7825
天 津	2570	3279	4491	4923	4961	4734	4502	4444
河 北	12415	13586	20670	29459	37728	40990	39697	37471
山 西	8167	9206	14398	18336	20126	21073	20738	20123
内蒙古	3976	8294	11757	13215	13867	14339	13519	13465
辽 宁	8921	8493	11835	13264	15310	16242	16255	15786
吉 林	6884	6015	9649	11313	12442	12977	12381	12279
黑龙江	8326	9339	13990	15812	16358	15764	14926	14139
上 海	8811	7662	7435	8122	8397	9044	9117	9315
江 苏	29742	23123	31151	33083	37269	41085	42782	45063
浙 江	13010	16236	19526	20913	21455	23493	24868	27069
安 徽	13985	19272	31450	36941	40674	41581	42421	42075
福 建	32048	24911	25140	26798	28130	28719	29513	30602
江 西	23741	23761	33788	37644	40167	40514	39321	37603
山 东	21987	23877	30473	38986	47976	51777	53554	54572
河 南	21853	20117	43875	54849	62990	68013	69849	68332
湖 北	15349	11057	16177	28774	28871	29355	29045	28503
湖 南	13209	22532	36544	47085	54119	53886	53573	51740
广 东	26064	36048	47912	52869	63802	71170	74455	76278
广 西	15756	14045	33594	37730	41627	43913	43605	44154
海 南	3175	2551	2952	4291	5534	6624	6423	6600
重 庆	14618	14059	21405	25362	27006	27446	26605	25459
四 川	41839	43251	56851	61072	64979	65981	64476	64055
贵 州	16231	17888	31068	38942	42053	42351	41295	40692
云 南	21432	23314	36925	42207	45984	47394	46069	44794
西 藏	258	1798	4715	6766	7096	7185	6946	7080
陕 西	7837	8630	16399	18359	19361	19357	18810	17935
甘 肃	13350	9260	15769	19294	21468	21968	20822	19789
青 海	2505	3124	6634	7700	7848	7731	7615	7446
宁 夏	1516	3900	6004	6976	7473	7436	7127	6811
新 疆	8057	6459	16958	26565	28421	29817	30471	30482

注：2019年起，特殊教育覆盖学前教育阶段、义务教育阶段和高中阶段。以下相关表同。

8-5-2　各地区学前教育阶段特殊教育在校生数

单位：人

地　区	2020	2021	2022	2023
全　国	**4620**	**5264**	**5062**	**4553**
北　京	5	11	13	12
天　津	95	45	37	64
河　北	197	262	206	134
山　西	186	148	203	174
内蒙古	241	248	96	115
辽　宁	111	112	92	69
吉　林	22	27	42	33
黑龙江	10			0
上　海	295	295	279	253
江　苏	611	524	559	517
浙　江	175	210	227	261
安　徽	241	342	284	238
福　建	139	136	154	151
江　西	202	231	179	166
山　东	683	799	699	652
河　南	180	102	127	172
湖　北	6	1	18	38
湖　南	373	611	611	345
广　东	267	399	370	338
广　西	84	148	197	147
海　南		6	16	20
重　庆	68	51	50	56
四　川	51	176	226	224
贵　州	28	56	85	86
云　南	81	78	97	99
西　藏			1	2
陕　西	122	138	95	88
甘　肃	24	7	8	0
青　海	2	3	1	1
宁　夏	33	43	36	45
新　疆	88	55	54	53

8-5-3 各地区义务教育阶段特殊教育在校生数

单位：人

地区	2010	2015	2018	2019	2020	2021	2022	2023
全国	**415992**	**432156**	**655437**	**778742**	**864443**	**901758**	**899513**	**888571**
北京	7531	6973	6265	6812	7145	7646	7545	7317
天津	2514	2959	4131	4493	4475	4276	4084	3922
河北	12129	13151	20388	28947	37268	40463	39226	37058
山西	7991	8904	13964	17637	19493	20393	19971	19593
内蒙古	3780	8107	11537	12831	13392	13827	13104	12813
辽宁	8302	7961	11133	12426	14464	15549	15723	15605
吉林	6603	5846	9420	11059	12195	12641	12152	11627
黑龙江	7972	9118	13688	15638	16214	15631	14834	13867
上海	8272	7024	6724	6996	7172	7713	7655	7867
江苏	28494	22071	30279	31508	35621	39486	41066	42704
浙江	12594	15441	18945	19778	20327	21958	22793	23891
安徽	13467	18737	31019	36243	40015	40815	41720	41427
福建	31522	24433	24731	26092	27333	27867	28567	29590
江西	23434	23570	33498	37169	39520	39821	38575	36852
山东	21053	23014	29675	37420	46429	49793	51654	52175
河南	21518	19834	43662	54444	62545	67645	69318	67761
湖北	15049	10918	15914	28507	28627	29168	28837	28233
湖南	13026	22485	36414	46478	53624	53129	52788	51092
广东	25406	35076	46711	51540	62114	69254	72372	74079
广西	15655	13975	33465	37454	41331	43550	43189	43838
海南	3117	2467	2841	4167	5399	6465	6255	6413
重庆	14488	13931	21139	25058	26767	27200	26342	24965
四川	41675	42876	56425	60638	64581	65472	63913	62492
贵州	16105	17551	30761	38611	41783	42077	40946	40301
云南	21295	23216	36879	42067	45903	47316	45972	44409
西藏	240	1752	4669	6715	7045	7134	6888	7021
陕西	7747	8546	16332	18211	19149	19139	18617	17733
甘肃	13273	9099	15622	19089	21264	21763	20668	19664
青海	2383	3091	6584	7638	7791	7689	7569	7400
宁夏	1478	3784	5838	6795	7281	7279	6917	6616
新疆	7879	6246	16784	26281	28176	29599	30253	30246

8-5-4 各地区高中阶段特殊教育在校生数

单位：人

地区	2010	2015	2018	2019	2020	2021	2022	2023
全国	**9621**	**10067**	**10505**	**10877**	**11737**	**12745**	**13927**	**18857**
北京	450	163	142	143	158	151	164	496
天津	56	320	360	348	391	413	381	458
河北	286	435	282	224	263	265	265	279
山西	176	302	434	463	447	532	564	356
内蒙古	196	187	220	186	234	264	319	537
辽宁	619	532	702	705	735	581	440	112
吉林	281	169	229	220	225	309	187	619
黑龙江	354	221	302	141	134	133	92	272
上海	539	638	711	825	930	1036	1183	1195
江苏	1248	1052	872	926	1037	1075	1157	1842
浙江	416	795	581	851	953	1325	1848	2917
安徽	518	535	431	438	418	424	417	410
福建	526	478	409	533	658	716	792	861
江西	307	191	290	358	445	462	567	585
山东	934	863	798	815	864	1185	1201	1745
河南	335	283	213	191	265	266	404	399
湖北	300	139	263	243	238	186	190	232
湖南	183	47	130	121	122	146	174	303
广东	658	972	1201	1220	1421	1517	1713	1861
广西	101	70	129	166	212	215	219	169
海南	58	84	111	124	135	153	152	167
重庆	130	128	266	234	171	195	213	438
四川	164	375	426	354	347	333	337	1339
贵州	126	337	307	290	242	218	264	305
云南	137	98	46	48				286
西藏	18	46	46	51	51	51	57	57
陕西	90	84	67	75	90	80	98	114
甘肃	77	161	147	186	180	198	146	125
青海	122	33	50	59	55	39	45	45
宁夏	38	116	166	153	159	114	174	150
新疆	178	213	174	186	157	163	164	183

8-5-5 各地区特殊教育生师比

(教师=1)

地 区	2020	2021	2022	2023
全 国	**4.85**	**4.76**	**4.68**	**5.90**
北 京	2.88	3.21	3.24	3.16
天 津	5.11	5.10	5.00	4.73
河 北	5.21	4.97	4.71	5.43
山 西	4.53	4.88	4.94	5.41
内蒙古	3.53	3.57	3.23	3.56
辽 宁	3.99	4.00	3.95	4.37
吉 林	3.20	3.19	3.05	4.02
黑龙江	5.44	5.16	4.90	4.64
上 海	2.89	2.67	3.33	3.24
江 苏	5.23	5.17	5.04	5.60
浙 江	3.68	4.04	3.99	4.20
安 徽	7.10	6.62	6.62	8.91
福 建	4.89	4.57	4.87	5.26
江 西	6.68	6.27	6.08	7.40
山 东	3.92	3.85	3.66	4.27
河 南	5.60	5.66	5.78	7.12
湖 北	5.78	5.88	5.64	7.03
湖 南	7.16	6.61	6.54	8.06
广 东	4.03	3.93	3.85	5.24
广 西	5.03	4.61	4.36	6.07
海 南	4.67	4.84	4.76	5.92
重 庆	5.46	5.33	5.31	9.15
四 川	5.12	5.06	4.98	7.41
贵 州	6.38	5.95	5.80	8.55
云 南	5.00	5.23	5.35	7.95
西 藏	3.54	3.56	2.93	10.47
陕 西	4.18	4.04	4.14	5.10
甘 肃	3.95	3.98	3.82	5.74
青 海	9.33	7.87	8.23	14.69
宁 夏	4.67	5.41	5.15	8.15
新 疆	4.02	4.11	3.86	7.25

9 优军服务保障

9-1-1 各地区优抚医院情况

地 区	机构数(个)			床位数(张)		
	2021	2022	2023	2021	2022	2023
全 国	**114**	**106**	**113**	**30188**	**30450**	**32845**
北 京						
天 津	1	1	1	146	200	200
河 北	13	9	9	2212	1966	2225
山 西	8	8	8	982	975	1050
内蒙古	1	1	1	50	12	12
辽 宁	2	2	6	382	390	1347
吉 林	3	3	3	570	460	898
黑龙江	2	2	2	580	840	580
上 海	1	1	1	14	14	14
江 苏	5	5	5	1363	1406	1426
浙 江	2	2	2	1703	1733	1740
安 徽	2	2	2	920	960	960
福 建	1	1	1	200	200	200
江 西	2	2	2	1082	1299	1299
山 东	19	18	19	4366	4661	5435
河 南	6	5	5	1466	1479	1565
湖 北	7	7	8	3444	3166	3749
湖 南	3	2	2	1300	912	1011
广 东	8	8	8	1655	1758	1698
广 西	5	5	5	3362	3647	3346
海 南						
重 庆	4	3	3	476	231	222
四 川	7	7	7	1765	2126	1908
贵 州	3	3	3	345	315	262
云 南	1	1	1	50	50	50
西 藏						
陕 西	5	5	6	1408	1308	1306
甘 肃	2	2	2	262	262	262
青 海						
宁 夏						
新 疆	1	1	1	85	80	80

9-1-2　各地区光荣院情况

地　区	机构数(个)			床位数(张)		
	2021	2022	2023	2021	2022	2023
全　国	**725**	**743**	**744**	**26445**	**27247**	**29121**
北　京	10	10	10	513	533	533
天　津	6	6	6	254	254	237
河　北	122	124	119	4694	5062	5115
山　西	83	89	89	2188	2222	2351
内蒙古	27	27	27	737	765	846
辽　宁	18	18	18	990	1093	1082
吉　林	10	10	10	866	754	1250
黑龙江	4	4	4	327	525	451
上　海						
江　苏	11	11	11	484	462	457
浙　江	7	7	7	240	80	244
安　徽	41	41	41	2405	2778	2906
福　建	25	26	30	323	589	453
江　西	30	31	37	1924	1599	2073
山　东	9	8	8	575	475	331
河　南	39	38	28	1224	1121	735
湖　北	66	70	77	2483	2311	3206
湖　南	86	89	87	2987	2864	2694
广　东	30	30	30	507	521	501
广　西	27	30	30	318	376	339
海　南	5	6	6	53	104	93
重　庆	7	7	7	326	407	406
四　川	35	34	35	1038	1217	1518
贵　州	9	9	10	142	147	185
云　南	3	3	4		60	188
西　藏						
陕　西	9	9	8	696	778	765
甘　肃	2	2	2	36	36	22
青　海	1	1	1	10	10	40
宁　夏						
新　疆	3	3	2	105	104	100

9-1-3 各地区集中供养优抚对象情况

单位：人

地区	集中供养优抚对象人数			优抚医院			光荣院		
	2021	2022	2023	2021	2022	2023	2021	2022	2023
全国	**7802**	**6743**	**6483**	**2983**	**2239**	**2283**	**4819**	**4504**	**4200**
北京	48	46	46				48	46	46
天津	77	71	71	60	55	56	17	16	15
河北	1076	769	715	366	89	66	710	680	649
山西	636	545	751	187	100	196	449	445	555
内蒙古	241	226	215	13	12	12	228	214	203
辽宁	285	243	230	32	32	60	253	211	170
吉林	195	170	187	17	9	8	178	161	179
黑龙江	266	300	218	106	152	91	160	148	127
上海	11	11	11	11	11	11			
江苏	381	265	233	342	245	198	39	20	35
浙江	38	38	37	18	18	18	20	20	19
安徽	165	247	211	19	49	48	146	198	163
福建	91	70	74	14	14	12	77	56	62
江西	530	561	548	361	349	343	169	212	205
山东	412	224	262	325	167	228	87	57	34
河南	275	240	205	18	14	39	257	226	166
湖北	507	430	428	129	126	106	378	304	322
湖南	952	816	626	51	19	22	901	797	604
广东	149	84	110	99	54	56	50	30	54
广西	267	242	237	220	185	189	47	57	48
海南	14	21	22				14	21	22
重庆	84	76	70	21	20	20	63	56	50
四川	375	420	391	153	174	184	222	246	207
贵州	6	14	13	3	12	10	3	2	3
云南	31	29	32	31	29	29			3
西藏									
陕西	622	502	484	346	264	241	276	238	243
甘肃	36	35	35	34	33	33	2	2	2
青海									
宁夏									
新疆	32	48	21	7	7	7	25	41	14

9-1-4 各地区领取国家抚恤补助的优抚对象情况

单位：万人

地 区	2020	2021	2022	2023
全 国	**824.0**	**827.4**	**833.6**	**822.1**
北 京	5.0	5.0	5.1	5.0
天 津	4.8	4.8	4.9	5.0
河 北	66.4	68.5	70.5	71.0
山 西	19.4	21.0	21.5	21.6
内蒙古	5.9	6.1	6.3	6.3
辽 宁	18.4	18.8	19.4	19.8
吉 林	12.7	12.8	12.9	12.7
黑龙江	11.6	11.6	11.6	11.6
上 海	3.3	3.2	3.1	3.0
江 苏	39.8	39.4	39.3	38.9
浙 江	34.9	35.5	36.2	36.9
安 徽	43.8	43.7	42.9	42.1
福 建	20.0	20.4	20.4	20.1
江 西	26.8	27.0	27.2	25.2
山 东	83.7	84.2	84.5	84.7
河 南	73.2	74.1	75.2	74.5
湖 北	37.1	37.7	38.0	38.1
湖 南	64.5	60.1	61.2	56.5
广 东	40.2	40.2	40.1	40.0
广 西	21.5	21.3	21.0	20.9
海 南	2.7	2.8	2.8	2.7
重 庆	18.3	18.0	17.6	17.2
四 川	74.2	73.4	72.9	70.6
贵 州	20.7	20.4	20.3	20.0
云 南	26.9	27.2	26.8	26.1
西 藏	0.5	0.5	0.5	0.5
陕 西	27.2	28.4	29.4	28.8
甘 肃	14.5	15.0	15.7	15.9
青 海	1.5	1.5	1.6	1.6
宁 夏	1.7	1.7	1.8	1.8
新 疆	2.9	3.0	3.1	3.1

9-1-5 各地区烈士和烈士纪念设施情况

地 区	本年新增评定并完成备案烈士人数(人)			烈士纪念设施保护单位数(个)			烈士陵园(含烈士集中安葬地)数(处)		
	2021	2022	2023	2021	2022	2023	2021	2022	2023
全 国	**142**	**141**	**132**	**1109**	**1167**	**1169**	**4490**	**5789**	**5829**
北 京	1		6	5	5	5	51	59	63
天 津		1	1	8	8	8	10	12	11
河 北	12	4	18	96	96	95	330	398	398
山 西	5	1	3	27	22	22	222	257	256
内蒙古	1	1		11	10	10	135	134	134
辽 宁	5	2	2	3			246	250	249
吉 林	3	8	5	38	39	41	92	101	103
黑龙江	3	3		23	21	22	126	124	124
上 海	3		1	9	9	9	14	15	15
江 苏	11	2	11	70	74	74	609	798	794
浙 江	6	6	6	25	24	24	91	143	143
安 徽	17	6	10	55	58	60	123	243	252
福 建	2	1	4	34	36	37	73	206	205
江 西	2		6	29	21	22	177	290	291
山 东	18	33	15	114	111	111	242	337	337
河 南	9	12	8	117	119	94	244	290	282
湖 北	6	3	5	63	64	65	217	348	367
湖 南		6	8	42	51	51	167	238	237
广 东	7	4	7	34	36	39	156	279	283
广 西		3	1	26	27	27	60	72	86
海 南			3	6	6	6	43	44	44
重 庆	3	4	2	13	14	13	103	127	127
四 川	11	11	7	64	85	86	190	209	211
贵 州	4	6		45	67	69	200	199	202
云 南	1	6	1	48	50	51	189	202	202
西 藏				6	7	7	49	49	50
陕 西	5	10	1	51	53	67	164	168	168
甘 肃	1	2		19	22	23	87	106	104
青 海	2			4	9	8	40	40	40
宁 夏	2	1		7	7	7	11	13	13
新 疆	2	5	1	16	15	15	29	38	38

注：烈士纪念设施保护单位全国数含中央单位。

9-2-1 各地区退役军人服务中心(站)情况

单位：个

地 区	2021	2022	2023
全 国	**617922**	**609904**	**611486**
北 京	7097	7083	7173
天 津	5628	5635	5649
河 北	55716	55700	55781
山 西	22464	20474	20497
内蒙古	6384	6357	6418
辽 宁	17440	17444	17491
吉 林	12043	12197	12287
黑龙江	13050	13099	13106
上 海	6010	6045	6533
江 苏	22433	22294	22424
浙 江	26154	26025	26211
安 徽	19625	19702	19739
福 建	18428	18477	18518
江 西	22902	23027	23217
山 东	67542	61465	60744
河 南	49614	49820	50054
湖 北	28308	27824	26933
湖 南	30396	30859	30970
广 东	27678	27792	27886
广 西	17809	17811	17840
海 南	3136	3136	3183
重 庆	11940	12199	12199
四 川	32144	31987	32067
贵 州	19456	19521	19554
云 南	16214	15865	16377
西 藏	386	392	401
陕 西	21201	21348	21609
甘 肃	18718	18560	18720
青 海	3575	3576	3576
宁 夏	3095	3078	3108
新 疆	11335	11111	11220

注：退役军人服务中心(站)全国数含中央单位。

10 文体服务保障

10-1-1 各地区公共图书馆数

单位：个

地区	2010	2015	2018	2019	2020	2021	2022	2023
全国	**2884**	**3139**	**3176**	**3196**	**3212**	**3215**	**3303**	**3246**
北京	24	24	23	23	23	20	20	19
天津	31	31	29	29	27	20	20	20
河北	165	172	173	173	176	177	180	181
山西	126	126	128	128	128	128	127	127
内蒙古	113	117	117	117	117	117	117	117
辽宁	128	129	130	130	129	129	129	128
吉林	65	66	66	66	66	66	67	67
黑龙江	107	107	109	110	103	103	104	105
上海	28	25	23	23	23	22	20	20
江苏	111	114	116	117	120	123	122	122
浙江	97	100	103	103	104	103	103	102
安徽	88	122	126	127	131	133	133	133
福建	86	90	91	94	97	96	95	97
江西	108	114	113	114	114	114	114	114
山东	149	154	154	154	154	153	153	153
河南	142	158	160	164	166	169	175	177
湖北	107	112	115	116	117	117	118	119
湖南	124	137	140	141	143	144	148	150
广东	132	140	143	146	148	150	150	150
广西	108	112	116	116	116	116	116	116
海南	20	21	24	24	24	24	24	24
重庆	43	43	43	43	43	43	43	43
四川	161	203	204	206	207	207	209	209
贵州	93	96	98	98	100	99	99	99
云南	150	151	151	151	149	151	151	151
西藏	4	79	81	81	81	82	82	82
陕西	112	110	111	111	117	117	117	119
甘肃	94	103	103	104	104	104	104	104
青海	44	49	51	52	50	50	50	50
宁夏	20	26	27	27	27	27	27	27
新疆	103	107	107	107	107	110	185	120

注：公共文化设施相关指标全国数据包含中央级数据。以下相关表同。

10-1-2 各地区人均拥有公共图书馆藏量

单位：册

地 区	2010	2015	2018	2019	2020	2021	2022	2023
全 国	**0.46**	**0.61**	**0.74**	**0.79**	**0.84**	**0.89**	**0.96**	**1.02**
北 京	0.87	1.12	1.34	1.40	1.43	1.52	1.60	1.68
天 津	0.97	1.10	1.20	1.34	1.57	1.66	1.75	1.79
河 北	0.22	0.30	0.36	0.40	0.46	0.53	0.63	0.66
山 西	0.34	0.42	0.50	0.54	0.62	0.66	0.72	0.77
内蒙古	0.38	0.60	0.75	0.79	0.85	0.89	0.96	1.06
辽 宁	0.68	0.85	0.96	1.01	1.06	1.10	1.15	1.14
吉 林	0.50	0.64	0.76	0.81	0.94	1.01	1.08	1.12
黑龙江	0.43	0.48	0.59	0.62	0.74	0.78	0.81	0.86
上 海	2.96	3.13	3.26	3.32	3.25	3.30	3.33	3.34
江 苏	0.56	0.86	1.16	1.23	1.24	1.31	1.35	1.41
浙 江	0.69	1.13	1.50	1.61	1.53	1.62	1.76	1.85
安 徽	0.21	0.32	0.46	0.49	0.58	0.62	0.69	0.73
福 建	0.46	0.73	0.95	1.07	1.11	1.25	1.34	1.42
江 西	0.34	0.47	0.54	0.57	0.63	0.69	0.75	0.96
山 东	0.38	0.48	0.62	0.66	0.69	0.74	0.80	0.85
河 南	0.20	0.26	0.33	0.35	0.41	0.42	0.46	0.49
湖 北	0.41	0.51	0.66	0.71	0.76	0.80	0.85	0.98
湖 南	0.30	0.38	0.48	0.52	0.59	0.73	0.83	0.88
广 东	0.44	0.65	0.84	0.92	0.93	1.00	1.13	1.19
广 西	0.41	0.54	0.56	0.59	0.60	0.60	0.63	0.65
海 南	0.33	0.47	0.59	0.63	0.66	0.68	0.72	0.73
重 庆	0.36	0.43	0.58	0.61	0.62	0.73	0.85	0.91
四 川	0.32	0.41	0.47	0.50	0.52	0.55	0.60	0.64
贵 州	0.23	0.35	0.41	0.44	0.43	0.47	0.51	0.54
云 南	0.34	0.41	0.45	0.48	0.50	0.52	0.54	0.57
西 藏	0.18	0.50	0.64	0.70	0.68	0.72	0.73	0.87
陕 西	0.30	0.40	0.49	0.54	0.55	0.58	0.63	0.66
甘 肃	0.41	0.52	0.59	0.64	0.73	0.78	0.81	0.86
青 海	0.64	0.70	0.79	0.81	0.98	1.01	1.05	1.14
宁 夏	0.73	1.06	1.06	1.08	1.11	1.18	1.18	1.24
新 疆	0.51	0.55	0.57	0.59	0.59	0.62	0.75	0.75

10-1-3 各地区公共图书馆总流通人次

单位：万人次

地 区	2010	2015	2018	2019	2020	2021	2022	2023
全 国	**32823.3**	**58892.2**	**82031.5**	**90134.8**	**54145.8**	**74613.7**	**78969.8**	**116061.3**
北 京	775.5	1263.9	1903.3	1968.7	412.8	723.9	677.7	1473.4
天 津	606.2	788.7	1226.5	1621.2	758.9	860.7	661.0	1694.8
河 北	736.4	1427.6	2371.1	2562.6	857.3	2157.3	2936.8	4822.4
山 西	373.9	830.3	1620.4	2030.4	989.2	1476.8	1348.1	2064.5
内蒙古	311.6	649.0	1251.5	1377.4	743.7	837.5	894.8	1565.1
辽 宁	1457.3	2068.2	2849.8	3122.9	1561.9	1737.6	1522.3	2777.3
吉 林	503.2	732.5	812.4	970.8	414.8	509.9	490.1	812.1
黑龙江	621.9	967.8	1130.6	1151.8	396.1	508.6	375.0	624.4
上 海	1852.5	3931.4	3036.0	2733.6	668.3	1293.6	585.5	1956.0
江 苏	3005.8	6001.3	8114.4	8424.5	9046.7	10960.9	10797.5	15246.7
浙 江	3454.1	7942.0	11874.6	13935.1	8460.9	10998.8	11631.9	16236.0
安 徽	759.9	1739.0	3340.9	3581.9	2391.8	4099.2	5196.9	6245.4
福 建	1193.3	2396.3	3354.9	3895.5	1660.1	2294.9	2374.3	3523.4
江 西	638.9	1258.3	1754.0	1858.7	1396.4	2650.7	2903.5	4367.6
山 东	1717.2	2729.0	4577.9	5244.9	3574.5	4251.0	4816.1	7247.9
河 南	1025.7	2233.2	3360.2	4295.2	2526.0	3090.6	3232.8	4744.6
湖 北	1515.5	1954.6	2577.4	2645.8	1292.9	1996.3	2252.5	4125.1
湖 南	1027.5	1617.1	2477.7	2662.0	3117.6	4107.3	5194.3	5010.3
广 东	4539.9	7854.7	10517.7	12200.5	5493.8	8654.1	9239.1	14817.1
广 西	1342.8	2065.2	2384.6	2113.1	1162.8	1790.1	1975.2	2364.2
海 南	172.1	445.0	578.3	443.6	309.4	437.5	407.3	594.3
重 庆	621.3	1234.8	1604.0	1598.4	1190.2	1465.2	1552.1	2534.9
四 川	1168.0	2010.1	2562.1	2739.1	1744.4	2145.6	2369.0	3347.8
贵 州	369.1	594.0	882.1	930.3	705.0	1390.3	1219.3	1347.8
云 南	907.0	1222.6	1694.9	1693.4	1073.1	1085.1	1053.0	1394.7
西 藏	2.7	20.0	35.4	38.0	26.4	34.4	38.9	38.4
陕 西	519.3	982.4	1524.9	1537.8	825.2	1126.5	1347.5	2073.2
甘 肃	468.3	678.1	834.2	907.2	587.9	801.0	637.8	1128.3
青 海	89.5	111.8	156.2	167.9	106.2	111.4	99.1	174.1
宁 夏	163.1	281.7	511.9	530.9	338.7	368.1	423.9	543.8
新 疆	350.4	473.7	565.9	574.6	246.0	484.6	539.8	756.1

10-1-4 各地区公共图书馆书刊文献外借人次

单位：万人次

地 区	2010	2015	2018	2019	2020	2021	2022	2023
全 国	**13934.2**	**23084.7**	**25814.2**	**26609.1**	**17466.6**	**23809.2**	**24894.0**	**33043.5**
北 京	360.3	394.3	466.3	445.1	82.1	152.1	125.4	209.3
天 津	253.6	305.7	388.5	359.9	133.1	212.1	197.1	401.6
河 北	359.9	596.1	752.2	872.3	394.4	936.1	1222.5	1801.4
山 西	190.4	305.3	506.6	666.4	403.5	578.7	479.7	645.9
内蒙古	195.9	267.1	401.0	387.5	219.2	248.5	237.4	355.5
辽 宁	601.1	751.5	765.0	759.3	450.6	488.0	406.9	853.8
吉 林	213.2	352.5	416.3	358.4	144.8	161.1	148.6	202.8
黑龙江	241.9	330.2	461.8	425.0	127.0	145.3	132.6	188.7
上 海	579.1	1922.3	621.6	505.7	169.2	275.7	135.1	384.7
江 苏	1596.3	2881.7	2939.0	2512.3	3369.6	4499.7	4804.4	6420.2
浙 江	1376.1	2253.1	2432.2	2542.7	1468.4	1823.5	1848.1	2013.2
安 徽	382.6	913.5	1316.2	1371.5	880.5	1135.6	1239.4	1653.2
福 建	582.7	980.7	1335.2	1555.5	738.1	1043.6	1039.9	1257.8
江 西	359.7	690.7	831.1	895.1	600.3	863.7	878.4	996.1
山 东	915.2	1507.7	1959.8	2268.0	1489.4	1754.6	1885.3	2751.5
河 南	518.9	1106.8	1437.6	1531.2	950.8	1280.5	1323.6	1720.7
湖 北	938.1	991.8	1142.9	1221.2	621.8	815.3	959.5	1677.3
湖 南	505.9	823.4	1019.8	1143.6	956.0	1729.0	2006.5	2041.4
广 东	1165.8	1697.3	2161.4	2348.9	1432.1	2007.3	2076.7	2676.4
广 西	356.4	521.0	593.7	558.5	277.8	396.5	435.3	488.9
海 南	69.4	81.5	81.9	86.0	51.5	83.3	81.2	99.3
重 庆	340.4	435.1	570.5	547.6	399.6	485.0	465.5	675.0
四 川	544.2	890.3	975.3	995.5	643.9	826.3	994.3	1310.0
贵 州	142.7	307.3	386.8	392.2	296.7	495.8	422.3	400.1
云 南	402.6	534.1	562.0	486.0	351.9	354.5	378.2	465.6
西 藏	1.0	4.7	6.0	6.5	3.5	4.4	3.2	2.3
陕 西	195.5	389.1	469.2	532.6	331.0	380.2	390.9	500.9
甘 肃	220.3	343.9	350.8	372.5	194.5	268.1	212.8	400.8
青 海	19.9	75.2	58.5	54.6	35.6	27.7	19.9	25.6
宁 夏	53.3	152.3	179.9	185.5	119.2	129.1	128.6	146.5
新 疆	170.8	234.9	188.0	187.4	124.3	189.2	196.9	249.4

10-1-5　各地区每万人拥有公共图书馆建筑面积

单位：平方米

地　区	2010	2015	2018	2019	2020	2021	2022	2023
全　国	**67.2**	**94.7**	**114.4**	**121.4**	**126.5**	**135.5**	**148.6**	**160.3**
北　京	86.6	113.6	138.6	138.4	136.6	156.8	157.3	192.1
天　津	103.1	167.4	259.7	278.7	313.8	317.7	335.8	342.5
河　北	34.6	59.2	71.5	75.0	81.4	97.1	127.3	164.2
山　西	67.8	114.3	139.9	148.8	162.6	167.2	172.4	176.5
内蒙古	90.4	135.5	168.1	170.4	182.5	209.8	213.6	220.5
辽　宁	100.8	126.7	137.3	141.2	144.5	147.0	151.2	158.8
吉　林	53.3	98.9	106.5	114.2	128.4	138.6	142.7	149.1
黑龙江	65.0	76.6	89.0	91.8	110.2	116.3	117.6	127.8
上　海	160.9	173.2	180.7	182.9	183.2	177.9	229.9	240.7
江　苏	83.1	129.3	167.0	195.4	190.1	191.0	191.3	188.1
浙　江	106.7	171.7	208.8	223.4	204.0	238.9	247.8	269.0
安　徽	37.0	65.0	80.7	89.5	99.2	104.0	116.5	125.9
福　建	117.1	99.1	143.0	152.2	148.3	159.5	170.4	192.3
江　西	61.1	80.1	89.1	95.2	120.1	129.8	141.8	152.3
山　东	49.7	83.8	116.5	107.2	113.0	119.5	139.4	155.2
河　南	34.5	57.9	70.2	75.3	79.5	84.2	97.1	100.0
湖　北	57.3	91.9	116.8	121.4	126.1	128.2	142.9	168.1
湖　南	54.9	61.1	72.0	77.1	92.0	106.6	126.1	141.8
广　东	80.6	115.9	120.8	131.2	134.5	138.7	151.0	159.7
广　西	55.8	72.0	89.4	95.4	98.6	98.7	101.4	112.2
海　南	98.2	88.5	94.6	97.0	95.6	98.2	103.0	131.2
重　庆	70.8	97.6	116.7	118.4	119.4	124.7	127.8	129.7
四　川	42.1	68.5	79.2	81.2	83.4	98.7	112.6	119.1
贵　州	44.5	63.7	73.9	79.1	77.9	100.6	110.4	108.1
云　南	65.5	75.1	84.1	84.7	85.9	91.7	94.6	97.0
西　藏	89.6	156.2	170.0	168.3	169.1	196.4	206.9	212.1
陕　西	53.5	64.4	83.4	93.8	104.5	108.8	143.8	150.2
甘　肃	63.2	84.3	114.5	123.2	149.0	154.0	161.3	170.5
青　海	78.9	105.9	132.0	151.4	188.9	217.7	221.7	247.5
宁　夏	133.9	158.8	189.4	200.3	194.2	204.6	220.9	227.6
新　疆	82.0	100.6	113.1	140.5	139.0	145.8	184.8	210.9

10-1-6　各地区文化馆(站)数

单位：个

地　区	2010	2015	2018	2019	2020	2021	2022	2023
全　国	**43382**	**44291**	**44464**	**44073**	**43687**	**43531**	**45623**	**43752**
北　京	337	349	350	354	356	356	357	357
天　津	256	260	261	261	262	272	274	274
河　北	2319	2402	2433	2435	2458	2460	2467	2465
山　西	1533	1540	1539	1540	1541	1491	1431	1428
内蒙古	1017	1179	1213	1206	1205	1201	1201	1201
辽　宁	1550	1543	1585	1546	1477	1478	1477	1478
吉　林	965	979	980	981	989	990	990	996
黑龙江	1654	1641	1635	1430	1387	1395	1398	1417
上　海	240	237	239	242	242	241	237	237
江　苏	1442	1396	1379	1372	1371	1381	1366	1371
浙　江	1612	1417	1475	1464	1446	1451	1463	1469
安　徽	1509	1559	1559	1560	1628	1628	1635	1634
福　建	1190	1222	1223	1219	1220	1210	1207	1206
江　西	1924	1881	1873	1854	1859	1854	1854	1848
山　东	2013	1971	1976	1972	1979	1979	1981	1981
河　南	2466	2533	2616	2663	2683	2692	2705	2702
湖　北	1376	1399	1406	1405	1424	1428	1427	1428
湖　南	2561	2677	2540	2512	2379	2355	2316	2283
广　东	1738	1742	1755	1759	1763	1761	1761	1762
广　西	1284	1291	1297	1298	1300	1300	1300	1302
海　南	230	228	242	242	242	242	242	242
重　庆	1041	1045	1068	1069	1071	1072	1072	1072
四　川	4652	4785	4781	4617	4438	4295	4289	4269
贵　州	1524	1665	1688	1698	1701	1721	1702	1704
云　南	1517	1564	1594	1599	1603	1608	1611	1607
西　藏	321	774	774	774	779	779	779	783
陕　西	1827	1591	1507	1498	1483	1477	1467	1475
甘　肃	1417	1455	1482	1491	1450	1453	1458	1460
青　海	409	414	416	443	442	442	444	453
宁　夏	250	266	272	272	272	272	272	274
新　疆	1208	1286	1306	1297	1237	1247	3440	1574

10-1-7 各地区文化馆(站)服务人次数

单位：万人次

地 区	2010	2015	2018	2019	2020	2021	2022	2023
全 国	**38760**	**54826**	**70570**	**78716**	**56327**	**83289**	**95922**	**183537**
北 京	769	875	1371	1772	937	1272	739	757
天 津	300	360	488	563	321	433	551	912
河 北	1037	1409	2027	2328	1554	4251	5077	9893
山 西	934	1054	1443	1630	1658	1537	1425	1728
内蒙古	707	888	1269	1326	820	1028	1240	2381
辽 宁	1395	1374	1242	1176	1079	683	569	842
吉 林	720	705	1274	775	434	730	466	870
黑龙江	630	900	1254	1130	540	601	443	857
上 海	1985	2363	2624	2770	1270	3626	1064	3125
江 苏	1497	2635	3512	3904	4441	10037	14008	23166
浙 江	2369	5169	7842	9896	7064	10642	18309	54638
安 徽	974	1816	2907	3362	2252	2460	3466	5452
福 建	790	1036	1405	1656	897	869	834	1740
江 西	756	1249	1531	1574	1403	3783	4004	7323
山 东	2442	3433	5320	6561	5566	5458	5758	9332
河 南	1782	2522	3472	3782	2734	4525	4512	7479
湖 北	1781	1695	2621	2535	1685	2603	3235	8507
湖 南	1748	2122	2324	2543	2383	7783	11574	11535
广 东	4627	6726	6664	8972	4880	4537	4560	10317
广 西	1376	1970	2860	2800	1825	1584	1441	1777
海 南	187	255	312	329	264	335	446	864
重 庆	1316	1782	2052	2374	1832	1649	1224	1519
四 川	2748	3831	4196	3959	2314	2227	1739	2898
贵 州	812	1308	1736	1754	1968	3270	2073	3231
云 南	1676	2110	2620	2746	1689	2199	1596	3263
西 藏	65	217	299	330	479	470	503	386
陕 西	954	1312	1761	1746	1239	1507	1782	2755
甘 肃	600	919	1296	1345	1000	1154	776	1432
青 海	144	347	538	633	601	386	328	656
宁 夏	401	580	550	535	429	561	443	921
新 疆	1238	1864	1760	1906	772	1090	1737	2984

10-1-8 各地区博物馆数

单位：个

地 区	2010	2015	2018	2019	2020	2021	2022	2023
全 国	**2435**	**3852**	**4918**	**5132**	**5452**	**5772**	**6091**	**4508**
北 京	41	40	82	81	80	79	82	69
天 津	18	22	65	68	71	69	72	53
河 北	65	107	134	136	148	172	185	147
山 西	89	100	152	158	159	182	176	155
内蒙古	54	84	109	125	172	168	166	128
辽 宁	61	64	65	65	65	65	65	66
吉 林	57	76	107	107	107	105	105	94
黑龙江	76	158	191	193	191	177	177	132
上 海	27	99	100	98	107	116	116	85
江 苏	213	312	329	345	367	366	373	330
浙 江	100	224	337	366	406	425	432	206
安 徽	120	171	201	219	230	223	225	181
福 建	94	98	128	130	132	140	140	102
江 西	108	137	144	143	172	189	203	170
山 东	114	312	517	541	577	629	665	348
河 南	111	248	334	340	336	367	400	259
湖 北	120	175	200	213	214	227	228	172
湖 南	81	113	121	117	122	162	180	159
广 东	169	177	184	241	296	339	340	223
广 西	64	124	131	131	142	169	141	119
海 南	16	18	19	27	35	39	44	33
重 庆	37	78	100	104	105	111	130	106
四 川	108	225	252	256	258	267	316	272
贵 州	59	73	91	91	92	97	124	122
云 南	120	86	137	140	161	165	178	143
西 藏	2	7	7	7	8	13	15	15
陕 西	106	249	294	294	309	312	321	246
甘 肃	102	150	215	224	226	228	230	194
青 海	18	23	24	24	24	24	24	24
宁 夏	6	12	54	55	54	64	64	52
新 疆	71	86	91	90	81	78	169	98

注：2023年起，博物馆相关指标使用国有博物馆数据。以下相关表同。

10-1-9 各地区博物馆基本陈列展览数

单位：个

地 区	2010	2015	2018	2019	2020	2021	2022	2023
全 国	**17297**	**21154**	**26346**	**28701**	**27719**	**31931**	**31298**	**28661**
北 京	224	269	516	501	360	418	462	472
天 津	127	157	437	458	406	430	404	291
河 北	316	607	784	763	715	900	921	1014
山 西	228	352	518	521	462	566	534	523
内蒙古	224	455	525	589	643	622	633	608
辽 宁	293	429	363	434	382	410	367	475
吉 林	361	381	559	568	474	591	557	618
黑龙江	367	749	945	938	759	823	860	1099
上 海	180	835	826	701	888	736	658	661
江 苏	1591	1890	2095	2042	2071	2141	2062	2021
浙 江	1063	1709	2275	2365	2417	2792	2570	2111
安 徽	859	862	930	1064	1198	1302	1299	1250
福 建	811	788	1135	1298	1001	1193	1184	1087
江 西	1093	510	673	721	925	1256	1336	1426
山 东	948	2172	2725	2958	3072	4125	3464	2478
河 南	973	1073	1402	1574	1429	1553	1664	1210
湖 北	669	964	1003	1140	1069	1289	1277	1111
湖 南	370	438	461	526	516	769	1021	963
广 东	1465	1460	1655	2394	2276	2360	2353	2105
广 西	318	445	552	571	540	671	537	551
海 南	213	92	145	202	165	210	212	171
重 庆	306	449	586	635	637	707	771	787
四 川	1133	928	1216	1195	1132	1326	1355	1356
贵 州	208	225	278	288	325	369	460	441
云 南	938	466	867	882	904	1003	1046	842
西 藏	2	24	9	6	25	51	46	57
陕 西	905	1044	1163	1168	1120	1276	1131	912
甘 肃	570	705	1040	1546	1173	1246	1166	1171
青 海	54	70	71	66	69	90	80	87
宁 夏	57	80	200	196	189	247	217	203
新 疆	315	342	257	276	239	289	511	413

注：全国合计数含中央级数据。以下相关表同。

10-1-10 各地区博物馆参观人次数

单位：万人次

地 区	2010	2015	2018	2019	2020	2021	2022	2023
全 国	**40679.3**	**78112.0**	**104400.6**	**112225.2**	**52652.4**	**74850.5**	**57048.0**	**120044.8**
北 京	499.5	579.3	2374.8	2488.8	818.5	1106.1	917.2	2678.6
天 津	400.7	1002.7	1400.4	1486.9	521.3	1130.3	337.9	1353.0
河 北	1246.0	2645.6	3289.2	3407.1	897.3	1727.7	1513.1	3872.3
山 西	1081.5	1465.6	2533.0	2460.8	1310.5	1544.6	836.9	2241.7
内蒙古	583.9	1149.6	1176.4	1484.0	788.7	962.8	562.7	1679.3
辽 宁	1033.6	1157.6	1703.4	2240.8	678.6	1210.2	680.3	2649.9
吉 林	507.8	949.1	1040.8	1120.7	332.5	580.5	345.6	1090.7
黑龙江	716.3	2091.8	2144.4	2217.9	2675.4	1087.8	980.3	1873.3
上 海	624.6	1935.1	2583.8	2768.1	1235.9	2003.9	784.5	2737.9
江 苏	4556.8	7849.6	9518.8	10034.1	5396.5	6329.9	5425.3	12993.1
浙 江	1957.2	4577.1	7005.4	8029.6	3076.5	4070.2	3518.2	5979.2
安 徽	1205.4	2679.9	3025.6	2979.1	1454.0	1961.8	1404.6	2864.6
福 建	1600.2	2412.1	3715.4	4166.8	1193.7	1778.9	1379.0	2755.7
江 西	2073.0	2949.2	3697.0	3791.9	3238.7	4353.8	3400.3	5119.6
山 东	1384.4	5129.8	7232.6	7658.3	3525.1	4955.8	4332.0	8822.6
河 南	1794.2	4727.5	6040.1	6429.2	3191.0	5081.8	3918.6	7199.0
湖 北	1905.1	2623.9	3922.5	4110.0	1380.3	3051.9	2358.5	5084.3
湖 南	2199.9	4758.5	5444.1	6411.8	3394.2	5776.3	6937.2	8969.8
广 东	2582.5	4251.6	5512.0	6860.9	2494.1	3849.0	2884.4	7189.5
广 西	744.1	1655.5	1753.7	1993.8	1241.8	2517.3	1359.5	2623.0
海 南	98.5	136.9	234.5	359.4	181.4	268.9	200.5	496.1
重 庆	1550.9	2298.8	3687.1	3793.4	1751.5	2508.2	1690.8	3675.7
四 川	3357.1	5996.8	7189.1	7219.1	3753.4	6068.3	3939.3	7718.1
贵 州	1177.1	1581.4	1973.7	1845.8	1904.3	2064.1	1109.9	2245.8
云 南	1529.1	1700.4	2322.6	2407.5	937.2	1175.9	900.7	2096.2
西 藏	14.9	48.6	20.0	16.8	18.4	49.4	81.3	0.2
陕 西	1498.1	4208.2	6713.4	6792.7	2242.1	2781.8	1709.9	5640.3
甘 肃	646.7	2191.0	2915.3	3325.3	1748.7	2599.5	1993.0	3609.7
青 海	83.2	147.4	189.0	232.3	118.5	98.6	45.5	136.8
宁 夏	74.0	198.0	724.2	852.2	335.5	493.9	351.4	736.7
新 疆	366.4	756.0	680.0	696.8	202.6	566.7	567.7	1126.6

10-1-11　各地区艺术表演场馆数

单位：个

地 区	2010	2015	2018	2019	2020	2021	2022	2023
全 国	**2112**	**2143**	**2478**	**2716**	**2770**	**3093**	**3199**	**3060**
北 京	73	54	61	52	55	64	59	76
天 津	37	50	68	74	85	114	118	126
河 北	113	108	81	112	100	128	130	120
山 西	103	137	125	137	167	172	158	130
内蒙古	26	25	54	45	32	36	27	36
辽 宁	58	105	121	97	93	85	99	68
吉 林	32	49	58	70	85	104	95	124
黑龙江	44	38	56	64	64	62	48	57
上 海	96	50	45	50	61	83	101	59
江 苏	201	207	249	244	274	329	335	278
浙 江	242	308	336	358	313	273	300	256
安 徽	60	76	107	107	100	106	150	130
福 建	57	56	54	57	64	72	75	76
江 西	57	57	57	89	77	82	63	78
山 东	91	101	106	145	154	198	223	240
河 南	150	150	155	191	198	222	237	245
湖 北	68	58	61	67	73	70	95	141
湖 南	63	71	105	119	110	122	117	120
广 东	124	66	86	84	118	136	140	127
广 西	24	29	57	63	48	34	38	23
海 南	10	11	15	30	20	44	34	30
重 庆	46	22	43	49	51	62	67	68
四 川	94	99	110	101	125	159	169	162
贵 州	7	8	15	18	31	23	25	21
云 南	36	40	27	50	34	50	45	27
西 藏	21	14	14	15	25	27	14	31
陕 西	97	88	102	114	106	102	102	76
甘 肃	27	24	44	42	36	55	44	52
青 海	20	16	27	39	37	44	50	51
宁 夏	15	3	6	3	3	6	4	2
新 疆	15	16	26	23	24	22	30	24

注：2015年以前艺术表演场馆为公有制艺术表演场馆，2015年起含民营艺术表演场馆。

10-1-12 各地区艺术表演场馆演出场次

单位：万场次

地区	2010	2015	2018	2019	2020	2021	2022	2023
全国	**14.72**	**13.68**	**17.89**	**24.54**	**31.70**	**64.26**	**58.51**	**41.49**
北京	1.69	1.54	1.58	0.94	11.26	2.27	1.84	2.18
天津	0.83	0.45	0.55	0.79	2.01	1.43	2.48	3.92
河北	0.43	0.32	0.16	0.37	0.91	0.32	0.71	0.89
山西	0.49	0.59	0.48	0.54	0.57	3.12	1.87	1.31
内蒙古	0.16	0.29	0.28	0.30	0.35	0.13	0.09	0.19
辽宁	0.60	0.81	1.27	1.76	0.45	2.36	3.98	0.42
吉林	0.22	0.57	0.38	0.45	0.26	0.55	0.37	0.19
黑龙江	0.05	0.09	0.17	0.25	0.20	0.32	0.22	0.34
上海	1.08	0.93	0.63	0.64	0.48	1.61	1.19	0.95
江苏	0.78	1.05	2.35	1.14	1.22	2.38	3.00	2.75
浙江	2.64	2.09	2.46	2.38	2.45	5.56	8.49	3.35
安徽	0.19	0.59	0.48	0.61	0.30	0.37	3.38	2.14
福建	0.34	0.10	0.21	1.41	0.79	0.89	1.36	0.59
江西	0.51	0.31	0.26	1.17	1.41	9.09	3.01	0.26
山东	0.15	0.38	0.38	2.21	1.07	9.21	12.63	5.14
河南	0.33	0.25	0.38	0.66	0.84	1.52	2.59	4.10
湖北	1.13	0.33	0.28	0.34	0.17	1.55	1.21	1.07
湖南	0.37	0.43	0.99	1.67	1.05	5.55	1.47	2.90
广东	0.82	0.46	0.56	0.37	0.57	0.96	0.49	2.22
广西	0.17	0.15	0.32	0.61	0.41	0.27	1.05	0.12
海南	0.04	0.05	0.21	0.38	1.69	1.37	0.18	0.12
重庆	0.20	0.12	0.39	0.53	0.81	0.56	0.56	1.26
四川	0.83	0.90	0.75	0.89	0.45	3.61	1.52	0.66
贵州	0.03	0.01	0.05	0.07	0.02	1.62	0.05	0.18
云南	0.12	0.25	0.32	0.55	0.47	0.77	0.97	1.15
西藏	0.03	0.01	0.01	0.03	0.07	0.07		0.08
陕西	0.26	0.30	1.03	1.19	0.72	1.36	2.28	1.23
甘肃	0.07	0.13	0.63	0.67	0.26	0.57	0.49	0.72
青海	0.03	0.04	0.06	0.35	0.13	4.62	0.29	0.77
宁夏	0.08		0.05	0.02	0.19	0.05	0.01	0.03
新疆	0.02	0.05	0.12	1.14	0.06	0.14	0.73	0.12

10-1-13 各地区艺术表演场馆艺术演出观众人次

单位：万人次

地 区	2010	2015	2018	2019	2020	2021	2022	2023
全 国	**5470.9**	**2853.6**	**5862.0**	**6785.2**	**4077.0**	**8350.7**	**5855.8**	**12273.3**
北 京	814.2	176.9	601.0	316.7	251.7	228.7	166.2	360.3
天 津	167.7	91.7	220.0	118.7	80.1	174.7	129.5	213.3
河 北	208.0	53.3	64.0	120.6	38.6	96.1	118.1	368.0
山 西	319.6	142.0	193.0	167.8	82.2	173.6	97.7	196.3
内蒙古	61.1	58.2	62.0	71.2	21.6	50.9	25.9	129.1
辽 宁	189.3	53.6	221.0	441.1	131.7	315.1	157.8	128.9
吉 林	63.5	45.6	40.0	80.5	25.6	36.3	23.5	41.6
黑龙江	33.5	25.8	131.0	69.0	23.8	43.5	14.6	78.1
上 海	615.7	262.0	397.0	387.6	190.0	720.9	714.8	556.7
江 苏	318.5	303.5	401.0	314.4	301.8	565.8	481.0	1050.0
浙 江	581.4	328.4	732.0	763.7	405.6	1232.7	818.8	2447.4
安 徽	71.0	79.9	155.0	205.0	79.2	113.8	169.0	195.8
福 建	100.1	32.4	68.0	217.1	141.6	174.9	153.1	192.7
江 西	115.3	112.9	103.0	156.8	96.3	447.9	88.0	115.3
山 东	110.3	158.6	193.0	305.9	188.0	404.4	311.2	519.9
河 南	142.3	114.4	163.0	347.9	153.3	357.7	625.8	1370.0
湖 北	180.9	154.4	155.0	185.2	71.5	165.3	202.2	933.6
湖 南	153.6	152.6	387.0	598.5	373.2	885.1	469.5	843.3
广 东	509.8	151.5	455.0	313.8	176.5	470.6	258.2	633.6
广 西	70.3	31.4	15.0	63.1	173.4	240.1	84.0	11.7
海 南	24.7	26.1	149.0	564.4	230.3	319.9	138.6	379.5
重 庆	75.2	9.7	97.0	49.0	64.5	105.9	91.3	315.7
四 川	246.0	49.7	150.0	214.3	86.9	312.8	88.3	176.7
贵 州	12.9		10.0	45.4	2.4	34.2	12.1	50.0
云 南	49.3	26.6	75.0	115.3	323.7	436.0	186.6	211.0
西 藏	11.6	3.3	2.0	58.4	10.8	3.8	0.4	11.6
陕 西	124.2	118.3	211.0	235.6	205.6	75.4	117.2	319.0
甘 肃	42.1	36.9	137.0	105.1	69.1	83.2	59.6	260.6
青 海	7.4	7.0	25.0	12.3	4.9	32.9	15.2	45.5
宁 夏	13.4		102.0	10.0	9.0	7.7	2.4	16.5
新 疆	9.0	20.1	66.0	52.7	44.3	6.9	12.1	50.3

10-2-1 各地区广播节目综合人口覆盖率

单位：%

地区	广播节目综合人口覆盖率							
	2010	2015	2018	2019	2020	2021	2022	2023
全国	**96.8**	**98.2**	**98.9**	**99.1**	**99.4**	**99.5**	**99.6**	**99.7**
北京	100.0	100.0	100.0	100.0	100.0	100.0	100.0	100.0
天津	100.0	100.0	100.0	100.0	100.0	100.0	100.0	100.0
河北	99.3	99.3	99.4	99.6	99.8	99.8	99.8	99.8
山西	93.3	98.5	98.8	98.9	99.2	98.8	99.0	99.0
内蒙古	96.6	99.0	99.2	99.2	99.7	99.7	99.7	99.8
辽宁	98.5	99.0	99.1	99.2	99.4	99.5	99.5	99.5
吉林	98.5	98.6	99.0	99.4	99.4	99.5	99.6	99.6
黑龙江	98.6	98.6	99.0	99.2	99.9	99.9	100.0	100.0
上海	100.0	100.0	100.0	100.0	100.0	100.0	100.0	100.0
江苏	100.0	100.0	100.0	100.0	100.0	100.0	100.0	100.0
浙江	99.2	99.6	99.7	99.7	99.8	99.8	99.8	99.8
安徽	97.3	98.8	99.8	99.9	99.9	99.9	100.0	100.0
福建	97.8	98.7	99.0	99.6	99.8	99.9	99.9	99.9
江西	96.8	97.6	98.5	98.6	99.1	99.2	99.5	99.6
山东	98.1	98.8	99.1	99.1	99.4	99.5	99.7	99.7
河南	97.3	98.3	99.1	99.4	99.6	99.7	99.7	99.7
湖北	98.1	99.1	99.7	99.8	99.9	99.9	99.9	99.9
湖南	92.0	94.1	99.0	99.4	99.4	99.4	99.4	99.4
广东	98.0	99.9	100.0	100.0	100.0	100.0	100.0	100.0
广西	94.5	96.7	97.6	97.8	98.2	98.6	98.8	99.3
海南	96.4	96.5	99.1	99.1	99.2	99.4	99.5	99.5
重庆	95.7	98.6	99.0	99.2	99.4	99.5	99.5	99.6
四川	96.2	97.1	97.8	98.2	98.9	99.2	99.4	99.5
贵州	87.6	92.3	93.9	94.6	95.4	96.0	99.0	99.7
云南	95.4	96.7	98.7	99.0	99.3	99.6	99.6	99.7
西藏	90.3	94.8	97.1	98.1	99.1	99.2	99.4	99.5
陕西	96.7	98.1	98.8	98.9	99.3	99.4	99.5	99.5
甘肃	93.5	98.0	98.5	98.6	99.3	99.4	99.5	99.5
青海	90.0	98.0	98.6	98.8	99.1	99.1	99.2	99.2
宁夏	92.9	96.6	99.0	99.6	99.8	99.9	99.9	99.9
新疆	94.9	96.6	97.8	98.3	98.7	99.2	99.2	99.2

10-2-1 续表

单位：%

地区	其中：乡村							
	2010	2015	2018	2019	2020	2021	2022	2023
全国	**95.6**	**97.5**	**98.6**	**98.8**	**99.2**	**99.3**	**99.5**	**99.6**
北京	100.0	100.0	100.0	100.0	100.0	100.0	100.0	100.0
天津	100.0	100.0	100.0	100.0	100.0	100.0	100.0	100.0
河北	99.1	99.1	99.2	99.4	99.7	99.7	99.7	99.7
山西	90.2	97.4	98.1	98.3	98.8	98.2	98.4	98.4
内蒙古	94.0	98.4	98.8	98.9	99.4	99.6	99.6	99.6
辽宁	97.3	98.2	98.4	98.6	99.0	99.1	99.1	99.2
吉林	97.8	98.0	98.8	99.2	99.3	99.4	99.5	99.5
黑龙江	97.7	98.4	99.4	99.6	99.9	100.0	100.0	100.0
上海	100.0	100.0	100.0	100.0	100.0	100.0	100.0	100.0
江苏	100.0	100.0	100.0	100.0	100.0	100.0	100.0	100.0
浙江	99.1	99.5	99.7	99.7	99.7	99.8	99.8	99.7
安徽	96.8	98.4	99.8	99.8	99.9	99.9	99.9	99.9
福建	97.4	98.3	98.8	99.5	99.8	99.8	99.8	99.9
江西	96.2	97.1	98.2	98.4	98.9	99.0	99.2	99.4
山东	97.6	98.5	98.9	98.9	99.2	99.3	99.5	99.6
河南	96.9	97.9	98.9	99.4	99.6	99.6	99.7	99.7
湖北	97.5	98.8	99.6	99.7	99.8	99.8	99.8	99.9
湖南	87.5	90.7	98.3	99.0	98.9	99.0	99.0	99.0
广东	96.1	99.8	100.0	100.0	100.0	99.9	99.9	100.0
广西	93.6	96.2	96.9	97.2	97.8	98.2	98.5	99.2
海南	95.5	95.4	98.5	98.5	98.8	99.2	99.4	99.4
重庆	94.6	98.1	98.6	98.8	99.2	99.3	99.3	99.4
四川	95.4	96.4	97.2	97.7	98.5	99.0	99.2	99.4
贵州	85.6	91.5	93.7	94.1	95.0	95.3	98.6	99.6
云南	94.4	96.0	98.3	98.7	99.1	99.5	99.5	99.6
西藏	88.6	93.8	96.6	97.6	99.2	99.3	99.4	99.6
陕西	96.0	97.6	98.5	98.3	99.0	99.1	99.2	99.3
甘肃	91.9	97.6	98.1	98.3	99.1	99.2	99.2	99.3
青海	86.9	97.2	98.0	98.3	98.7	98.6	98.7	99.0
宁夏	89.8	94.3	98.4	99.4	99.5	99.9	99.9	99.9
新疆	94.0	96.4	97.5	98.0	98.5	99.0	99.0	99.0

10-2-2 各地区电视节目综合人口覆盖率

单位：%

地 区	电视节目综合人口覆盖率							
	2010	2015	2018	2019	2020	2021	2022	2023
全 国	**97.6**	**98.8**	**99.3**	**99.4**	**99.6**	**99.7**	**99.8**	**99.8**
北 京	100.0	100.0	100.0	100.0	100.0	100.0	100.0	100.0
天 津	100.0	100.0	100.0	100.0	100.0	100.0	100.0	100.0
河 北	99.3	99.3	99.3	99.7	99.8	99.9	99.9	99.9
山 西	97.5	99.3	99.6	99.6	99.7	99.2	99.3	99.3
内蒙古	95.4	99.1	99.2	99.2	99.7	99.7	99.7	99.8
辽 宁	98.6	99.1	99.2	99.3	99.4	99.5	99.5	99.5
吉 林	98.6	98.8	99.1	99.4	99.5	99.6	99.6	99.6
黑龙江	98.8	98.8	99.1	99.1	99.9	99.9	100.0	100.0
上 海	100.0	100.0	100.0	100.0	100.0	100.0	100.0	100.0
江 苏	99.9	100.0	100.0	100.0	100.0	100.0	100.0	100.0
浙 江	99.4	99.7	99.8	99.8	99.8	99.9	99.9	99.9
安 徽	97.5	98.9	99.8	99.9	99.9	99.9	99.9	100.0
福 建	98.4	98.9	99.2	99.7	99.8	99.9	99.9	99.9
江 西	98.0	98.6	99.1	99.1	99.5	99.6	99.8	99.8
山 东	97.9	98.5	99.1	99.1	99.6	99.7	99.7	99.7
河 南	97.4	98.4	99.0	99.5	99.6	99.6	99.7	99.7
湖 北	98.1	99.0	99.6	99.7	99.8	99.9	99.9	99.9
湖 南	96.4	98.0	99.6	99.7	99.7	99.8	99.8	99.8
广 东	98.0	99.9	100.0	100.0	100.0	100.0	100.0	100.0
广 西	96.5	98.3	98.8	98.9	99.1	99.3	99.5	99.6
海 南	95.4	95.5	99.1	99.1	99.2	99.4	99.5	99.5
重 庆	97.4	99.1	99.3	99.4	99.5	99.6	99.7	99.7
四 川	97.3	98.2	98.8	98.9	99.3	99.6	99.7	99.8
贵 州	92.6	96.0	96.8	97.0	97.5	97.8	99.2	99.8
云 南	96.4	97.7	98.9	99.1	99.4	99.6	99.7	99.7
西 藏	91.4	96.0	98.2	98.6	99.2	99.4	99.6	99.7
陕 西	97.7	98.7	99.3	99.4	99.6	99.7	99.7	99.7
甘 肃	93.7	98.5	98.8	98.9	99.4	99.5	99.5	99.5
青 海	95.0	98.0	98.7	98.8	99.1	99.2	99.2	99.2
宁 夏	98.2	99.2	99.8	99.9	99.9	100.0	100.0	100.0
新 疆	95.3	97.0	98.1	98.5	98.9	99.2	99.3	99.4

10-2-2 续表 单位：%

地区	其中：乡村							
	2010	2015	2018	2019	2020	2021	2022	2023
全国	**96.8**	**98.3**	**99.0**	**99.2**	**99.4**	**99.5**	**99.6**	**99.7**
北京	100.0	100.0	100.0	100.0	100.0	100.0	100.0	100.0
天津	100.0	100.0	100.0	100.0	100.0	100.0	100.0	100.0
河北	99.0	99.0	99.1	99.5	99.8	99.8	99.8	99.8
山西	96.2	98.8	99.4	99.3	99.4	98.9	99.0	99.0
内蒙古	91.9	98.4	98.7	98.8	99.4	99.5	99.5	99.6
辽宁	97.6	98.3	98.6	98.7	98.9	99.1	99.1	99.1
吉林	97.9	98.2	98.7	99.0	99.3	99.4	99.5	99.5
黑龙江	98.0	98.7	99.6	99.6	99.9	99.9	99.9	99.9
上海	100.0	100.0	100.0	100.0	100.0	100.0	100.0	100.0
江苏	99.9	100.0	100.0	100.0	100.0	100.0	100.0	100.0
浙江	99.3	99.6	99.8	99.8	99.8	99.9	99.9	99.9
安徽	97.1	98.6	99.8	99.8	99.9	99.9	99.9	99.9
福建	98.2	98.7	99.0	99.6	99.8	99.8	99.9	99.9
江西	97.6	98.2	98.8	98.9	99.4	99.4	99.6	99.8
山东	97.4	98.3	98.9	99.0	99.5	99.6	99.7	99.7
河南	97.0	98.2	98.9	99.4	99.5	99.6	99.6	99.7
湖北	97.5	98.7	99.4	99.6	99.7	99.8	99.8	99.8
湖南	94.4	96.9	99.5	99.6	99.6	99.6	99.6	99.6
广东	96.1	99.9	100.0	100.0	100.0	100.0	100.0	100.0
广西	95.9	98.0	98.4	98.6	99.0	99.1	99.3	99.6
海南	94.1	93.9	98.6	98.6	98.9	99.2	99.4	99.5
重庆	96.9	98.8	99.0	99.2	99.3	99.4	99.5	99.6
四川	96.7	97.8	98.6	98.7	99.2	99.5	99.6	99.7
贵州	91.5	95.5	96.7	96.7	97.2	97.3	98.9	99.7
云南	95.6	97.2	98.5	98.9	99.2	99.5	99.6	99.6
西藏	90.0	95.1	97.8	98.3	99.3	99.3	99.6	99.8
陕西	97.3	98.3	99.1	99.0	99.5	99.5	99.5	99.5
甘肃	92.4	98.1	98.5	98.7	99.3	99.3	99.3	99.4
青海	93.0	97.3	98.1	98.4	98.7	98.7	98.7	98.9
宁夏	97.4	98.7	99.6	99.8	99.9	100.0	100.0	100.0
新疆	93.9	96.7	97.8	98.2	98.6	99.1	99.2	99.3

10-2-3 各地区有线广播电视实际用户数

单位：万户

地区	有线广播电视实际用户数							
	2010	2015	2018	2019	2020	2021	2022	2023
全 国	**18872.2**	**23566.8**	**21832.4**	**20661.4**	**20745.3**	**20423.2**	**19964.2**	**20182.3**
北 京	448.1	569.1	594.6	598.9	606.2	614.7	612.5	617.5
天 津	262.2	344.4	352.9	356.0	358.5	361.0	362.4	359.4
河 北	670.4	922.5	734.6	695.8	616.3	627.8	607.4	702.9
山 西	424.0	519.8	382.0	372.5	412.8	398.7	383.6	322.9
内蒙古	313.9	347.3	228.4	218.2	207.0	216.9	269.6	245.5
辽 宁	752.6	934.6	732.8	663.5	598.9	566.0	508.7	479.2
吉 林	452.4	595.4	453.5	435.6	617.7	621.6	622.7	630.2
黑龙江	521.3	685.7	591.6	666.2	585.0	564.0	549.8	519.4
上 海	573.0	745.5	484.0	452.7	751.4	753.6	755.1	749.5
江 苏	1885.9	2225.9	1640.6	1545.7	1528.3	1335.5	1248.2	1215.6
浙 江	1183.6	1562.6	1434.7	1346.7	1321.4	1304.1	1251.4	1302.7
安 徽	461.1	830.0	796.0	786.6	795.3	789.9	810.3	776.6
福 建	613.2	730.7	716.2	727.4	726.8	733.5	730.2	725.1
江 西	439.5	669.8	618.2	551.8	544.8	525.6	536.3	564.4
山 东	1650.9	1806.8	1684.2	1579.2	1570.6	1550.0	1471.9	1430.9
河 南	725.1	1013.3	974.9	903.1	748.4	666.1	636.7	613.9
湖 北	894.1	1067.8	1082.8	1071.5	1202.6	1257.1	1272.0	1285.5
湖 南	641.5	1133.6	1014.6	790.5	678.5	631.3	639.2	584.0
广 东	1701.5	1972.8	1844.9	1767.0	1705.7	1709.8	1535.9	1733.5
广 西	467.9	670.0	689.3	674.3	734.0	780.6	782.5	793.8
海 南	79.7	115.3	226.7	155.8	143.5	133.9	126.0	123.2
重 庆	492.1	478.0	736.8	624.1	606.3	610.6	613.7	621.5
四 川	1299.7	1367.4	1181.6	1023.4	968.9	929.8	889.1	932.2
贵 州	335.2	421.9	702.9	813.0	836.9	869.1	909.9	920.4
云 南	496.0	442.4	460.3	376.3	417.0	409.3	392.8	345.8
西 藏	17.5	23.5	24.2	24.6	23.5	28.1	24.6	20.6
陕 西	507.4	694.9	730.8	745.8	751.0	758.7	751.0	754.8
甘 肃	206.9	233.6	191.6	174.8	164.6	162.0	156.5	294.6
青 海	39.8	69.2	95.9	97.2	97.7	98.1	99.0	98.6
宁 夏	70.6	102.4	105.7	108.0	110.8	122.3	122.9	124.5
新 疆	245.0	270.8	325.1	315.3	314.9	293.8	292.2	293.4

10-2-3 续表 单位：万户

地区	其中：乡村							
	2010	2015	2018	2019	2020	2021	2022	2023
全　国	**7293.3**	**8250.5**	**7404.0**	**7322.1**	**7055.5**	**6718.9**	**6585.0**	**6492.6**
北　京	64.6	79.1	89.7	91.4	96.3	97.1	97.8	98.4
天　津	40.0	25.9	56.0	49.6	50.2	50.4	50.6	45.8
河　北	251.4	260.7	166.9	163.3	163.2	128.6	145.4	125.9
山　西	140.5	173.2	112.4	104.3	102.6	92.3	106.7	89.8
内蒙古	80.1	46.1	19.7	14.2	40.3	40.3	43.0	42.7
辽　宁	231.1	230.4	194.1	170.2	149.4	140.0	127.1	110.9
吉　林	170.8	208.1	157.7	150.6	208.9	212.3	209.2	211.4
黑龙江	202.8	162.2	125.9	106.3	112.1	107.2	103.2	92.8
上　海	69.9	62.0	41.7	40.7	14.3			
江　苏	1064.7	1204.4	713.7	696.8	587.3	496.7	438.3	470.8
浙　江	715.1	974.5	892.6	857.0	811.4	776.9	706.3	704.9
安　徽	156.8	403.5	281.7	276.5	267.3	268.4	277.1	255.1
福　建	276.5	356.4	475.1	460.5	477.3	496.2	479.8	466.0
江　西	182.0	326.1	439.2	315.6	272.9	251.8	292.6	287.6
山　东	899.7	837.4	748.8	691.5	774.4	647.9	661.8	756.4
河　南	261.8	398.9	308.9	295.5	216.1	184.9	168.9	134.6
湖　北	388.9	463.7	394.2	395.7	508.0	563.8	567.2	573.2
湖　南	197.5	328.5	311.0	260.2	154.0	133.4	129.3	90.2
广　东	433.6	204.5	368.6	400.4	424.6	363.2	327.0	316.3
广　西	185.5	305.2	217.1	246.3	293.1	317.3	312.1	310.2
海　南	19.5	40.4	70.3	50.5	46.8	43.1	40.7	37.6
重　庆	186.1	130.9	83.8	74.7	159.0	155.1	153.1	164.7
四　川	588.8	497.0	337.3	345.9	293.0	286.7	276.0	265.0
贵　州	91.8	120.1	368.6	419.4	430.8	451.1	478.0	463.7
云　南	191.4	146.5	134.7	113.0	131.7	124.5	118.6	96.3
西　藏	2.6	2.8		0.0		0.1	0.0	0.0
陕　西	129.2	188.6	235.0	483.6	238.3	252.0	246.7	247.2
甘　肃	51.4	28.5	29.6	28.3	19.5	18.5	13.8	27.2
青　海	1.0	2.5	2.0	1.6	0.9	0.5	0.4	0.3
宁　夏	1.6		3.5	3.5	3.5	11.3	11.3	6.4
新　疆	16.7	42.2	24.5	14.9	8.5	7.4	3.2	1.1

10-2-4 各地区有线广播电视实际用户数占家庭总户数的比重

单位：%

地 区	有线广播电视实际用户数占家庭总户数的比重							
	2010	2015	2018	2019	2020	2021	2022	2023
全 国	**46.4**	**54.6**	**49.0**	**46.2**	**46.2**	**44.6**	**43.7**	**43.5**
北 京	91.7	108.9	109.5	109.1	109.4	110.2	112.3	117.7
天 津	78.0	98.0	91.6	89.8	88.3	86.8	85.0	83.0
河 北	31.1	39.2	30.4	26.5	25.6	23.8	23.9	26.7
山 西	37.9	39.5	29.3	28.8	31.9	110.5	109.8	70.4
内蒙古	41.2	41.6	23.3	25.3	23.4	23.3	29.9	26.7
辽 宁	51.1	61.7	47.9	43.4	38.8	36.6	34.8	30.8
吉 林	48.8	59.1	44.0	42.5	60.1	60.6	63.2	61.6
黑龙江	42.9	45.7	38.6	42.9	39.4	40.2	39.1	38.1
上 海	100.0	100.0	88.6	82.0	135.1	134.3	195.9	130.8
江 苏	78.5	91.4	66.4	61.9	60.6	52.3	48.4	46.8
浙 江	74.1	95.8	85.8	79.5	77.1	74.9	71.0	73.3
安 徽	22.6	39.1	37.1	36.4	36.6	36.3	36.7	35.0
福 建	61.4	69.1	65.2	67.3	63.5	63.1	64.5	61.1
江 西	34.0	52.8	48.1	42.5	41.7	35.5	36.2	38.0
山 东	57.3	58.5	53.0	49.2	47.9	45.4	42.8	41.1
河 南	24.3	31.9	29.9	27.5	22.7	20.1	19.2	18.5
湖 北	45.3	52.1	51.6	51.2	57.3	60.2	60.9	61.4
湖 南	30.2	55.5	47.9	37.1	31.7	26.4	27.4	24.6
广 东	71.2	90.4	71.1	65.5	66.6	54.4	43.3	49.5
广 西	31.2	42.8	43.5	42.1	45.7	46.3	46.4	47.1
海 南	34.2	43.5	85.7	58.2	53.4	49.9	46.6	45.4
重 庆	44.3	38.3	58.4	49.2	48.8	50.8	50.9	48.1
四 川	45.2	43.0	36.5	31.8	29.9	29.2	28.1	29.1
贵 州	30.0	33.1	53.2	59.9	62.3	65.2	67.5	70.5
云 南	40.2	31.0	33.0	26.4	29.1	25.9	25.9	22.7
西 藏	25.8	31.8	30.6	30.6	29.1	27.8	24.3	17.8
陕 西	43.2	54.9	56.2	72.6	56.5	56.5	55.3	55.2
甘 肃	27.4	28.2	22.7	20.6	19.6	18.5	17.9	33.6
青 海	27.2	39.3	53.9	54.3	66.9	57.3	48.5	47.7
宁 夏	37.2	48.8	48.4	48.3	48.0	44.8	44.8	47.2
新 疆	32.8	34.5	43.2	42.1	40.1	33.3	33.4	34.5

注：新疆数据不含兵团。

10-2-4 续表 单位：%

地区	其中：乡村							
	2010	2015	2018	2019	2020	2021	2022	2023
全 国	**29.4**	**33.5**	**31.2**	**31.7**	**30.2**	**33.1**	**31.9**	**31.8**
北 京	55.4	73.7	87.6	90.2	96.0	99.1	86.5	
天 津	33.5	20.9	45.6	40.0	40.5	69.7	70.0	63.3
河 北	16.8	15.9	10.7	14.0	10.9	12.0	14.1	11.8
山 西	26.7	31.7	23.3	22.5	22.5	83.5	116.7	56.4
内蒙古	23.9	14.1	5.4	3.8	11.3	12.2	13.3	13.2
辽 宁	34.7	33.8	30.0	25.4	22.8	21.7	19.8	17.1
吉 林	35.7	43.4	36.2	35.7	46.5	49.7	43.9	42.2
黑龙江	36.4	23.7	20.5	17.5	18.4	19.4	18.9	17.1
上 海	73.3	76.0	53.1	42.6	15.2			
江 苏	71.9	89.0	50.6	51.1	41.8	35.5	32.3	34.5
浙 江	61.3	81.8	74.5	70.1	68.1	111.0	67.5	99.2
安 徽	11.2	27.7	19.4	18.9	18.7	18.9	20.0	19.1
福 建	43.1	47.4	64.2	63.9	59.5	62.4	62.9	58.0
江 西	21.6	46.9	71.6	51.7	44.9	43.6	51.4	50.6
山 东	47.4	42.6	41.0	38.5	43.5	36.6	37.5	43.9
河 南	12.8	19.6	14.8	13.9	10.1	12.0	10.9	8.7
湖 北	32.7	42.4	36.1	37.6	48.1	63.1	57.9	58.6
湖 南	15.8	31.7	32.2	27.7	16.8	13.6	13.8	9.6
广 东	37.8	20.1	52.1	52.4	52.7	59.2	41.7	31.3
广 西	18.3	39.2	19.9	22.3	25.4	40.5	40.4	39.7
海 南	15.9	29.3	46.8	33.5	30.1	27.6	25.3	25.3
重 庆	25.5	18.3	11.9	10.9	28.6	29.3	28.5	28.1
四 川	29.7	24.1	16.9	17.7	15.2	15.1	14.8	14.2
贵 州	10.0	11.7	44.1	54.2	57.6	61.8	72.8	78.1
云 南	21.4	15.7	15.2	12.7	16.4	17.4	15.9	13.5
西 藏	4.8	5.1		0.0	0.0	0.1	0.1	0.1
陕 西	18.3	28.7	48.2	127.2	52.7	59.5	60.2	60.9
甘 肃	10.8	5.8	5.9	5.6	3.8	4.6	3.5	6.8
青 海	1.2	2.6	2.0	1.7	1.0	0.6	0.5	0.4
宁 夏	1.5		4.1	4.1	4.0	12.6	12.8	8.0
新 疆	5.7	12.6	7.2	4.3	2.3	2.3	1.0	0.4

10-2-5 各地区公共广播节目播出时间

单位：万小时

地 区	公共广播节目播出时间							
	2010	2015	2018	2019	2020	2021	2022	2023
全 国	**1266.0**	**1421.8**	**1526.7**	**1553.4**	**1580.7**	**1589.5**	**1602.2**	**1616.0**
北 京	11.9	17.2	18.1	18.2	17.4	12.4	12.4	10.7
天 津	13.3	14.7	15.2	15.0	14.2	14.4	14.3	14.4
河 北	58.4	65.3	80.1	83.3	88.6	90.7	91.7	95.8
山 西	37.1	41.3	50.6	57.4	56.2	56.2	56.6	56.8
内蒙古	63.6	68.4	66.4	67.4	69.7	68.5	68.8	68.1
辽 宁	71.6	68.0	68.9	68.8	68.1	68.6	67.7	66.7
吉 林	40.8	49.5	55.1	58.1	59.3	59.4	59.4	59.3
黑龙江	41.9	48.9	58.8	60.1	54.7	57.2	57.9	55.8
上 海	13.1	13.6	15.1	14.9	15.1	13.6	14.3	15.2
江 苏	77.5	78.0	77.8	77.0	75.4	74.3	75.6	77.6
浙 江	71.0	76.2	77.1	76.8	77.3	77.2	76.6	75.5
安 徽	50.4	54.0	55.9	58.2	61.1	65.0	65.6	65.5
福 建	50.6	52.4	52.9	53.1	52.6	52.9	53.8	53.3
江 西	34.5	40.8	37.1	37.7	38.6	39.1	37.9	36.9
山 东	83.9	93.9	97.0	102.4	103.0	102.9	105.3	104.6
河 南	62.6	67.5	69.4	69.7	72.7	72.5	73.6	77.4
湖 北	44.7	47.8	53.5	52.7	58.5	59.1	61.1	60.8
湖 南	33.5	41.1	47.1	48.4	52.6	53.4	54.7	56.3
广 东	76.5	74.7	80.8	81.9	80.1	82.9	84.7	83.5
广 西	27.7	37.7	42.6	42.9	43.6	43.1	42.3	44.2
海 南	10.8	12.2	14.2	14.5	14.3	14.7	15.8	15.8
重 庆	10.9	16.8	17.5	20.1	21.4	20.8	20.8	20.9
四 川	52.7	65.8	71.1	69.4	71.3	73.7	72.5	73.9
贵 州	15.8	25.3	25.7	25.5	26.2	28.0	27.7	29.8
云 南	27.2	30.6	38.0	39.4	42.6	44.6	45.4	45.4
西 藏	3.9	5.8	15.2	15.3	15.9	15.9	15.5	15.3
陕 西	40.6	47.0	46.7	45.2	48.6	47.0	48.7	50.1
甘 肃	27.2	34.2	37.9	37.2	38.5	38.9	38.5	39.2
青 海	5.6	9.5	21.1	25.5	25.5	25.9	26.4	28.4
宁 夏	10.2	11.6	14.0	13.3	12.8	13.7	13.3	13.2
新 疆	73.0	85.7	87.9	85.9	86.4	84.8	86.3	88.5

注：广播、电视相关指标全国总数中包含中央级数据。以下相关表同。

10-2-5　续表　　单位：万小时

地　区	其中：少儿广播节目			
	2020	2021	2022	2023
全　国	**28.8**	**28.8**	**27.8**	**27.1**
北　京	0.2	0.1	0.1	0.2
天　津	0.0	0.0	0.0	0.0
河　北	1.4	1.5	1.5	1.2
山　西	0.9	0.9	0.8	0.9
内蒙古	1.1	1.0	1.1	1.1
辽　宁	1.4	1.5	1.0	1.0
吉　林	0.8	0.7	0.8	0.7
黑龙江	0.5	0.5	0.6	0.7
上　海	0.2	0.3	0.2	0.2
江　苏	1.3	1.4	1.4	1.4
浙　江	1.2	1.1	1.3	1.3
安　徽	1.3	1.4	1.4	1.1
福　建	0.6	0.7	0.7	0.6
江　西	1.0	1.2	1.1	1.0
山　东	1.5	1.5	1.5	1.5
河　南	1.2	1.3	1.3	1.2
湖　北	1.5	1.1	1.0	1.1
湖　南	1.1	1.1	1.1	1.1
广　东	2.5	1.8	1.7	1.5
广　西	0.5	0.7	0.7	0.8
海　南	0.2	0.3	0.3	0.2
重　庆	0.3	0.2	0.3	0.3
四　川	1.7	1.8	1.6	1.5
贵　州	0.3	0.3	0.3	0.3
云　南	0.9	1.0	1.1	1.2
西　藏	1.1	1.0	0.9	0.8
陕　西	1.2	1.2	1.2	1.1
甘　肃	0.7	0.8	0.7	0.7
青　海	0.7	0.5	0.5	0.8
宁　夏	0.2	0.1	0.1	0.1
新　疆	1.3	1.5	1.4	1.5

10-2-6 各地区公共电视节目播出时间

单位：万小时

地区	公共电视节目播出时间							
	2010	2015	2018	2019	2020	2021	2022	2023
全国	**1635.5**	**1779.6**	**1925.0**	**1951.0**	**1988.3**	**2014.0**	**2003.6**	**2001.6**
北京	10.8	12.8	13.7	12.9	13.6	16.3	17.6	17.2
天津	15.2	16.9	16.2	15.3	14.6	17.1	18.4	17.4
河北	74.2	80.2	86.1	92.8	98.7	97.7	98.0	96.0
山西	46.9	48.8	64.0	63.6	65.1	62.8	63.2	65.5
内蒙古	63.2	64.7	64.9	66.4	68.5	68.9	68.8	67.8
辽宁	70.4	74.3	77.5	79.1	80.7	77.1	66.7	63.2
吉林	48.8	52.6	52.4	52.1	52.5	52.6	53.5	54.4
黑龙江	66.1	60.5	59.3	60.3	61.0	62.2	61.0	59.9
上海	17.5	17.8	17.9	16.0	13.9	13.0	13.6	13.9
江苏	81.1	78.5	75.8	75.8	79.3	76.9	77.2	78.6
浙江	71.2	75.4	74.4	73.8	70.7	72.4	71.1	70.8
安徽	64.1	61.4	64.6	64.7	64.8	73.1	74.2	75.4
福建	33.4	36.5	39.5	41.3	42.3	47.7	47.7	48.5
江西	65.1	67.4	66.5	68.5	65.8	65.5	65.6	67.0
山东	95.3	115.5	141.8	142.4	144.8	147.9	148.7	150.2
河南	86.9	90.9	95.9	95.5	94.8	94.0	93.6	93.5
湖北	65.6	67.6	72.0	68.9	70.3	72.2	69.9	70.0
湖南	71.4	76.0	75.7	76.4	78.3	79.8	80.1	81.4
广东	66.3	72.8	84.8	87.8	90.3	85.9	83.7	83.1
广西	48.1	57.6	60.5	60.6	63.8	66.9	64.4	64.3
海南	8.0	8.9	10.1	10.1	11.2	11.4	11.1	10.7
重庆	25.1	29.6	30.9	31.5	31.1	29.6	29.9	29.7
四川	99.3	114.7	115.8	118.8	116.7	121.5	121.6	118.9
贵州	24.7	27.2	45.2	47.5	51.3	56.4	58.1	61.6
云南	74.4	81.2	89.4	90.9	92.5	94.1	95.2	95.3
西藏	4.7	8.1	30.7	35.9	38.2	39.4	39.1	39.7
陕西	57.8	59.5	61.2	57.1	61.5	63.9	64.6	64.8
甘肃	41.5	48.7	55.3	54.8	58.4	58.0	57.5	56.7
青海	7.0	11.2	29.6	31.3	32.5	31.0	31.6	31.4
宁夏	15.3	17.2	17.0	16.9	17.2	18.3	17.8	17.9
新疆	93.7	109.3	112.1	113.9	115.4	111.6	110.4	106.9

10-2-6 续表

单位：万小时

地 区	其中：少儿电视节目			
	2020	2021	2022	2023
全 国	**63.1**	**62.6**	**64.3**	**63.6**
北 京	0.9	0.9	0.9	0.9
天 津	0.9	0.9	0.8	0.2
河 北	2.9	2.9	3.3	2.9
山 西	2.6	1.9	1.9	2.0
内蒙古	2.3	2.2	2.5	2.5
辽 宁	1.4	1.5	1.2	0.9
吉 林	0.5	0.7	0.6	0.7
黑龙江	0.8	1.2	1.3	1.6
上 海	1.7	1.9	1.9	1.9
江 苏	2.4	2.5	2.5	3.3
浙 江	2.4	2.5	2.5	2.3
安 徽	1.4	1.7	1.6	1.8
福 建	2.2	2.3	2.3	2.5
江 西	2.2	2.4	2.4	2.6
山 东	3.7	3.0	2.9	3.2
河 南	1.8	1.6	1.8	1.9
湖 北	2.2	2.3	2.4	2.2
湖 南	3.6	3.6	3.6	3.4
广 东	5.2	4.4	4.3	4.4
广 西	1.6	2.0	2.2	2.0
海 南	0.2	0.2	0.2	0.3
重 庆	1.5	1.3	1.7	1.4
四 川	3.6	3.8	3.9	4.1
贵 州	1.5	1.5	1.6	1.7
云 南	2.8	2.8	2.9	2.9
西 藏	1.0	1.1	1.5	1.0
陕 西	1.4	1.4	1.2	1.5
甘 肃	1.8	1.7	1.8	1.7
青 海	0.9	0.8	0.9	1.0
宁 夏	1.1	0.8	0.7	0.7
新 疆	3.8	3.9	3.8	3.1

10-2-7 各地区公共广播节目套数

单位：套

地 区	2010	2017	2018	2019	2020	2021	2022	2023
全 国	**2549**	**2825**	**2900**	**2914**	**2932**	**2941**	**2927**	**2918**
北 京	18	26	26	26	26	21	19	16
天 津	22	22	22	22	22	22	22	22
河 北	125	153	169	181	183	184	184	188
山 西	104	119	125	135	129	128	126	123
内蒙古	126	126	125	123	126	126	125	124
辽 宁	118	111	109	109	110	110	109	108
吉 林	65	80	80	82	83	83	83	82
黑龙江	94	107	108	108	101	106	105	99
上 海	21	22	22	22	23	21	21	22
江 苏	126	122	121	121	121	120	120	122
浙 江	107	112	112	112	112	112	112	111
安 徽	106	104	105	107	107	112	111	111
福 建	88	91	93	93	93	93	93	92
江 西	103	108	105	104	99	96	95	94
山 东	155	162	181	172	171	171	173	172
河 南	150	157	158	159	160	160	161	166
湖 北	85	90	94	96	98	100	100	102
湖 南	97	111	114	115	123	123	123	121
广 东	127	131	135	137	137	139	140	140
广 西	62	75	75	74	78	78	77	76
海 南	24	25	25	25	25	25	25	26
重 庆	26	35	35	34	37	39	31	32
四 川	119	146	144	150	154	154	154	146
贵 州	27	46	48	45	44	48	47	49
云 南	48	64	67	68	74	79	80	81
西 藏	7	28	30	30	30	30	30	30
陕 西	101	111	112	107	110	107	109	111
甘 肃	86	97	97	97	99	99	99	98
青 海	9	26	43	47	48	47	47	49
宁 夏	24	26	28	27	24	24	23	22
新 疆	155	169	169	163	162	161	160	161

10-2-8　各地区公共电视节目套数

单位：套

地　区	2010	2015	2018	2019	2020	2021	2022	2023
全　国	**3272**	**3442**	**3559**	**3609**	**3603**	**3613**	**3559**	**3511**
北　京	25	26	26	26	26	27	27	26
天　津	28	24	23	22	21	24	26	24
河　北	177	178	184	218	212	208	187	185
山　西	113	116	146	146	140	134	135	135
内蒙古	125	120	119	118	120	120	119	118
辽　宁	118	119	125	130	132	125	112	101
吉　林	75	76	75	77	77	77	77	77
黑龙江	124	117	105	104	104	104	102	99
上　海	25	25	25	23	21	21	21	21
江　苏	130	122	123	123	126	122	122	122
浙　江	113	115	112	112	110	113	113	113
安　徽	118	111	109	110	111	134	133	133
福　建	101	101	101	101	100	100	99	98
江　西	113	116	122	123	128	128	126	121
山　东	169	224	259	257	259	267	267	268
河　南	166	167	174	174	174	172	171	172
湖　北	114	113	116	114	114	115	114	110
湖　南	139	138	137	138	144	143	143	143
广　东	159	222	159	165	164	156	148	146
广　西	116	117	116	117	118	119	117	116
海　南	14	16	16	16	16	16	16	16
重　庆	45	46	46	47	52	48	45	45
四　川	205	212	213	217	206	212	212	209
贵　州	101	103	104	104	105	111	112	111
云　南	158	163	174	183	172	171	172	166
西　藏	10	14	82	82	82	82	82	81
陕　西	123	123	122	117	121	125	126	124
甘　肃	104	110	117	116	117	117	115	114
青　海	13	17	50	50	50	50	50	50
宁　夏	28	28	30	29	28	30	29	29
新　疆	196	220	219	216	219	207	205	202

10-3-1 各地区图书出版种数

单位：种

地区	图书种数							
	2010	2015	2018	2019	2020	2021	2022	2023
全国	**328387**	**475768**	**519250**	**505979**	**489051**	**529197**	**502246**	**540274**
北京	5670	11907	13759	12350	12803	14775	12354	13328
天津	4550	6421	7897	7819	7278	7857	7937	8904
河北	2264	6817	10434	9980	9938	10855	9472	10830
山西	2683	3812	3304	3380	3154	3187	3011	3298
内蒙古	2885	3125	3719	3641	3524	3049	2274	2634
辽宁	9060	10964	11487	10384	10557	11433	10694	12241
吉林	15553	23823	27824	25170	24577	27597	25523	28169
黑龙江	3515	6087	8709	8110	7638	8562	8302	8811
上海	19256	24492	30005	30876	28056	30082	26897	28105
江苏	14400	26503	30892	29534	26983	28273	25957	26955
浙江	8084	13701	15231	16083	14477	16211	16546	17422
安徽	5646	8902	10040	10066	10015	10121	10181	11135
福建	3415	3395	4359	4380	4405	4833	4784	4955
江西	3870	6729	8242	8337	9437	10217	10146	10744
山东	6987	14760	18312	16348	15303	15591	14699	17284
河南	4876	7410	8868	8950	8735	9670	9761	11174
湖北	10464	15543	13419	13052	13209	14910	16878	18255
湖南	7395	11815	9805	10397	10167	11045	11012	11971
广东	6354	10088	11033	11062	10970	11565	10557	12082
广西	7344	7532	6855	6096	6695	7054	6797	6933
海南	2629	3198	4240	3942	4088	4048	4317	4699
重庆	4690	6156	5568	5127	5008	5626	5412	5498
四川	6645	10038	14456	13885	12891	14406	12477	13769
贵州	823	738	1001	1222	1370	1202	1165	1266
云南	4598	8465	7056	7015	5879	6169	5348	6218
西藏	570	648	716	773	676	541	405	663
陕西	6378	10459	11923	11615	11569	12497	12918	13365
甘肃	1930	3412	3611	4026	3587	4562	3667	4810
青海	429	779	520	621	586	613	616	746
宁夏	905	2686	3303	3220	2855	2384	2085	2319
新疆	4980	11278	5789	3874	3561	4203	3855	4022

注：图书、期刊和报纸出版全国总数中包含中央级数据。以下相关表同。

10-3-1 续表

单位：种

地区	其中：新出版							
	2010	2015	2018	2019	2020	2021	2022	2023
全国	**189295**	**260426**	**247108**	**224762**	**213636**	**225253**	**205261**	**217041**
北京	3085	7118	7075	5923	6058	6242	5256	5718
天津	3372	4173	4974	4198	3973	3999	3749	4181
河北	1000	2436	2805	3477	3160	2928	2605	3095
山西	1573	2281	1888	1957	1885	1767	1768	2068
内蒙古	1266	1725	1668	1630	1317	1179	949	1278
辽宁	4925	5806	5421	4708	4829	5195	5149	5349
吉林	11575	13560	14187	13204	12720	13147	12083	12519
黑龙江	2422	4712	5832	4943	4761	5566	5403	5619
上海	11055	12752	14227	14017	12779	12885	10638	12467
江苏	7988	14646	11990	10459	10146	9844	9044	9027
浙江	4210	6940	6835	7131	6295	7041	7797	8069
安徽	2732	4832	4248	3767	3210	3558	3285	3265
福建	2320	2318	2372	2227	2267	2353	2073	2247
江西	2427	4424	4949	4820	4463	5246	4049	4050
山东	3605	6823	6196	5123	5230	5170	4902	5501
河南	2422	4118	4506	4384	3902	4286	4061	4217
湖北	6328	8932	6852	5847	5693	6472	6208	6372
湖南	4239	5333	3797	3942	3715	4293	4216	4767
广东	3305	6092	5795	5007	4534	5692	4938	5089
广西	3328	3367	2705	2340	2444	2776	2399	2571
海南	1111	1088	1843	1626	1500	1630	1393	1487
重庆	2585	2495	1773	1522	1567	1984	1839	1931
四川	3396	6074	8746	7305	6781	7190	6613	6709
贵州	642	564	674	696	879	787	756	748
云南	2746	4503	3995	3895	3211	3347	2738	3327
西藏	182	258	320	409	313	207	224	318
陕西	3189	5441	5566	4910	5045	4991	5263	5092
甘肃	1255	2161	1838	1863	1513	1948	1764	1903
青海	227	351	286	280	240	281	303	451
宁夏	585	1430	1544	1101	1147	1157	965	1001
新疆	2468	5394	2265	2401	1899	2757	1980	2166

10-3-2 各地区期刊出版种数

单位：种

地 区	2010	2015	2018	2019	2020	2021	2022	2023
全 国	**9884**	**10014**	**10139**	**10171**	**10192**	**10185**	**10139**	**10157**
北 京	173	172	174	174	171	171	171	170
天 津	257	254	256	252	250	249	236	234
河 北	230	227	227	227	226	225	216	217
山 西	201	201	202	202	202	199	198	198
内蒙古	149	147	152	152	151	151	150	149
辽 宁	326	320	322	322	321	322	312	312
吉 林	236	242	240	240	241	241	239	237
黑龙江	314	314	315	315	316	316	315	315
上 海	633	637	639	641	642	642	632	641
江 苏	464	468	472	476	476	478	453	453
浙 江	221	226	231	235	236	236	235	235
安 徽	184	186	186	186	186	186	181	181
福 建	179	176	176	174	174	174	174	174
江 西	160	165	166	166	166	166	165	165
山 东	271	270	276	277	277	279	268	269
河 南	250	248	248	247	252	252	245	244
湖 北	423	425	430	430	432	433	416	416
湖 南	252	254	259	260	260	259	253	253
广 东	387	389	387	387	387	387	380	380
广 西	185	184	181	181	179	179	177	177
海 南	42	44	42	43	42	42	41	41
重 庆	139	138	140	142	143	143	139	139
四 川	349	354	362	364	364	360	354	356
贵 州	89	90	93	93	93	93	93	92
云 南	127	127	129	129	129	129	127	127
西 藏	36	35	39	39	40	40	40	39
陕 西	286	287	287	287	288	288	269	270
甘 肃	138	134	131	131	132	131	131	131
青 海	48	54	54	54	55	55	55	56
宁 夏	36	37	37	37	37	37	37	36
新 疆	209	213	216	216	216	216	218	218

10-3-3 各地区报纸出版种数

单位：种

地 区	2010	2015	2018	2019	2020	2021	2022	2023
全 国	**1939**	**1906**	**1871**	**1851**	**1810**	**1752**	**1709**	**1669**
北 京	35	35	34	33	32	30	30	30
天 津	28	24	19	19	16	16	15	15
河 北	66	65	63	62	62	62	60	56
山 西	60	60	60	60	60	54	54	53
内蒙古	61	58	58	57	55	53	52	51
辽 宁	75	70	66	66	66	66	66	54
吉 林	52	52	51	51	51	46	46	44
黑龙江	70	68	68	64	56	51	49	48
上 海	72	70	70	70	67	67	67	63
江 苏	80	81	81	81	80	75	74	74
浙 江	70	68	66	66	66	66	66	63
安 徽	51	51	51	51	49	48	48	48
福 建	43	42	43	42	42	42	42	42
江 西	40	41	40	38	37	37	37	37
山 东	88	87	86	86	82	80	78	76
河 南	79	78	77	77	77	77	77	77
湖 北	74	73	73	73	73	68	68	68
湖 南	50	48	48	47	45	44	44	44
广 东	100	100	99	97	97	92	92	90
广 西	55	54	49	48	46	42	42	42
海 南	14	14	14	14	14	13	13	13
重 庆	26	27	27	27	27	27	27	27
四 川	87	88	84	79	79	72	70	66
贵 州	31	30	27	27	27	27	26	24
云 南	43	42	42	41	40	40	40	39
西 藏	23	25	27	27	26	26	24	24
陕 西	44	43	43	43	43	43	43	42
甘 肃	56	50	50	50	47	45	44	44
青 海	25	26	26	26	25	25	25	25
宁 夏	15	14	14	14	13	13	13	13
新 疆	99	104	102	102	101	101	80	80

10-4-1 全国体育场地情况

年 份	体育场地数量（万个）	体育场地面积（亿平方米）	人均体育场地面积（平方米）
1974	2.5		
1979	2.6		
1983	41.5		
1995	61.6	10.7	0.65
2003	85.0	16.2	1.03
2013	169.5	19.9	1.46
2018	316.2	25.9	1.86
2019	354.4	29.2	2.08
2020	371.3	31.0	2.20
2021	397.1	34.1	2.41
2022	422.7	37.0	2.62
2023	459.3	40.7	2.89

注：2018年以前为全国体育场地普查数据，2019年起为全国体育场地统计调查数据。

10-4-2　全国全民健身情况

单位：%

年　份	每周参加1次及以上体育锻炼人数比例	城镇	乡村	经常参加体育锻炼人数比例	城镇	乡村
2007				28.2	13.1	4.1
2014				33.9	19.5	10.4
2020	67.5	70.4	63.1	37.2	40.1	32.7

注：2007年调查对象年龄范围为16周岁及以上，2014年为6周岁及以上，2020年为7周岁及以上。

10-4-3　全国国民体质达标率

单位：%

年　份	达到《国民体质测定标准》“合格”等级以上的人数比例	城镇	乡村	男性	女性
2000	87.1				
2005	87.2				
2010	88.9	91.5	84.7	88.3	89.4
2014	89.6	91.1	87.2	88.2	91.1
2020	90.4	91.1	89.3	88.8	92.0

附录

主要指标解释

主要指标解释

幼有所育

孕产妇产前检查率　指年内产前接受过 1 次及以上产前检查的产妇人数与活产数之比。计算公式：

孕产妇产前检查率=该地区年内产前接受过 1 次及以上产前检查的产妇人数/该地区年内活产数×100%。

孕产妇产后访视率　指年内出院后 1 周内接受过 1 次及以上产后访视的产妇数与活产数之比。计算公式：

孕产妇产后访视率=该地区年内出院后 1 周内接受过 1 次及以上产后访视的产妇人数/该地区年内活产数×100%。

孕产妇系统管理率　指年内孕产妇系统管理人数与活产数之比。孕产妇系统管理人数指按系统管理要求，从妊娠至出院后 1 周内有过孕早期产前检查、至少 5 次产前检查、住院分娩和产后访视的产妇人数。计算公式：

孕产妇系统管理率=该地区年内孕产妇系统管理人数/该地区年内活产数×100%。

孕产妇死亡率　指年内孕产妇死亡人数与活产数之比。计算公式：

孕产妇死亡率=该地区年内孕产妇死亡人数/该地区年内活产数×100000/10 万。

新生儿访视率　指年内新生儿出院后 1 周内接受 1 次及 1 次以上访视的新生儿人数与活产数之比。计算公式：

新生儿访视率=该地区年内新生儿出院后 1 周内接受 1 次及 1 次以上访视的新生儿人数/该地区年内活产数×100%

新生儿死亡率　指年内出生至 28 天内（0—27 天）死亡的新生儿数与活产数之比。计算公式：

新生儿死亡率=该地区年内出生至 28 天内（0—27 天）死亡的新生儿数/该地区年内活产数×1000‰。

婴儿死亡率　指年内不满 1 周岁的婴儿死亡人数与活产数之比。计算公式：

婴儿死亡率=该地区年内不满 1 周岁的婴儿死亡人数/该地区年内活产数×1000‰。

5 岁以下儿童死亡率　指年内不满 5 周岁儿童死亡人数与活产数之比。计算公式：

5 岁以下儿童死亡率=该地区年内不满 5 周岁儿童死亡人数/该地区年内活产数×1000‰。

3 岁以下儿童系统管理率　指年内 3 岁以下儿童按年龄接受生长监测或 4∶2∶1（城市）或 3∶2∶1（农村）体格检查（身高和体重）的人数与当地 3 岁以下儿童数之比。计算公式：

3 岁以下儿童系统管理率=该地区年内 3 岁以下儿童按年龄接受生长监测或 4∶2∶1（城市）或 3∶2∶1（农村）体格检查（身高和体重）的人数/该地区年内 3 岁以下儿童数×100%。

7 岁以下儿童健康管理率　指年内接受 1 次及以上体格检查（身高和体重）的 0—6 岁儿童人数占当地 0—6 岁儿童数的比例。计算公式：

7 岁以下儿童健康管理率=该地区年内接受 1 次及以上体格检查（身高和体重）的 0—6 岁儿童人数/该地区年内 0—6 岁儿童数×100%。

每千人口拥有 3 岁以下婴幼儿托位数　指托育服务机构提供的托位总数/常住人口数×1000。

孤儿　指失去父母或查找不到生父母的未满 18 周岁、由地方县级以上民政部门依据有关规定和条件认定的、并已经领取了孤儿基本生活费的未成年人。

事实无人抚养儿童　指父母双方均符合重残、重病、服刑在押、强制隔离戒毒、被执行其他限制人身自由的措施、失联、被撤销监护资格、被遣送（驱逐）出境情形之一的儿童；或者父母一方死亡或失踪，另一方符合重残、重病、服刑在押、强制隔离戒毒、被执行其他限制人身自由的措施、失联、被撤销监护资格、被遣送（驱逐）出境情形之一的儿童。以上重残是指一级二级残疾或三级四级精神、智力残疾；重病由各地根据当地大病、地方病等实际情况确定；失联是指失去联系且未履行监护抚养责任6个月以上；服刑在押、强制隔离戒毒或被执行其他限制人身自由的措施是指期限在6个月以上；死亡是指自然死亡或人民法院宣告死亡，失踪是指人民法院宣告失踪；被撤销监护资格的情形是指人民法院依法判决撤销监护人资格；被遣送（驱逐）出境的情形是指外籍人员与内地居民生育子女后被依法遣送（驱逐）出境且未履行抚养义务。

被收养儿童数 指通过收养登记被家庭收养儿童人数的总和，分为以下八类：社会福利机构抚养的孤儿、社会福利机构抚养的未成年人、继子女收养、三代以内同辈旁系血亲的子女、非社会福利机构抚养的孤儿、非社会福利机构抚养的未成年人、生父母有特殊困难无力抚养的子女、生父母均不具备完全民事行为能力且具有严重危害可能的子女。

学有所教

学前教育毛入园率 指学前教育在园（班）幼儿数占3—5岁年龄组人口数（个别地区为4—6岁年龄组人口数）的百分比。计算公式：

学前教育毛入园率=在园（班）幼儿数/3—5岁年龄组人口数×100%。

普惠性幼儿园覆盖率 指公办幼儿园和普惠性民办幼儿园在园幼儿数占在园幼儿总数的比例。

九年义务教育巩固率 指初中毕业班学生数占该年级入小学一年级时学生数的百分比。计算公式：

九年义务教育巩固率=初中毕业班学生数/该年级入小学一年级时学生数×100%。

专任教师 指具有《中华人民共和国教师法》《教师资格条例》规定的教师资格，学校聘用的专职从事教学工作的教师岗位人员。

农村义务教育学生营养改善计划实施学生数 指实施农村义务教育学生营养改善计划地区（目前，全国除北京、天津、山东外，共有29个省份实施）实际享受营养膳食补助的学生总数，含国家试点和地方试点。

一体化教师 指在报告期内同时承担专业理论课教学和生产实习指导的教师或承担理论实习一体化教学的教师。

劳有所得

城镇登记失业人数 指具有本地城镇户口，有劳动能力，目前无业，有求职愿望并在街道（乡镇）劳动保障部门办理了求职登记的人员。

参加补贴性职业技能培训人次数 指在统计期内参加政府财政补贴的各类职业培训的人次数。

劳动人事争议调解案件数 指劳动人事争议调解组织当期受理案件数与劳动人事争议仲裁机构案外调解案件数之和。

失业保险参保人数 指报告期末城镇企业、事业单位职工参加失业保险的人数及按地方规定参加失业保险的其他人员人数之和。

失业保险基金支出 指报告期内为保障失业人员基本生活、促进其再就业等支出的基金总额。

工伤保险参保人数 指报告期末依据国家有关规定参加工伤保险的职工人数和有雇工的个体工商户的雇工数。

工伤保险基金支出 指按照国家政策规定的开支范围和开支标准从工伤保险基金中支付给参加工伤保险的人员及供养直系亲属工伤保险待遇支出及其他支出。

病有所医

专业公共卫生机构人员数 指专业公共卫生机构的卫生人员数。专业公共卫生机构包括疾病预防控制中心、专科疾病防治机构、妇幼保健机构、健康教育机构、急救中心（站）、采供血机构、卫生监督机构、计划生育技术服务机构。

甲乙类法定报告传染病发病率 指某年某地区每 10 万人口中甲乙类法定报告传染病发病数。计算公式：

甲乙类法定报告传染病发病率=甲乙类法定报告传染病发病数/常住人口数×100000。

甲乙类法定报告传染病死亡率 指某年某地区每 10 万人口中甲乙类法定报告传染病死亡数。计算公式：

甲乙类法定报告传染病死亡率=甲乙类法定报告传染病死亡数/常住人口数×100000。

新发职业病报告病例数 指职业病诊断机构依据有关职业病报告规范，向职业病监测机构报告其诊断的新发职业病病例数。

人均预期寿命 指新出生的婴儿预期存活的平均年数，又称出生期望寿命。

医疗卫生机构 指从卫生健康行政部门取得《医疗机构执业许可证》《中医诊所备案证》《计划生育技术服务许可证》，或从民政、工商行政、机构编制管理部门取得法人单位登记证书，为社会提供医疗服务、公共卫生服务或从事医学科研和在职培训等工作的单位。医疗卫生机构包括医院、基层医疗卫生机构、专业公共卫生机构、其他医疗卫生机构。

床位数 指年末医疗卫生机构实有床位数，又称实有床位数、病床数。实有床位包括正规床、简易床、监护床、超过半年的加床、正在消毒和修理的床位、因扩建或大修而停用的床位。不包括产科新生儿床、接产室待产床、库存床、观察床、临时加床和病人家属陪侍床。

基层医疗卫生机构 包括社区卫生服务中心、社区卫生服务站、街道卫生院、乡镇卫生院、村卫生室、门诊部、诊所（医务室）。

执业（助理）医师 指《医师执业证》“级别”为“执业（助理）医师”且实际从事医疗、预防保健工作的人员，不包括实际从事管理工作的执业（助理）医师。执业（助理）医师类别分为临床、中医、口腔和公共卫生四类。

医院病床使用率 指医院实际占用总床日数占医院实际开放总床日数的比例。其中医院实际开放总床日数指年内医院各科每日夜晚 12 点开放病床数总和，不论该床是否被病人占用，都应计算在内。包括消毒和小修理等暂停使用的病床，超过半年的加床。不包括因病房扩建或大修而停用的病床及临时增设病床。医院实际占用总床日数指医院各科每日夜晚 12 点实际占用病床数（即每日夜晚 12 点住院人数）总和。包括实际占用的临时加床在内。病人入院后于当晚 12 点前死亡或因故出院的病人，作为实际占用床位 1 天进行统计，同时亦应统计“出院者占用总床日数”1 天，入院及出院人数各 1 人。计算公式：

医院病床使用率=医院实际占用总床日数/医院实际开放总床日数×100%。

医院医师日均担负诊疗人次 指平均每名医院医师每个工作日担负的诊疗人次数。诊疗人次指所有诊疗工作的总人次数，统计界定原则为：①按挂号数统计，包括门诊、急诊、出诊、预约诊疗、单项健康检查、健康咨询指导（不含健康讲座）人次。患者 1 次就诊多次挂号，按实际诊疗次数统计，不包括根据医嘱进行的各项检查、治疗、处置工作量以及免疫接种、健康管理服务人次数；②未挂号就诊、本单位职工就诊及外出诊（不含外出会诊）不收取挂号费的，按实际诊疗人次统计。计算公式：

医院医师日均担负诊疗人次=（医院诊疗人次数/医院平均医师人数）/251。

职工基本医疗保险参保人数 指报告期末参加职工基本医疗保险（实施统账结合和单建统筹基金）的在职职工人数和退休人数的合计。

生育保险参保人数 指报告期末依照有关规定参加生育保险的人数。

城乡居民基本医疗保险参保人数 指报告期末，参加城乡居民基本医疗保险的人数。

基本医疗保险基金收入（含生育保险） 基本医疗保险基金收入包括职工基本医疗保险基金收入（含生育保险）和城乡居民基本医疗保险基金收入。职工基本医疗保险基金收入（含生育保险）包括职工基本医疗保险费收入（含生育保险）、利息收入、财政补贴收入、其他收入、待转保险费收入、待转利息收入、转移收入。城乡居民基本医疗保险基金收入包括城乡居民基本医疗保险费收入、利息收入、财政补贴收入、其他收入。

基本医疗保险基金支出（含生育保险） 基本医疗保险基金支出包括职工基本医疗保险基金支出（含生育保险）和城乡居民基本医疗保险基金支出。职工基本医疗保险基金支出（含生育保险）包括职工基本医疗保险待遇支出、生育保险待遇支出、其他支出、转移支出。城乡居民基本医疗保险基金支出包括城乡居民基本医疗保险待遇支出、购买大病保险支出、其他支出。

老有所养

养老服务床位数 包括养老机构床位和社区养老服务床位。

养老机构床位 包括社会福利院床位、特困人员供养机构床位和养老公寓等其他养老机构床位。

老年人福利补贴人数 指各地依据《中华人民共和国老年人权益保障法》建立高龄津贴、护理补贴、养老服务补贴以及综合补贴制度覆盖的老年人数。

高龄补贴人数 指报告期末各地领取了高龄补贴的老年人数。《中华人民共和国老年人权益保障法》第三十三条：国家鼓励地方建立八十周岁以上低收入老年人高龄津贴制度。

护理补贴人数 指报告期末，生活长期不能自理、经济困难的老年人，根据其失能程度等情况享受政府给予的现金、代金券、物资等护理补贴的人数。《中华人民共和国老年人权益保障法》第三十条：国家逐步开展长期护理保障工作，保障老年人的护理需求。对生活长期不能自理、经济困难的老年人，地方各级人民政府应当根据其失能程度等情况给予护理补贴。

养老服务补贴人数 指报告期末，经济困难的老年人，在生活照料、紧急救援、医疗护理、精神慰藉、心理咨询等养老服务方面享受政府给予的现金、代金券、物资等补贴人数。《中华人民共和国老年人权益保障法》第三十七条：地方各级人民政府和有关部门应当采取措施，发展城乡社区养老服务，鼓励、扶持专业服务机构及其他组织和个人，为居家的老年人提供生活照料、紧急救援、医疗护理、精神慰藉、心理咨询等多种形式的服务。对经济困难的老年人，地方各级人民政府应当逐步给予养老服务补贴。

老龄综合补贴人数 如果本省设立了老年人综合补贴，没有单独设立护理补贴和养老服务补贴，则护理补贴和养老服务补贴指标必须为空，将享受补贴的人数填在享受老龄综合补贴的老年人指标中。

老年人福利支出 指各级列入政府收支分类科目中 2081002 项指标，反映对老年人提供福利服务方面的支出。

离退休（职） 指报告期末参加城镇职工基本养老保险并由养老保险基金支付养老金的离休人员、退休人员、退职人员人数。其中离休人员指离休干部，包括暂停发放待遇人员。

城镇职工基本养老保险基金支出 指按照国家政策规定的开支范围和开支标准从职工基本养老保险基金中支付给参加职工基本养老保险的个人养老保险待遇支出，以及由于保险关系转移等原因而发生的支出。

城乡居民基本养老保险基金支出 指按照国家政策规定的开支范围和开支标准从城乡居民基本养老保险基金中支付给参加城乡居民基本养老保险的个人养老保险待遇支出，参保人员跨统筹地区或跨制度流动而发生的支出，丧葬补助费以及个人账户余额结算等。

住有所居

供水普及率 指报告期末城区内用水人口与总人口的比率。计算公式为：

$$供水普及率=\frac{城区用水人口（含暂住人口）}{城区人口+城区暂住人口}\times100\%$$

燃气普及率 指报告期末城区内使用燃气的人口与总人口的比率。计算公式为：

$$燃气普及率=\frac{城区用气人口（含暂住人口）}{城区人口+城区暂住人口}\times100\%$$

公园绿地 指向公众开放，以游憩为主要功能，兼具生态、景观、文教和应急避险等功能，有一定游憩和服务设施的绿地。

人均公园绿地面积 指报告期末区域内城区人口平均每人拥有的公园绿地面积。人口数采用年底人口数。计算公式为：

公共厕所 指供城市居民和流动人口使用，在道路两旁或公共场所等处设置的厕所。分为独立式、附属式和活动式三种类型。统计时只统计独立式和活动式，不统计附属式公厕。

道路长度 指道路长度和与道路相通的桥梁、隧道的长度，按车行道中心线计算。

道路面积 指道路实际铺装面积和与道路相通的广场、桥梁、隧道的铺装面积（统计时，将人行道面积单独统计）。人行道面积按道路两侧面积相加计算，包括步行街和广场，不含人车混行的道路。

供热面积 指供热企业（单位）向城市各类房屋建筑物、构筑物及其附属设施供热的全部建筑面积。

弱有所扶

城市（农村）最低生活保障人数 最低生活保障是指国家对家庭人均收入低于当地政府公告的最低生活标准的人口给予一定现金资助，以保证该家庭成员基本生活所需的社会保障制度。城市（农村）最低生活保障指在报告期末纳入城市（农村）最低生活保障的居民数。

城市（农村）最低生活保障标准 指由地方人民政府确定的家庭人均收入线，低于该线的家庭纳入最低生活保障范围。

农村特困人员人数 指对农村无劳动能力、无生活来源且无法定赡养、抚养、扶养义务人，或其法定义务人无履行义务能力的农村老年人、残疾人及未成年人，提供基本生活条件、照料服务、疾病治疗、殡葬服务等方面保障的人数。

农村特困人员集中供养人数 指进入农村特困人员供养服务机构接受集中供养的特困人员人数。

城市特困人员人数 指对城市无劳动能力、无生活来源且无法定赡养、抚养、扶养义务人，或其法定义务人无履行义务能力的城市老年人、残疾人及未成年人，提供基本生活条件、照料服务、疾病治疗、殡葬服务等方面保障的人数。

城市特困人员集中供养人数 指进入城市特困人员供养服务机构接受集中供养的特困人员人数。

临时救助人次数 临时救助指对遭遇突发事件、意外伤害、重大疾病或其他特殊原因导致基本生活陷入困境，其他社会救助制度暂时无法覆盖或救助之后基本生活暂时仍有严重困难的家庭或个人给予的应急性、过渡性的救助；临时救助对象指获得临时救助的家庭或个人，不包括在救助管理机构获得救助的生活无着的流浪、乞讨人员。临时救助人次数指临时救助对象获得临时救助的人次数，如 1 人一年内获得 2 次临时救助，则统计为 2 人次。按属地分类可以分为本地户籍和非本地户籍，按对象分类可以分为低保对象、特困人员和其他人员。

临时救助支出 指用于城乡困难群众的临时救助资金支出。

资助参加基本医疗保险人数 指通过医疗救助资金对参加基本医疗保险个人缴费部分进行补助的人数。

资助参加基本医疗保险资金数 指通过医疗救助资金对参加基本医疗保险个人缴费部分进行补助的支出资金数。

提供住宿的民政机构数 指能为老年人、残疾人、智障与精神病人、儿童等人员提供住宿的社会服务机构数。包括社会福利院、农村特困人员救助供养机构、养老公寓等其他养老机构、社会福利医院、儿童福利院、未成年人救助保护中心、生活无着人员救助管理站、安置农场以及其他提供住宿的机构。

民政事业费支出 包括社会福利支出、社会救助支出、民政管理事务支出、行政事业单位离退休等支出，以及财政从预算内经费中安排的其他用于民政事业的经费支出。

接受基本康复服务人数 指本年度得到基本康复服务的残疾人数。

困难重度残疾人家庭无障碍改造户数 指本年度省、地市、县级残联依据《“十三五”加快残疾人小康进程规划纲要》和中国残联的要求，完成困难重度残疾人家庭无障碍改造的户数。

困难残疾人生活补贴 指补助残疾人因残疾产生的额外生活支出，对象为低保家庭中的残疾人，有条件的地方可逐步扩大到低收入残疾人及其他困难残疾人。

困难残疾人生活补贴标准 指补助残疾人因残疾产生的额外生活支出而发放的定期补助的标准。

重度残疾人护理补贴 指补助残疾人因残疾产生的额外长期照护支出，对象为残疾等级被评定为一级、二级且需要长期照护的重度残疾人，有条件的地方可扩大到非重度智力、精神残疾人或其他残疾人，逐步推动形成面向所有需要长期照护残疾人的护理补贴制度。

重度残疾人护理补贴标准 指补助残疾人因残疾产生的额外长期照护支出而发放的补助的标准。

特殊教育在校生数 指具有学籍并在本学年初进行学籍注册接受特殊教育的学生数。包括特殊教育学校、附设特教班、随班就读和送教上门学生。

优军服务保障

领取国家抚恤补助的优抚对象人数 指按照国家法律法规和政策规定，退役军人事务部门集中审定的依法享受国家定期抚恤和补助优抚对象的人员总数。

优抚医院床位数 指退役军人事务部门管理的优抚医院的编制床位数。

光荣院床位数 指退役军人事务部门管理的光荣院的编制床位数量。

文体服务保障

公共文化设施 包括公共图书馆、文化馆（站）、美术馆、博物馆和艺术演出场所。

人均拥有公共图书馆藏量 指人均拥有公共图书馆已编目的古籍、图书、期刊和报纸的合订本、小册子、手稿，以及缩微制品、录像带、录音带、光盘等视听文献资料数量。

公共图书馆总流通人次 指本年度内到公共图书馆场馆接受服务的总人次，包括借阅书刊、咨询问题，以及参加各类读者活动等。

每万人拥有公共图书馆建筑面积 指每万人拥有各级文化和旅游行政主管部门主管、面向社会公众开放的公共图书馆的馆舍面积。

书刊文献外借人次 指通过本馆或本馆所辖分馆以及本馆派出的馆外服务设施将本馆各类型文献资源借出阅读的读者人次。

艺术表演场馆 指由文化和旅游部门主办或实行行业管理（向文化和旅游行政部门备案或领取合资（合作）演出场所许可证），有观众席、舞台、灯光设备，公开售票、专供文艺团体演出的文化活动场所。附属于文化和旅游部门机构内非独立核算的剧场、排演场，公开营业的也应独立统计。

文化馆（含综艺性文化中心、群众艺术馆）、文化站 指专门从事群众文化活动的群众文化场馆。不包括临时抽调人员组成、没有编制的农村和街道文化工作队、服务站等。

文化馆（站）服务人次 指文化馆（站）通过组织文艺活动、训练班、展览和公益性讲座的服务人次。

美术馆 指由文化和旅游部门主办或实行行业管理的，具备展览、典藏、研究及公共教育和服务功能的、向公众开放的国有美术馆；以及在民政部门登记注册并在文化和旅游部门备案的，具备展览、典藏、研究及公共教育和服务功能的、向公众开放的、非盈利性的民营美术馆。

每万人口拥有博物馆陈列展览数 指每万人拥有博物馆举办或与外联机构联合举办的馆内或馆外基本陈列和临时展览的个数。

博物馆参观人次总数 指本报告期末，向社会开放的博物馆（纪念馆）当年接待的所有参观人次的累计数。

免费开放博物馆机构数 指文化、文物部门管理的免费开放博物馆（纪念馆）机构数量。

免费开放博物馆陈列展览数 指文化、文物部门管理的免费开放博物馆（纪念馆）举办或与外联机构联合举办的馆内或馆外基本陈列和临时展览的个数。

免费开放博物馆参观人次 指文化、文物部门管理的免费开放博物馆（纪念馆）当年接待的所有参观人次的累计数。

广播节目综合人口覆盖率 指在对象区内能接收到中央、省、地（市）、县（市）广播传输机构以无线、有线、卫星等方式传输的广播节目信号的人口数占对象区总人口数的比例。计算公式：

广播节目综合人口覆盖率=广播节目综合覆盖人口/对象区内的总人口数×100%。

电视节目综合人口覆盖率 指在对象区内能接收到中央、省、地（市）、县（市）广播传输机构以无线、有线、卫星等方式传输的电视节目信号的人口数占对象区总人口数的比例。计算公式：

电视节目综合人口覆盖率=电视节目综合覆盖人口/对象区内的总人口数×100%。

有线电视减免费用用户数 指按照规定享受有线电视免费或低收费服务的优抚、低保、残疾人等特殊群体用户数。

广播电视播出机构数量 指广播电台、电视台、广播电视台和教育电视台的数量。

公共广播节目播出时间 指公共广播节目全年播出的总时间，包含节目重复播出时间。

公共电视节目播出时间 指公共电视节目全年播出的总时间，包含节目重复播出时间。

少儿电视节目播出时间 指电视播出机构面向少年儿童的全年播出时间，包括少儿频道的全部播出时间和少儿专题节目播出时间，并含节目重复播出时间。

公共广播节目套数 指经广播电视管理部门批准的、广播电视播出机构开办的不向听众收取收听费用，以为大众提供公共广播服务为主要目的，用固定频率播出，并编有整套自办节目时间表的广播节目套数。

公共电视节目套数 指经广播电视管理部门批准的、广播电视播出机构开办的不向观众收取收视费用，以为大众提供公共电视服务为主要目的，用固定频道播出，并编有整套自办节目时间表的电视节目套数。

广播电视直播卫星用户数 指通过广播电视直播卫星接收广播电视节目的用户数量。

公共体育场地 指政府举办的可供开展训练、比赛和健身活动的室内外体育场地的总和。

人均体育场地面积 指体育场地内可供开展训练、比赛和健身活动的有效面积与人口的比值，以“平方米”表示。在计算某地人均体育场地面积时，所依据的人口数量通常是指辖区内常住人口数量。

国民体质测定 指地方各级人民政府体育主管部门及相关部门为了解本地区国民体质状况、加强群众健身效果评价和科学健身指导而组织开展的定期或日常性体质测试活动。通过运用科学的方法对国民个体的形态、机能和身体素质等典型体质指标进行测量，并根据国民体质测定标准对个体的体质和群体的体质水平进行评价的过程。

国家体育锻炼标准测验 指按照《国家体育锻炼标准》，在国家机关、企业事业单位、学校、社区、乡村和有关组织中全面开展的一项基本体育制度，是以检验公民体育锻炼效果、评价身体素质为目的，以测验达标为手段的评价体系。测验项目涵盖人体的力量、速度、耐力、灵敏、柔韧五类素质。